성 자유

성 자유

초　판 1쇄 인쇄 2013년 2월 15일
초　판 1쇄 발행 2013년 2월 28일

지은이 다니엘 게랭
역　자 윤 수 종
발행인 황 세 연
교　정 김 영 권
디자인 Didot Design
인　쇄 한교원색
제　본 동신제책사
발행처 도서출판 **중원문화**
주　소 서울특별시 마포구 서강로 11-24(창전동 2-33)
주문처 02-325-5534 FAX 02-324-6799
ISBN 978-89-7728-962-8(93330)

성 자유

Essai sur la révolution sexuelle après Reich et Kinsey

다니엘 게랭 지음/윤수종 옮김

도서출판 중원문화

Essai sur la révolution sexuelle

après Reich et Kinsey

by

Daniel Guérin

Printed 2013 by Jungwonmunhwa Publishing

성 자유 ● 목차

머리말

이 책에 실린 다양한 '침입글'들의 공통적인 주제는 성자유, 더 좋게는 자유 전체를 둘러싸고 있다.

에로티즘은 자유의 수단 가운데 하나이다. 시몬느 드 보봐르[1](Simone de Beauoir)가 말했듯이 에로티즘은 "사회에 적대적인 원리" 또는 더 정확하게는 인간에 의해 인간을 억압하는 사회에, 권위적인 사회에 적대적인 원리를 지니고 있다.

<카르멘>[2]에서 사람들은 노래한다.

> 사랑은 방랑하는 어린이
> 그는 법을 전혀, 전혀 모른다.

프랑스형법은 부르주아적이고 시대착오적이고 번잡하지만 문자 그

---

1) Simone de Beauoir(1908~1986). 파리 출생의 프랑스의 작가·여성해방운동가. 실존주의의 주제들을 문학으로 옮긴 철학자 겸 작가들로 이루어진 지식인 집단의 일원이었다. 그녀는 『제2의 성(*Le Deuxième Sexe*)』(2권, 1949)이라는 책으로 유명한데, 이것은 이른바 '영원한 여성다움'의 신화를 타파하자고 호소하는 학구적이고 열정적인 책이다.—옮긴이 주

2) 비제(Georges Bizet, 1838-1875)의 오페라 <카르멘(*Carmen*)>. 카르멘의 내용을 보면, 집시 여인이자 자유연애를 추구하는 여주인공 카르멘과 그녀와 사랑을 나누는 군인 호세가 나오는데, 카르멘은 호세에게 싫증내면서 인기 투우사 에스카미요에게 마음이 끌리게 된다. 호세는 카르멘의 마음을 돌리려고 노력하지만 카르멘은 듣지 않고, 참을 수 없게 된 호세는 달아나려는 그녀를 붙잡아 단도로 찔러 죽인다. 그리고는 카르멘의 시체 곁에 무릎을 꿇고 절규하다가 스스로도 목숨을 끊는다.—옮긴이 주

대로 프랑스대혁명의 영향에 어느 정도 종속되어 있다. 프랑스법은 성과 관련하여 상대적으로 관용적인 것으로 나타나며, 적절히 말해서 그리고 적어도 공화국의 임시정부에 의해 너무 서둘러 승인된 브리프 페탱[3](Philippe Pétain)에 의해 자의적으로 공포된 점령기의 칙령까지는 성매매를 처벌하지 않았고, 동성애에 대해 아무 말도 하지 않았다. 인권존중 속에서 교육받은 세대들에게 (이 유명한 권리들이 전에 그랬던 것처럼 제한된다면 그리고 거짓이라면) 개인은 자신의 신체의 지배자이고, 어떤 집합체도 그 개인에게 해야 하거나 하지 말 것을 규정할 권리를 가지지 않는다.

그러나 오늘날 예를 들어 최근의 성에 반대하는 법률의 용어로 셰익스피어와 지드가 만약 다시 그 세계에 속한다면 경범재판을 받을 것이라는 그 잔인하고 경멸스러운 역설을 사람들은 목격한다.

오늘날 극단주의자들은 합심하여 인간에게 자신의 피부[신체]를 처분할 자유를 주는 것을 거부한다. 한편으로 궁지에 몰린 청교도주의는 자신이 거역할 수 없고 되돌릴 수 없는 자유의 밀물을 막기 위해서 저항한다. 다른 한편으로 당연히 돈에 의한 사랑의 오염을 진저리치는 사회혁명의 순수주의자는 자본주의와 에로티즘을 같이 비난해야 한다고 믿는다. 그를 자유로운 인간으로 만들려면, 살[욕망]을 억압하지 말고 소외에서 벗어나게 해야 한다. 산뜻하게 정리하자면, 이 자유에 더 잘 봉사하도록 새로운 젊은 세대들에게 알려주어야 한다. 그리고 그들은 자유와 관련하여 확실히 너무 서투르며 자유를 잘못 사

---

3) Henri Philippe Pétain(1856~1951). 프랑스의 장군. 1940년 제2차 세계대전 당시 프랑스 패전 이후 대독협조 정권을 수립하고 그 수상이 되었다. 2차 세계대전 이후 전범으로 종신형에 처해졌다.—옮긴이 주

용한다. 건강하고 즐겁게 자라도록 자유로운 사랑이라는 그 예술을 그들에게 알려주어야 한다.

더욱이 기계가 지배하는 현대생활, 전체적인 국가주의·경찰·원자무기경쟁의 점증하는 지배력은 공동체[전체]에 의해 개인을 점진적으로 전멸시키는 경향이 있다. 우리는 조금씩 이 집중화된 거대한 개미집, 이 점점 더 관용적이지 않고 관용할 수 없는 독재, 공장 · 병사 · 감옥의 존재, 이 집중적인 세계, 이 예속적인 소비사회, 모리스 메테를링크(Maurice Maeterlinck)[4]가 공포스럽게 다가오는 것으로 보인 이 환상적인 순응주의가 조직되는 것을 본다.

이 엄청난 예속위협에 대해서 정연하고 우정 있고 이타적인 개인주의는 필수불가결한 해독제를 제공한다. 그리고 자유로운 사랑은 (적어도 신체적으로 풍부한 본성들에게는) 가장 효율적인 동시에 자신의 자아를 지키는 데 가장 비공격적인 방식들 가운데 하나이다.

너무 조직화되고 너무 계획되고 너무 기계화되고 너무 편제된 사회에서, 각자가 자신의 방식에 입맞추는 자유는 우리에게 남아 있는 마지막 권리들 가운데 하나이고 마지막 환상들 가운데 하나이다. 그 자유는, 개인적이거나 집합적인 고용주에 대항하는 노동조합이나 이른바 "프롤레타리아독재"의 장갑차들에 대항하는 노동자평의회와 같은 이유로, 인간의 방어수단 가운데 하나로 남아 있어야 한다.

---

4) 본명은 Maurice Polydore-Marie-Bernard Maeterlinck(1932~1949). 메테를링크 백작이라고도 한다. 벨기에의 상징파 시인, 극작가이다. 프랑스어로 글을 썼고, 1911년 노벨문학상을 받았으며 상징주의를 대표하는 작가이자 '침묵과 죽음, 불안의 극작가'로 불린다. 중요한 작품으로는 시집 『온실(*Serres chaudes*)』(1899), 희곡 『펠레아스와 멜리장드(*Pelléas et Mélisande*)』(1892)와 『파랑새(*L'Oiseau bleu*)』(1908), 『스틸몬데 시장(*Le Bourgmestre de Stilmonde*)』(1918) 등이 있다.—옮긴이 주

라이히와 성혁명

라이히 헌사

1957년에는 킨제이에 이어서 또 한 사람의 일급 성과학자가 세상을 떠났다. 빌헬름 라이히(Wilhelm Reich)이다. 고국 오스트리아에서 프로이트주의와 맑스주의라는 두 가지 교육을 받은 그는 두 가지 위대한 학문의 교차점에 위치하고 그것들을 종합하려고 노력하였으며, 그로 인해서 정통적인 '맑스주의'로부터도 정통적인 정신분석학으로부터도 멀어졌다. 그는 단 하나의 길을 걸었고 두 교회로부터 비난받았다.

1897년에 태어나 빈의과대학에서 수학한 그는 프로이트가 창립한 정신분석협회에 1920년 이래 속해 있었다. 1930년경 그는 공산주의 운동에 결합한다. 그의 주요한 저작은 1929년에서 1935년 사이에 발표된다. 프랑스어로는 두 가지 저서가 간행되어 있다. 『성위기』[1]는 특히 1934년의 주목할 만한 연구인 「변증법적 유물론과 정신분석학」을 포함하고 있다. 그리고 (1952년에 번역된) 『오르가즘의 기능』[2]이 있다. 그러나 그의 주저는 1931년에 독일어로 발표된 『성도덕의 출현』[3]이다. 반동적인 경향의 민족학적이고 사회학적인 작업의 미식가

1) Wilhelm Reich, *La Crise sexuelle*. 이 책은 나중에 『성혁명』에 편입되었다. 라이히, 윤수종 옮김, 『성혁명』, 중원문화, 2011.

2) Wilhelm Reich, *La Fonction de l'Orgasme*. 라이히, 윤수종 옮김, 『오르가즘의 기능』, 그린비, 2005.

들은 수치스럽게도 오늘날까지 이 책을 무시하고 있다.

라이히는 초기의 프로이트, 혁명적인 프로이트의 가장 직접적인 계승자이다. 그는 『'문명화된' 성도덕과 현대의 신경증』[4]이란 1907년의 경탄할 만한 프로이트의 시론에서 착상을 얻고 있다. 그 시론은 아직까지 우리나라 말로 번역되지 않았으며 항상 용감한 마리 보나파르트(Marie Bonaparte)[5]를 제외하고 현대의 프로이트주의자들은 그것에 관해서 알아서 침묵으로 일관한다.

그러나 라이히는, 대담한 리비도이론을 완화하고 성에 반대하는 테러리즘이 행하는 피해에 대한 용감한 고발을 완화하여 결국 부르주아 성도덕 앞에 항복하고 자신의 권위에 의해서 보수 이데올로기를 옹호한 프로이트에게 불만의 뜻을 지니고 있다. 그는 아들러(Adler)와 융(Jung)을 시작으로 스승의 제자들이 정신분석학을 어떻게 '탈성화[거세]하고' 리비도이론을 희생시키거나 물에 빠뜨렸는가를 보이며, 더욱이 프로이트 자신이 부르주아 여론의 압력에 밀려 청교도주의의 갈채 속에서 어떻게 정신분석학을 부르주아에게 받아들여질 수 있게 했는가를 보이고 있다. 그렇게 성적인 내용이 제거되고 박탈되어 '빈 알곡'으로 된 정신분석학은 라이히의 견해에 따르면 "개량주의적 사회주의자"와 스탈린적인 반동 "수중에 있는 맑스주의와 동일한 운명을 겪었다."

그리고 빌헬름 라이히는 정신분석학의 보수적 경향에 대해 지금까

---

3) Wilhelm Reich, *Der Einbruch der Sexalmoral.*

4) Freud, *Morale sexuelle "civilisée" et la nervosité moderne.*

5) Marie Léon Bonaparte(1882-1962). 프랑스의 작가이자 정신분석가로 프로이트와 가까웠다. 나폴레옹 황제의 손녀로 『에드가 앨런 포의 삶과 저작』(1934)과 『여성의 성』(1953)을 썼다.—옮긴이 주

지 제시된 가장 가치 있는 정밀한 비판을 기획한다. 성억압의 소산인 신경증에 대해서 — 아주 신랄하게! — 강조한 뒤에, 이번에는 그 억압을 문명발전의 본질적 조건으로 제시하고 금욕주의를 온갖 방식으로 정당화 하는 프로이트를 라이히는 강조한다. 그렇게 킨제이로의 길을 연 라이히는 훌륭하게 프로이트의 '승화'이론을 전복하고 프로이트의 생물학주의를 공격하며, 성을 억압하는 도덕은 영구불변의 조건이 아니라 특수한 사회형식에 연결되어 있으며 그 사회유형이 폐지될 때만 신경증의 근본 원인은 사라질 것이라고 논증하려고 한다. 사실상 지배계급이 억압을 유지하기 위한 수단일 뿐인 유명한 '현실원칙'을 절대적인 것으로 삼는 것은 정신분석학의 혁명적 경향을 폐기하는 것이다.

마찬가지로 라이히는 프로이트가 상상했듯이 생물학적이고 불변적인 여건과는 먼 오이디푸스 콤플렉스가 가부장제와 사유재산에 기초한 어떤 사회 및 가족 형식의 산물이라는 것을 지적한 최초의 사람들 가운데 한 사람이었다. 사회주의 사회에서 오이디푸스 콤플렉스는 자신의 사회적 토대인 가부장적 가족이 붕괴하기 때문에 소멸할 것이다.

라이히는 또한 『토템과 터부』[6]에서 프로이트가 묘사한 신문소설풍의 선사시대사를 일소한 최초의 사람들 가운데 한 사람이었다. 저 태초의 부친살해[7]라는 어처구니없는 가설은 사회의 가장 원시적인 단계에서 난혼, 근친성관계[근친상간], 모권의 존재를 결코 주장하지 않는다. 그 가설은 가부장제와 그것에 의해서 생긴 성을 억압하는 도덕

---

6) Freud, *Totem et Tabou*.

7) 프로이트는 『토템과 터부』에서 토템이즘의 설명과 관련하여 인간사회의 원시상태에서 추방된 자식들이 단결하여 폭군적인 아버지를 살해한다는 가설을 기술하고 있다.—옮긴이 주

이 인간의 본성의 일부를 이룬다는 것을 또한 그것이 어느 시대에나 존재해 왔다는 것을 믿게 하려고 한다. 그 가설은 더욱이 성도덕의 기원을 명확히 하기는커녕 모든 것을 애매하게 한다. 그리고 그 가설은 지배계급의 수에 걸려든다.

이렇게 프로이트와 충돌한 뒤에 라이히는 프로이트주의를 일괄적으로 배척하는 스탈린주의자들의 거대한 스캔들 속에서 정신분석학과 맑스주의를 종합하려고 시도한다. 그 두 가지 학문은 그에 의하면 결코 양립될 수 없는 것이 아니다. 정신분석학은 심리학적인 구도에서는 맑스주의와 마찬가지로 종교와 부르주아 성 이데올로기의 기초를 파괴하고, 사회적인 구도에서는 경제 혁명과 유물론 철학에 의해서 낡은 가치를 전복한다. 정신분석학은 그에 의하면 사회주의 속에서만 미래를 가질 수 있다.

그리고 라이히는 정신분석학과 맑스주의로부터 동시에 착상을 얻어 성을 억압하는 성도덕의 기원에 관한 개인적인 해석을 제출한다. 그의 의견에 따르면 성억압은 사회적이고 경제적인 기원에 의한 것이지 생물학적인 기원에 의한 것이 아니다. 성억압은 계급사회의 초기에 사유재산과 가부장제의 출현과 함께 나타난 것이다. 그것은 사회집단, 일부다처의 수장들의 집단에 의해서 창시된 것이며, 여성들이 가지고 온 지참금의 축적 덕택에 그 수장들의 손에 경제권력이 들어갔다. 근대에는 성억압은 사회의 근본적인 두 가지 제도인 일부일처제 결혼과 가족을 보호하기 위해서 없어서는 안 되는 것으로 되었다. 성억압은 경제적 노예제의 한 수단을 이루고 있다. 성해방은 사회해방을 통해서만 가능하다.

오늘날의 라이히

1968년 11월 29일 브뤼셀

논쟁입문

우리가 알듯이 빌헬름 라이히는 1968년 5월 이후나 이전이나 학생들에 의해서 열심히 읽혔다. 지난해 『청년의 성 투쟁』[1)]의 확산은 몇몇 중학교 교장들에 의해서 금지되기조차 하였다. 성의 분리차별에 반대하여 낭떼르 대학 기숙사에서 벌인 전투는 빌헬름 라이히의 깃발 아래 이끌어져 왔다. 그러나 그의 이름은 사람들이 거대한 공중이라고 부르곤 하는 사람들에게 오랫동안 알려지지 않은 채 있었다. 그리고 과거에 프랑스에서 번역된 그의 책 가운데 꽤 여러 권, 1934년의 『성위기』, 1952년의 『오르가즘의 기능』은 오히려 제한된 독자를 획득해 왔다. 1957년에 라이히가 미국 감옥에서 심장마비로 죽었을 때, 그의 죽음은 거의 알려지지 않은 채 지나갔다. 그리고 나로서는 내가 그에게 부고를 바쳤을 때, 그 글을 아는 사람은 손가락으로 꼽을 수 있었을 것이다[아주 적었다].

나는 당장 그의 친지들이 '빌리' 라이히라고 부른 이 사람을 개인적으로 알게 된 특권을 가졌다고 말해야 겠다. 그런데 그는 나에게는 추상적이고 전설적인 인물이 아니다. 나는 그를 1934년 오스트리아에서 정신분석가인 나의 장모 집에서 만났다. 강력한 경력, 아주 푸

1) Wilhelm Reich, *La lutte sexuelle des jeunes*. 출판사 이름 없이 출판됨.

른 안색, 약간 고정되고 광적인 시선. 그는 정신분석가인 부인 에니와 두 딸과 함께 왔다. 같은 해인 1934년에 프로이트 정통파가 그를 추방한 것은 그에게 정신분석 교회에 대한 충절에 분노를 가져왔다. 그의 범성설이 그를 1933년에 그 대열로부터 추방한 스탈린적인 독일 공산당의 습격을 가져왔듯이. 의심의 여지없이 이 파문을 약간 늦게 알린 프랑스 공산당이 1934년에 『성위기』를 간행했을 때, 라이히의 이단적이라고 판단된 텍스트인 「변증법적 유물론과 정신분석학」은 사피르[2](Sapir) 같은 사람이 그를 반박하기 위해 적용한 벌칙[지루한 일]에 의해서 세심하게 균형잡혀 졌다. 오늘날 누가 사피르를 알겠는가? 누가 프라동(Pradon)의 <파에드라>[3]를 망각에서 끌어내겠는가?

대개의 천재적인 사람들처럼 라이히는 자신의 전 생애를 고독자로 살았다. 그가 미국으로 떠난 뒤인 1939년 12월 초 내가 노르웨이에 도착했을 때, 그의 성학 및 치료활동이 불러일으킨 스캔들은 아직 진정되지 않고 있었다. 박해는 그를 죽음으로까지 몰아붙였다.

이미 우리가 만났을 때, 그가 성 해방을 설교하고 각자가 그리고 부모의 대부분이 동의하지 않는 것을 전혀 감추지 않으려 한 그의 딸들과 관련한 그의 행동은 그를 역설적으로 세상의 가장 얌전한 체하

---

2) Edward Sapir(1884-1939). 미국의 인류학자로 미국 원주민 언어를 주로 연구하였는데, 라이히의 '변증법적 유물론과 정신분석학'이란 글에 대해서 비판하였고, 라이히는 다시 반박하였다. 참조, 윤수종 옮김, 라이히, 『성정치』, 중원문화, 2011.—옮긴이 주

3) Nicolas Pradon이 연출한 라신의 연극 <파에드라(*Phédre*)>. 파에드라는 아테네의 왕 테세우스의 정부이다. 파에드라와 사랑에 빠진 테세우스는 여왕 안티오페 곁을 떠난다. 파에드라는 테세우스와 안티오네의 아들인 히폴리토스를 사랑하게 된다. 파에드라는 자신의 구애를 히폴리토스가 거절하자 테세우스에게 히폴리투스가 자신을 강간했다고 말하고 자결한다. 테세우스는 아들을 죽이라고 명령한 뒤에 그의 결백을 뒤늦게야 알게 된다.—옮긴이 주

는 사람들인 엄격하게 복종하는 정신분석가들의 심한 비난에 처하게 만들었다. 뒤이어 그는 이혼했다. 나는 그의 부인을 1947년에 미국에서 보았고 그 사이에 자란 두 딸도 보았다. 그 가운데 하나인 로레(Lore)는 지적이고 아름다웠는데 미국 트로츠키 당인 **사회주의노동자당**의 당원이 되었다. 그러나 딸들은 그들의 아버지를 아주 드물게 찾아 뵈었다.

라이히는 감옥에 갇힌 채 죽었다.

내가 믿기에는 두 가지 이유가 빌헬름 라이히를 뒤늦게 유명해지게 만들었다.

우선 그의 전체 저작은 특히 젊은이들 사이에서 성억압에 의한 나쁜 결과들을 완전히 부정했고 자유로운 사랑의 생명력 있고 자극적인 역할을 그리고 오르가즘의 자유로운 방전을 칭송하였다.

이어서 라이히는 프로이트와 맑스주의자의 고참 제자로서 이중적으로 교육을 받아서 맑스주의와 정신분석학 사이의 예전의 접합점을 찾았다. 이러한 입장은 최근에는 불편한 것으로 두 교회의 열렬한 지지자들의 빈정거림을 샀다. 그러나 그것은 오늘날 그의 더 확실한 영광의 타이틀이다. 성을 자신의 분석에 포함하지 않은 채, 성적인 구도에서 인간을 해방시키지 않은 채, 맑스주의는 스스로 손상되었다. 순전히 생물학적이거나 순전히 임상적인 성학 즉 사회적 맥락과 변증법적 유물론적 분석을 경멸한 성학은 반(半)쪽의 진실을 말할 뿐이다.

오늘날 젊은이들, 5월의 혁명적 젊은이들은 학교투쟁을 해왔다. 그들은 종합을, 결국은 더 잘 작동하도록 허용할 종합을 요구했다. 그들은 자신들이 맑스주의와 정신분석학에 접근하려는 것과 완전히 마찬가지로 맑스주의와 아나키즘을 조화시키려고 하였다. 거기에서 빌헬름 라이히의 저작에 대한 그들의 강렬한 관심이 생겨났다.

라이히는 프로이트에게서 가장 좋은 것을, 사라질 수 없는 것을 끌어냈다. 그는 1907년의 경탄할 만한 에세이 『'문명화된' 성도덕과 근대적 신경증』4)의 직접적 계승자이다. 이 책은 믿을 수 없게도 아직 프랑스어로 번역되지 않았다. 이 선구적인 작품은 자신의 시대를 너무 앞서 있어서 오늘날의 프로이트 정통파에게는 오히려 나쁘게 보였기 때문이다(트로츠키주의자들이 레닌의 권위적 관념에 반대하여 1904년의 트로츠키의 소책자를 번역해보고 싶은 어떤 욕구도 느끼지 못했던 것처럼). 그러나 당신은 마리 보나파르트의 용감한 책, 『본능이론 입문』5)에서 프로이트의 에세이의 요약과 대강의 발췌들을 찾을 것이다.

아무도 1907년의 프로이트 이전에 인간에게 성을 억압하는 테러리즘이 만들어내는 중대한 신경증들과 사랑의 자유로운 실행에 족쇄가 되는 끔찍한 폐해들을 고발하지 않았다. 프로이트 이후에 라이히는 사회의 성 억압이 그 희생자들을 성적으로 망쳤고 고장난 사람들이나 무능력자들을 만들어냈고, 동시에 뇌의 창조에 그리고 행동에 사용될 그처럼 막힌 심리적 에너지의 엄청난 양을 낭비했다는 것을 보여주었다. 특히 우리의 눈에 가장 불길한 것은, 이 억압은 피억압자들 사이에서 반역의 힘을 마비시켰다는 것이다. 소르본느의 벽 위에 한 낙서에 앞서, 라이히는 좋은 혁명가가 되기 위해서 몹시 사랑해야 한다는 것을 알았다(끊이지 않는 웃음).

---

4) Freud, *La morale sexuelle "civilisée" et la nervosité moderne.*

5) Marie Bonaparte, *Introduction à la théorie des instincts*, Presses Universitaires de France.

안타깝게도 그 후에 프로이트는 빗나갔다. 사회의 억압 아래에서 그와 그의 협회는 부유한 손님들에 의존하였기 때문에, 정신분석학의 창립자는 자신의 범성설을 배 밖으로 던졌고, 반대를, 즉 성억압, 강제된 승화가 문명의 좋은 발전에 반갑고 필수불가결하다고 주장하였다. 라이히는 [프로이트가] 이렇게 돌아서는 것에 반항하였다. 파리에서 재출간된 그의 책, 『오르가즘의 기능』[6)]은 프로이트의 변절에 대한 길고 비장한 비난[공격]이다.

더욱이 라이히에게 반동적인 현대 사회학을 비판하게 한 것은 바로 그의 맑스주의적 교육이다. 그는 어떤 학파에 의해서 오늘날 부당하게 경시되고 있는 엥겔스의 위대한 저작, 『사적 소유, 가족, 그리고 국가의 기원』에 자극받았다. 원시사회학의 아주 신기한 에세이인 『성도덕의 침입』(안타깝게도 이 책은 프랑스어로 번역되지 않았다)에서 라이히는 원시사회에서 성억압은 사적 소유와 가부장제의 발전에 밀접하게 연결되어 있다는 것을 보여주었다. 그는 부르주아 사회학자들이 일부일처제가 항상 존재했다고 주장하기 위해서 그리고 폴리개미(polygamie)[다부다처제]와 성적 혼교가 원시사회에서 중요한 역할을 했다는 것을 숨기기 위해서 역사를 왜곡하기까지 했다고 비난했다.

이러한 프로이트-맑스주의적 종합을 넘어서 라이히는 인식을 자유로운 영토로 까지 밀고 나갔다. 스탈린주의와 파시즘을 동시에 비난하면서 그는 직접 민주주의의 도래를 예고하는 데로 나아갔다. 그는 새로운 인간의 형성[양성]을 희망하였다.

콘스탄틴 시넬니코프(Constantin Sinelikoff)가 번역한 『성 혁명』의

---

6) Arche 판.

발췌를 보자. 이 구절은 삶과 자발성에 대한 확신으로 넘쳐난다.

"어린이의 성충동 속에, 어린이에게서 감각적 사랑의 증거 속에, 다수의 지루한 주제들과 분석들 속에 무한히 더 많은 도덕, 자연, 살아가는 힘과 즐거움이 있다. 어린이의 성격의 생명성 속에 그리고 그것에만 정말 자유로운 인간사회에 대한 보장이 있다."

그리고 여전히 같은 책의 발췌들, 청소년 비행자들에 대한 생각들을 보자.

"나는 우리 사이에 아주 지적이고 능력 있는 많은 젊은이들이 있다는 것을 독자에게 확신시킬 수 있다……. 사람들이 비행자라고 부르는데 익숙한 사람들은 잘 선별된 위선자들의 생명성보다 훨씬 월등한 생명성을 가지고 있으며, 그들은 자신들에게 자신들의 일차적인 자연권을 거부해온 사회질서에 반역하게 됐다. 그들의 부모는 그들을 이해하지 못했다. 교육자들이나 당국들도 마찬가지로 이해하지 못했다……. 그것은 그들을 엉큼한 사람들, 의심하는 사람들, 악의적인 사람들로 만들었다……. 거기에 그들을 길로 내몰았던 것이 있다. 그들은 더욱이 행복하지 않았지만 최소한 자유를 느꼈다……. 사회가 이 사춘기 청소년들과 관련하여 저지른 범죄들은 셀 수 없이 많다."

5월의 파리 바리케이트에 대해서 나는 증명할 수 있다. 왜냐하면 나는 개인적으로 알고 있는데, 거기에 이른바 청소년 비행자들이 많이 있었기 때문이다.

여기서 다시 한 가지 인용이 있다. 그것은 고대 그리스인들이 찬양한 가치들을 불러내지 않지만 혁명적 내용으로 장식돼 있다.

"성 능력, 신체적인 활기와 아름다움은 사회진보를 위해서 투쟁하는 영원한 이념이어야 한다. 성 불구자들은 자유의 투쟁가들로서 전혀 가치가 없다."

프루동과 레닌 이래로 혁명행동에 모든 에너지를 집중하기 위해서 성생활을 억제해야 한다고 생각한 가짜 혁명가들을 비난하면서, 라이히는 다음과 같이 쓴다.

"사람들은 성 생활을 전적으로 제거하면서 힘을 얻는다고 믿었다. 그것은 잘못이고, 부르주아적인 어떤 것들처럼 성을 배제한다는 것은 커다란 잘못이다."

오히려 반대로 다음이 중요하다.

"젊은이의 성 반란을 자본주의 사회질서에 반대하는 혁명투쟁으로 바꾸는 것."

*　　*　　*

그러나 나는 여러분들에게 라이히 저작의 어떤 측면들이 오늘날 나에게는 좀 낡은[시대에 뒤진] 것 같고 반박할 수조차 있는 것 같다는 것을 감추지 않겠다.

무엇보다도 그가 젊은이의 '성 빈곤'(misère : 독일어 Not라는 말의 불완전한 번역인 빈곤이라는 말)이라고 부른 것에 대한 비난은 약간 미소짓게 한다. 나는 여러분들에게 1968년의 젊은이들은 라이히가 관찰하고 불쌍히 여긴 젊은이들을 닮지 않았다고 말할 필요는 없었다. 그들은 그의 동정을 필요로 하지 않았다. 그들은 더 이상 어떤 금지로부터도 고통받지 않았다. 그들은 성 혁명을 수행했다. 오! 얼마나! (항상 성적으로 억압받는다고 여겨지는 많은 젊은이들의 강렬한 저항). 이어서 나로서는 라이히가 때로는 사랑에 대한 쁘띠 부르주아적 관념을 가지고 있다는 것을 발견했다. 파트너 탐색을 불필요하게 만드는 이점을 지닌다고 확신한 지속적인 성관계를 찬양하고 그렇게 하여 사회활동을 위한 시간과 힘을 해방한다고 할 때 그러하다. 라이히는 자신이 이러한 종류의 여성 속에의 소변[배설]이라고 부른 것을 저평가하였고, 사람들이 애정[부드러움, 애무] 없이 키스할 수 있다는 것을 결코 인정하지 않았다. 나의 감정이지만, '스튜냄비[가정]'와 '푸른 꽃[감상]'의 이 측면은 오늘날에는 오히려 통용되지 않는[낡은] 것처럼 보인다.

그러나 더욱 중대한 것은 라이히가 과학적으로는 더 이상 통용되지 않는 관념, 한편으로 온전한 것, 정상적인 것, 자연스러운 것, 다른 한편으로 도착적인 것이라는 이른바 성적인 탈선[일탈]의 관념에 매달리고 있는 것을 보는 것이다.

라이히 이전에 선구적인 성학은 이 낡아빠진 관념들을 청소해왔다. 이미 19세기 초반에 샤를르 푸리에(Charles Fourier)는 『사랑의 신세계』[7]에서 "자연은 쾌락 속에 엄청난 변이를 만들어냈고 소수적인 기호는 사회조화에 기여한다"고 확인했다.[8] 1909년에 독일 성 학자인 이반 블로흐(Iwan Bloch)는 『우리 시대의 성 생활』[9]에서 이른바

7) Charles Fourier, *Le Nouveau Monde amoureux.*
8) 252~254쪽을 더 보시오.
9) Iwan Bloch, *La Vie sexuelle de motre temps.* 이 가치 있는 책이 아직 프

도착은 생물학적 변이일 뿐이며 성 변이의 요구는 항상 인간본성에 깊게 뿌리박고 있다고 주장하였다.

그러나 라이히는 귀머거리고 이 점에 대해서는 아주 보수적이다. 그는 모두에게 반대로 그리고 모두에게 대항하여 순진하게 원시인들 사이에서는 동성애가 존재하지 않았다고 주장했다. 의심의 여지없이 그는 말리노프스키[10](Malinowski)를 읽었지만, 나는 그가 말리노프스키를 잘못 읽었다고 믿는다. 토착민들은 알려진 '일탈들'의 대부분에 몸을 맡겼다고 말할 수 있기 때문이다. 여기서 라이히는 마가렛 미드[11](Margaret Mead)의 이후의 작업뿐만 아니라 게자 로하임[12](Géza Roheim), 질베르투 프레이레[13](Gilberto Freyre), 그리고 많은 다른 사람들의 이후의 노력들에 의해서 반박되고 있다.

라이히에게 동성애는 외적인 원인을 지니며 따라서 고칠 수 있는 '착란'이었다. 동성애는 남성과 여성 사이의 정상적인 관계가 불가능하게 되는 한에서만 발전했을 것이다. 사람들은 대중의 자연스러운

랑스어로 번역되지 않았다.

10) Bronislaw Malinowski(1884~1942). 『미개 사회의 성과 억압』(한완상 옮김, 삼성출판사. 1983), 『미개인의 성생활』(김영목 옮김, 휘문출판사, 1979) 등이 번역되어 있다.—옮긴이 주

11) Margaret Mead(1901~1978). 미국의 인류학자. 주로 오세아니아의 원시 종족들에 관해 연구하였다. 『세 부족 사회에서의 성과 기질』(조한혜정 옮김, 이대출판부, 1994), 『남성과 여성』(이경식 옮김, 범한사, 1984), 『사모아의 청소년』(박자영 옮김, 한길사, 2008), 그리고 자서전들이 번역되어 있다.—옮긴이 주

12) Géza Róheim(1891~1953). 헝가리의 정신분석학자이자 인류학자. 정신분석 인류학을 창시한 것으로 인정받고 있다. 그의 이론에 대한 요약을 폴 로빈슨, 『프로이트 급진주의』(박광호 옮김, 종로서적, 1981)에서 찾아볼 수 있다. 이 책은 빌헬름 라이히, 게자 로하임, 허버트 마르쿠제에 대한 유익한 입문서이다.—옮긴이 주

13) Gilberto Freyre(Freyre는 Freire라고도 씀, 1900~1987). 브라질의 사회학자로 브라질 북동부에 대한 사회학 연구의 개척자로 알려져 있다.—옮긴이 주

성생활의 모든 조건을 실현함으로써만 동성애를 줄일 수 있을 뿐이다. 예를 들어, 우라니즘(uranisme, 동성애)은 군대와 선박에서 주로 행해졌다고 이해하면서 라이히가 군대와 선박에서의 억압을 제안한다고 믿겠는가? 이것은 그의 관점에서는 급진적인 해결책일까? 음…… 아니다! 그는 젊은 여성을 병사[군대]와 함대에 합류시킬 것을 요구했다.—잘 보세요. 나는 더욱이 여성이 군대에 들어가는 것이 엄청난 것을 변화시킬 것이라는 것을 의심했다. 왜냐하면 오늘날 군대가 주둔하고 있는 곳에서 유니폼은 아가씨들을 적지 않게 야성적으로 만든다고 확신하기 때문이다. 즉 그들은 남성 병사들과 놀 것이고, 달리 병사들에게 소녀의 역할을 하지 않을 것이다.

그러나 우리들 사이에서 어떤 사람들과 부딪칠 위험을 가질지라도 문제에 더 깊이 들어가 보자. 소녀들이 없고 우리의 양성애적 본성의 근본에서 잠재적인 필요가 있을 때, 남성적인 혼교가 군대에서 자유롭게 되었다고 할 수 있다. 이 필요는 시민생활에서는 부르주아 사회가 동성애를 공격하는 낙인에 의해서 그리고 동시에 이성애적 사랑을 칭송하는 허영에 의해서 억압되고 있다.

그러나 내 생각에 라이히는 문제의 좌표를 뒤집는다. 그에게는 부르주아 사회질서가 성을 비난함으로써 젊은이들 사이에 저질러진 행동들에 책임이 있을 것이다. 여기서 킨제이는 나에게는 라이히보다 훨씬 더 통찰력이 있었던 것처럼 보인다. 미국의 유명한 『킨제이보고서』의 저자에게 동성애는 사회적 제약이란 구속이 없다면 훨씬 더 광범할 정도로 근본적으로 자연스런 현상이다. 이 제한들이 풀린다면 킨제이가 감히 확언하듯이 동성애는 이성애보다도 우세할 수 있을 것이다(홀 안의 움직임). 왜냐하면 현행 도덕이 이성애를 촉진하고 동성애를 비난하기 때문에만 이성애 관계가 대개의 개인들에게 동성애 관계보다 더 좋아하는 것으로 나타나기 때문이다.

확실히 킨제이 자신이 증명하듯이, 동성애가 동성애 행동뿐만 아니라 자위행위도 만들어낸다는 것은 분명하다. 소년들과 소녀들 사이에서 자유로운 사랑이 덜 억압받는 거기에서. 그러나 동성애가 이성애 사랑에 대한 사회적 제한 때문이라고 믿는 것은 잘못일 것이다. 심지어 동성애가 그 비율이 상대적으로 고정되어 있는 것처럼 보이는 소수의 인간들에게서 타고난 것이고 배타적인 것이기 때문이다.

이 점에 관해서 불완전하게 탈스탈린화된 라이히에게서조차 도덕주의의 악취, 검열자 소질, '사회주의적 사실주의자' 스타일의 열렬한 옹호자 소질이 있다. 그리고 그는 다음과 같이 말한다.

> 포르노그라피, 탐정소설, 공포이야기들처럼 성 불안을 만들어내는 모든 종류의 문학을 금지해야 한다……. 사람들은 그것을 삶에서 자연스러운 즐거움의 다양한 원천과 형식에 의해서 획득된 진정한 감정을 묘사하고 논의하는 문학으로 잘 대체한다.

라이히는 <성 상담소>를 세웠다. 거기서 젊은이들이 자신들에게 당연한 것처럼 보이는 불안을 지닌 채 자위를 할 때 사드 환상과 마저흐 환상을 추구한다는 것을 운 좋게 발견하였다.

어른에 의한 어린이의 유혹은 라이히에 의해서 가차없이 비난받는다. 킨제이는 그것을 좀 더 신중하게 생각한다. 왜냐하면 그가 어떤 신체적인 해도 가하지 않았다는 것이 잘 이해된 조건에서 불편함이 별로 없고 어떤 이점조차 있기 때문이다. 그러나 라이히에게 인간을 개조할 혁명적 이행기에서 우리가 벗어나지 않는 한 이 행위들을 처벌하는데 반대할 이유가 없다. 사람들은 이미 얼마나 많은 해[연도] 동안 소련(러시아)에서 끝나지 않은 이 이른바 이행을 지속했는가를 안다. 입법자들이 불행한 위반자들에게 계속 달려드는 곳에서.

그러나 나는 이 몇 가지 유보가 오늘 저녁 모임 이후에 당신들이 빌헬름 라이히에게서 만들어낸 생각이 누구를 위태롭게 하도록 하고 싶지 않다. 더욱이 나의 친구이자 라이히의 전문가이며 번역가인 콘스탄틴 시넬리코프는 나보다 그의 저작에 대해서 더 잘 알고 있는데, 당신들에게 더 많이 그리고 더 길게 라이히가 맑스주의와 프로이트 성학에서 동시에 작동시킨 이중적 혁명의 본질적 특징들에 대해 말할 것이다.

절대적으로 규정해야 한다면 자유로운 맑스주의자라고 스스로를 규정하고 수년 이래에 맑스주의, 아나키즘, 정신분석 사이에 종합의 필요성을 끊임없이 주장해 온 나로서는, 당신들이 당신들 앞에서 한 선구자의 기억을 되살리도록 해 준 것에 행복하고 광분한다. 그리고 내가 표현하고 싶은 소원이 있다면, 프랑스어로 아직 나오지 않은 라이히의 모든 다른 저작이 순차적으로 더 늦지 않게 번역되었으면 하는 것이다. 빌헬름 라이히의 정신적 유산을 소모적으로 받아들이는 반동적이고 공포스런 미국 연구소의 인쇄인가로 또는 그것 없이.

추기

이 논쟁의 경우, 그 조직가인 '연대 20'(Liaison 20 : 레네 갤러리, 23, 브뤼셀 1)은 『사회와 성억압, 빌헬름 라이히의 저작』[14]이라는 아주 흥미로운 소책자를 발간했다. 나는 또한 미쉘 까띠에(Michel Cattier)의 책 『빌헬름 라이히 박사의 삶과 저작』[15]이라는 책이 최근 발행되었다는 것을 알려야겠다.

---

14) Liaison 20, *Société et répression sexuelle, l'œuvre de Wilhelm Reich*, la Cité, éditeur, Lausanne.

15) Michel Cattier, *La vie et l'œuvre du Docteur Wilhelm Reich*, la Cité, éditeur, Lausanne.

킨제이와 성

킨제이와 성

1. 입문

『킨제이보고서』[1])의 이름으로 알려져 있는, 미국인의 성(sexualité)에 관한 방대한 조사를 수록한 두 권의 책에 관해서 지금 연구하는 것은 너무 늦기도 하고 너무 빠르기도 할 것이다. 그것이 너무 늦었다는 것은 선정적인 저널리즘이 그 기획에 관해서 이미 온갖 소란을 피웠기 때문이며(물론 반드시 그 저서의 가장 흥미 있는 부분은 아니어도), 내용의 약간의 통계적 사실에 관해서는 이미 상당히 통속화되었기 때문이다. 또한 그것이 너무 빠르기도 하다는 것은 그 일은 이루어지기에는 아직 멀기 때문이다. 사실 이미 간행된 것에 이어서 몇 가지 간행이 예정되어 있고[2]) 저자(내지는 저자들[3]))의 생각은 1권에서 2권으

1) 『인간 남성의 성행동』(*Sexual behavior in the human male*)은 1948년에 미국에서 간행되고 프랑스어판(Pavois 판)도 같은 해에 나왔다. 번역은 그다지 잘 되었다고 할 수 없으며 몇 가지 오류도 지적되고 있다. 『인간 여성의 성행동』(*Sexual behavior in the human female*)은 미국에서 1953년에 간행되고 프랑스어판(Amiot-Dumont 판)은 1954년 10월에 나왔다[한글판, 『인간 여성에 있어서의 성행동』, 전광문 역, 신조사, 단기 4292(1959)].

2) 저자들은 미국 흑인의 성행위에 관해서는 손을 대지 않지만, 다음 문제들에 관해서 드디어 연구할 것을 고려하고 있다. 부부간의 적응에서 성요소, 이성애와 동성애의 균형, 교도소 내지는 교정시설 수용자의 성균형, 성매매, 성교육 등.

로 나아가는 과정에서 이미 어느 정도 변화를 보이고 있다.[4] 따라서 더 변하는 것 아닌가 하고 예상하는 것은 별로 부당하지 않다. 그렇다고 해도 우리 시대의 가장 중요한 출판물의 하나가 우리 눈앞에 있다는 것, 그것에 관한 고찰을 주저할 권리를 우리가 가지고 있지 않다는 것은 이제 확실하다.

킨제이의 신봉자들은 그를 인류를 위해서 새로운 세계를 발견한 제2의 크리스토퍼 콜롬버스로 보며 그의 저서를 다윈의 『종의 기원』 이래 발표된 다른 어떠한 책보다도 강렬한 충격을 지니는 것으로서 제시했다. 어떤 사람들은 아담 스미스의 『국부론』이나 칼 맑스의 『자본』과 동렬에 놓는 것을 망설이지 않았다. 그들에 의하면 킨제이는 성에 빛을 비추었고 그의 소개 이전에는 우리가 성에 관해서 아무것도 알지 못하고 손대중으로 암중모색하였다고 한다.

반대로 청교도적인 그의 적수들은 킨제이가 자신들에게 가한 아주 심한 공격을 비난하고 이 성실한 학자에게 여기서 보고하기에 쓸모없고 시간을 소모할 가치가 없는 엄청난 욕설과 저주를 퍼부었다.

한편 정신분석학자들은 어떤 공격적 의도도 가지고 있지 않지만 자신들의 금렵지로 여기고 있던 분야에 침입해 온 이 난입자, 이 문외한을 질투하고 있었다.

조롱하고, 의심하고, 사랑을 이해하기에는 여성을 안아 보면 충분

---

3) Alfred C. Kinsey, Wardell B. Pomeroy, Clyde E. Martin, Paul H. Gebhard.

4) 예를 들면 152~154쪽을 참조. 2권은 1권보다도 잘 쓰여졌으며 내용도 풍부하고 깊다. 그리고 그 충격력은 상당히 월등하다. 왜냐하면 그것은 시몬느 보봐르가 연 길에 따라서 수천 년 이래 '제2의 성'을 속박해 온 특수한 금기를 공격하고 있기 때문이다. 그러나 그 출판상의 성공은 미국에서는 1권에 훨씬 미치지 못했다.

하다고 생각하는 바보같은 사람들에 관해서 말한다면, 그들은 어깨를 으쓱하고 아는 체하였다. 그들 가운데 한 사람은 비극적일 정도로 경박한 희극을 킨제이에게 바치기까지 하였다. 그 서론에서, 킨제이는 "유식한 체하는 사람", "[장기의] 졸"로 취급되고, "라블레[5](Rabelais)와 라 퐁텐[6](La Fontaine)의 나라[프랑스]는 킨제이설을 받아들이기에는 아직 성숙하지 않다"는 시대에 뒤진 맹목적인 애국주의 신앙을 고백하는 그 희극작가로부터 "사랑을 짓밟으려고 했다"고 비난받았다.[7]

---

5) Francois Rabelais(1494?~1553). 프랑스 르네상스의 대표적 작가. 전설적인 거인 팡타그뤼엘과 그의 아버지 가르강튀아의 행적을 다룬 환상적인 연대기인 『팡타그뤼엘』과 『가르강튀아』를 썼다. 유석호 옮김, 『가르강튀아/팡타그뤼엘』, 문학과지성사, 2011 ; 유석호 옮김, 『팡타그뤼엘 3서, 4서』, 한길사, 2006.—옮긴이 주

6) La Fontaine(1621~1695). 이솝의 우화를 수집하여 발간한 프랑스의 작가.—옮긴이 주

7) 장 베르나르-뤽(Jean Bernard-Luc)의 3막의 희극, 『포도의 잎』(*La Feuille de vigne*)은 1952년 파리에서 상연되고 출판되었다. 주간지 <프랑스 옵세르뷔토르 France-Observateur>(1954년 9월 23일 호, 10월 7일 호, 22일 호, 29일 호, 11월 4일 호)의 '문학에 관한 역설'란을 통해서 나는 세간의 호평보다도 오히려 순수히 윤리적인 염려에 영감받은 킨제이의 과학적 저작을 옹호했다. 상당한 수에 이르는 투서가 있었지만 그것들은 킨제이보고서에 관해서 상당히 부당하고 상당히 이해하지 못해서 나를 안타깝게 했다. 그 하나는 이렇게 쓰고 있다. "킨제이와 그의 하나의 신통한 일은 모던한 닭장이나 돼지우리의 규격에 인간성을 맞추려고 하는 놈을 이롭게 하는 것일 뿐이다." 투서자의 대부분은 저 킨제이보고서의 눈부신 성공을 스캔들의 성공으로만 보려고 하였다. 그리고 변호사계의 가장 탁월한 인물의 한 사람도 그와 동일한 입장을 가지고서 나의 의견을 들었음에도, 킨제이보고서가 만약 상상의 작품[허구]으로서 제공되었다면 아마 용인될 수 없었을 관찰로 보이게 만들기 위해서 이른바 과학적 연구를 이용한 출판사의 선전기획으로 보인다고 대답해서 나를 슬프게 했다. 더욱이 심리학자의 조수를 하고 있는 어떤 부인투서자는 나에게 충고를 내린다는 생각을 갖고 있었다. 나의 킨제이에 대한 "열광"은 그녀에게는 "아주 열정적인 것처럼" 보였다. 그리고 그녀는 내가 독자들 사이에서 얻고 있는 (그렇다고 그녀가 보증해두고 있지만) "신용을 무대"로 하는 "문야에 과도한 열의를 가지고 발을 들여놓는"다고 걱정하였다.

킨제이에 대해서 가해진 비판 가운데 가장 타당한 것 하나는 여론조사, 통계 · 백분율 · 평균으로는 성을 설명하기에는 충분하지 않고 '사랑의 갤럽[조사]' 이상의 어떤 것도 아닐 것이라는 것이었다. 그러나 이 비판은 부분적으로만 옳다. 첫 번째로 양적인 자료야말로 지금까지 성에 관해서 이루어진 것 가운데 가장 결여되어 있던 것이기 때문이다. 우선 몇 세기에 걸쳐서 문학가들이 또한 아주 최근에 이르러 학자들이 어쨌든 상당한 정도로 사랑을 연구했다. 그러나 어느 누구도 각종 성행위가 어떤 규모로 유포되어 있는지 증거를 손에 넣어 보여줄 수 없었다. 이 점에서 볼 때 킨제이의 조사는 종래의 커다란 결점을 묻어버리는 것이다. 그리고 그가 보인 숫자를 얻기 위해서 사용한 방법에 의문이 있으며 그 점에서 수정이 필요하다고 해도, 그들 숫자는 킨제이 이전에 성에 관한 인식을 고민해 왔던, 통계자료가 거의 전혀 없던 것에 가까운 상황보다는 훨씬 유익하다. 처음부터 보고서의 백분율(%)이나 평균은 보편적으로 통용되는 것은 아니다. 미국의 '문화인류학자들'(프란츠 보아스**Franz Boas**[8]), 루스 베네딕트**Ruth Benedict**[9]), 마가렛 미드 등)은 현존하는 최후의 원시사회에 관한 현지연구에서 얻은 새로운 자료에 근거하여 인간은 무엇보다도 주위 환경의 산물이라

---

8) Franz Boas(1858~1942). 독일 태생 미국의 인류학자. 20세기에 주류를 이룬 상대주의적이고 문화중심적인 인류학을 확립했다. 보아스는 인디언의 민속과 예술에 대한 중요한 연구를 포함해서 통계학적인 형질인류학, 서술언어학과 이론언어학, 미국 인디언 민족학에 이르기까지 고르게 업적을 남겼다. 대표적인 저서로 『원시인의 마음(*The Mind of Primitive Man*)』(1911)이 있다.—옮긴이 주

9) Ruth Benedict(1887~1948). 미국의 인류학자. 특히 문화와 인성 연구분야에 큰 영향을 미쳤다. 대표적인 저작으로 『문화의 유형(*Patterns of Culture*)』(1934, 한글 본은 황선명 옮김, 종로서적, 1980)이 있다. 또한 일본 문화의 연구에 인류학적 방법을 적용해 『국화와 칼(*The Chrysanthemum and the Sword*)』(1946, 이광규 옮김, 서울대출판부, 1985)을 썼다.—옮긴이 주

는 것을 확인해 주었다. 이 확인은 그리 독창적인 것은 아니지만, 시대나 장소를 뛰어넘어서 공통적인 인간상을 얻기 위해 추상적인 인간상을 만들려고 하는 경향을 경계하고 있는 것, 각각의 문명과 각각의 문화는 고유한 행위양식을 가지고 있다는 것을 우리에게 상기시킨다는 점에서 무익하지 않다.10) 이들 교훈을 킨제이는 (약간 뒤늦게이지만) 받아들이고 보고서 2권에서는 일반적으로 '남성' 또는 '여성'의 성을 연구하는 것이 아니라 현대 미국 백인남성과 미국 백인여성의 성을 연구한다는 것을 분명히 하기에 이르렀다.

킨제이가 지적한 특징은 특히 미국적인 것이며 약간의 행동은 다른 곳에서 보다도 미국에서 더 (또는 덜) 비난받는 것이다. 그러나 이 한계를 보지 못해도 이제 킨제이의 관찰과 통계는 상당한 범위에서 보편적인 가치를 지니며 일반적이지는 않아도 적어도 환경과 시대를 초월하여 가부장제와 유대-기독교의 정신적 계보에 기초한 사회에서 인간과 성을 이해하는 데 우리에게 도움이 된다.

'사랑의 갤럽'이라는 것으로 킨제이를 손상시켰다고 생각하는 사람들은 다른 점에서도 부당하다. 그들에 의하면 보고서는 통계자료만으로 구성되고 있다고 하지만 그것은 정확하다고 할 수 없다. 킨제이는 동물학, 생물학, 인류학, 심리학, 사회학의 힘을 빌리며 두 보고서는

---

10) 그러나 미국의 실용주의와 상대론의 영향 아래에 있는 '문화주의자들'은 자신들이 비난한 것과 반대의 과도함에 빠져서 고찰되고 있는 또 하나의 극에서 어떤 인간진화의 영속적인 보편적 특징을 약간 과도하게 경멸하였다. "진실은 그 손 앞에 있으며 오류는 그 지향에 있다"는 파스칼의 경구는 그들의 결점을 명확하고 간단하게 보충하고 있지만, 그러한 것으로 그들은—결코 시대에 뒤진 것으로는 되지 않는다.— 루이스 모간(Lewis Morgan)의 사회의 기원에 관한 대담한 가설을 일괄하여 배척하는 데 이르렀다. 루이스 모간, 최날븐·성농호 옮김, 『고대사회』, 현암사, 1975.

(2권은 1권 이상으로) 동물학, 해부학, 선사학, 정신분석학, 사회에 관한 비숫자적 사실에서 풍부하다. 더욱이 그는 그들 사실을 해석하려고 시도하고 경우에 따라서는 어쨌든 성공하며, 거기에서 그의 작업을 밀도 있는 풍부한 저작으로 만드는 통찰력과 진면목이 거의 항상 보인다.

그는 (칭찬할 만하고 겸손하게) 우리가 우리의 방식대로 이론화할 수 있는 성에 관한 단순한 일차적 소재를 우리에게 제공할 뿐이라는 원칙적인 의도를 보이고 있어도, 더욱 앞으로 전진하고 있다. 그는 우리에게 새로운 성이론 초안을 제시하고 있다. 내가 여기서 검토하려는 것은 그의 통계적인 사실폭로 보다는 그 새로운 이론에 관해서이다. 그리고 새로운 성이론 초안을 제시하는 데는 무엇보다 우선 그것을 재구성하고 그 다양한 단편을 논리적으로 정리해야 한다. 왜냐하면 논리와 구성감각은 불행히도 킨제이의 미덕 가운데는 발견되지 않기 때문이다. 그의 저작의 구도는 무미건조하다. 반복이 각 행마다 각 장마다 각 권마다 늘어난다. 구성은 둔중한 단조이며 문체는 정적일 정도로 평평하다. 이 파헤쳐진 원석으로부터 주요한 사상을 추출하는 것은 어렵다. 그러나 그의 작업의 정수는 다시 한번 (그것을 이끌어내는데 성공한다면) 정확히 핵심을 파악하는 것이며, 상당한 정도로 혁명적이기도 하다. 킨제이는 청교도주의에 대해서 혹은 프랑스의 성학자 르네 기용[11](René Guyon)의 말을 빌리면 "성을 억압하는 [반

11) René Guyon, 『성 윤리학 연구』(*Les Etudes d'ethique sexuelle*)는 6권(2천부 한정의 자비출판으로서)이 간행되었고 3권은 아직 간행되지 않고 있지만, 인수하는 출판사가 없어서 그것들이 출판된다고는 믿어지지 않을 정도로 프랑스에서는 거의 일반에게 알려져 있지 않다. 그에 반해서 미국에서는 첫 2권의 영역판이 성공을 거두었다.

(反)성적인] 테러리즘"에 대해서 흔들리지 않는 일격을 가했다.

(킨제이가 우리에게 가르치거나 확인하고 있는 바에 의하면, 무수히 있는) 모든 종류의 성억압을 받아들이는 사람에게 『킨제이보고서』는 해방의 메시지이다. 저 예언적인 『꼬리동』[12]에 의해서 새로운 길을 연 늙은 지드는 매우 주의 깊게 보고서의 1권을 읽었다고 전해지고 있다.[13] 킨제이가 착수한 주제에 관해서 거의 맘에 들어 하지 않는 사람들, 특히 자신들의 성생활에 만족하고 있는 혹은 어쨌든 성충동을 잃고 있는 혹은 많든 적든 자신에게 무엇보다도 절실한 문제에 압박을 받고 있는 사람들에게도, 보고서는 역시 하나의 사건이었다. 보고서는 성은 놀랍게 다형적인 힘이며 그 억압은 맹위를 떨치고 인간에 의한 인간의 억압의 다른 형태의 결과로서 생기는 피해와 마찬가지로 참기 어려운 고통을 가져온다는 것을 그들에게 보여주었다. 계급사회와 경제적 착취의 종결을 원하고 있는 사회주의자 내지는 공산주의자는 보고서를 읽기 전에는 레닌과 함께 '성문제'를 이차적으로, 우선

---

12) *Corydon*은 1911년에 쓰여지고 뒤에 가필된 앙드레 지드(André Gide)의 동성애 변호 책이다. 지드, 이휘영 옮김, 『꼬리동』, 휘문출판사, 1980.—옮긴이 주

13) 장 듀레 교수의 「최근 수년」(Jean Delay, "Dernières années", *Hommage à André Gide*), *Nouvelle Revue Française*, 1951년 11월호, p. 363-364에 의한다. 이 동일한 교수가 지드가 『꼬리동』을 자신의 책 가운데 가장 중요한 것으로 여기고 있다는 것이 일종의 착오라고 쓰고 있는 것은 타당하지 않다. 또한 의사인 앙리 플랑쉐(Henri Planche) 박사는 그에 의하면 "범용한" "시대에 뒤진" 작품인 『꼬리동』에 지드가 인정한 중요성을 그 역시 비웃어야 한다고 생각했다(*Le problèmede Gide*, 1952, 87쪽, 101쪽). 마지막으로 앙드레 바쟁(André Bazin)이 다음처럼 쓴 것을 보는 것은 안타깝다. "중요한 것은 『꼬리동』이 아니라 『지하 식량』이다." 이 유미주의자는 주장한다. "왜냐하면 결국 동성애는 그 자체로서는 우리에겐 흥미가 없고 그것이 흥미를 끄는 것은 단지 그것이 지드의 정신생활에서 쾌락을 보이기 때문이다"(*L'Observateur*, 1952년 3월 13일자).

사회의 면에서 전개되어야 하는 투쟁의 단순한 부속물로 볼 수 있었다.[14] 그러나 보고서의 공표 이래 그러한 태도는 더 이상 유지할 수 없다. 킨제이는 일종의 자유주의적인 개량주의 이상으로 나아가지 않음에도 불구하고 청교도주의를 구성하고 있는 세력에 관해서 특히 신중함에도 불구하고(4절 참조), 그의 작업은 그가 마주하여 기술하지 않은 그리고 우리가 기술해야 하는 결론을 암암리에 포함하고 있다. 그는 마지못해 우리에게 자본주의와 청교도주의라는, 두 머리를 가진 거대한 뱀의 이중의 중압에 오늘날 아직 눌리고 있는 인간의 완전한 해방에 이르기까지 사회혁명과 성혁명을 두 가지 구도에서 동시에 추구하라고 촉구하고 있다.[15]

*　　*　　*

킨제이가 우리에게 보여주고 있는 성이론의 초안을 재구성하고 논의하기 전에, 크리스토퍼 콜롬버스와는 달리 그는 적절하게 말하자면 미지의 대륙에 도달한 것이 아니라는 것, 그가 등장하기 전에 우리는 이미 어둠속을 방황하며 걷는 것으로부터는 벗어났다는 것, 그의 작업은 성과학에서 선배들의 작업에 많은 것을 빚지고 있다는 것, 그것들을 분명히 해두는 것도 무익하지 않다. 그 부채를 지불하지 않고

---

14) Lenin, 『여성과 공산주의』(*La Femme et la communisme*, 1950, p. 197~230 참조.

15) 앙리 프랑쉐 박사가 (앞의 책, p. 106) 동성애와 청교도주의의 갈등에 의해서 생긴 고뇌가 지드를 패배자, 수형자, 온갖 종류의 피박해자의 편으로 몰았고 특히 "비인간적인 세계의 혁명에 의해서 문제를 해결하려고 하는 모든 나라의 프롤레타리아"에 관심을 가지는 데 이르게 했다고 강조하는 것은 옳다.

끝내는 것은 그에게는 있을 수 없다. 1권의 서문에서 그는 헤이브록 엘리스[16](Havelock Ellis), 프로이트, 슈테켈[17](Stekel), 히르쉬펠트[18](Hirschfeld), 크라프트-에빙[19](Krafft-Ebing), 만테가짜[20](Mantegazza), 마르쿠제[21](Marcuse), 몰[22](Moll), 블로흐[23](Bloch) 등의 저작을

16) Henry Havelock Ellis(1859~1939). 영국의 의사이자 심리학자. 인간의 성에 대해서 연구하였고, 특히 동성애, 트랜스젠더 심리에 대하여 연구하였다. 주요 저서로는 『성전도(*Sexual Inversion*)』(1897)와 『성심리학연구(*Studies in the Psychology of Sex*)』 7권이 있다.—옮긴이 주

17) Wilhelm Stekel(1868~1940). 오스트리아의 의사이자 심리학자. 프로이트의 초기 추종자 가운데 한 사람으로, 자위와 신경증, 도착, 그리고 사도-매저키즘에 대해서 연구하였다.—옮긴이 주

18) Magnus Hirschfeld(1868~1935). 독일의 의사이자 성학자. 성소수자에 대해 공개적으로 지지하였고 '과학적 인간주의위원회'를 설립하여 동성애자와 트랜스젠더의 권리를 옹호하며 독일에서 초기 동성애 운동을 이끌었다. 성과학연구소를 설립하여 다양한 성에 관해 연구하였으며, 특히 동성애와 별종적 성에 대한 연구에 큰 업적을 남겼다.—옮긴이 주

19) Richard von Krafft-Ebing(1840~1902). 오스트리아-독일의 심리학자. 1886년에 『성심리학(*Psychopathia Sexualis*)』이란 책을 냈고 이 책은 그 이후 증보되었다. 이 책은 성관련 지침서가 되었고 동성애와 양성애에 관해서 처음 다룬 책이었다. 그는 특히 사디즘과 매저키즘이란 용어를 대중화시켰다.—옮긴이 주

20) Paolo Mantegazza(1831-1910). 이탈리아의 신경학자이자 생리학자이자 인류학자. 인류의 성관계, 증오의 생리학, 여성의 생리학 등에 관해 연구하였고, 특히 『인간 본성의 모습(Quadri della Natura Umana. Feste ed Ebbrezze)』(1871)이란 책을 썼고 소설을 쓰기도 했다.—옮긴이 주

21) Herbert Marcuse(1898~1979). 독일-미국철학자이자 사회학자. 신좌파의 아버지로 불리며 『에로스와 문명(*Eros and Civilization*)』(1955), 『일차원적 인간(*One-Dimensional Man*)』(1964) 등 많은 책을 썼으며 한글 번역본도 여러 권 나와 있다.—옮긴이 주

22) Albert Moll(1862~1939). 독일의 심리학자로 이반 블로흐(Iwan Bloch), 마그누스 히르쉬펠트(Magnus Hirschfeld)와 함께 근대 성학의 창시자로 꼽힌다. 성본성은 성자극과 성유혹이라는 두 가지 분명히 구분되는 부분을 포함하고 있다고 주장하였다. 어린이의 성생활, 하이프노티즘(Der Hypnotismus Kornfeld, 1889)에 관한 책을 썼다.—옮긴이 주

23) Iwan Bloch(1872~1922). 독일의 피부과 전문의사. 또한 성학자로도 불린다. 사드의 『소돔 120일』의 원고를 발견하여 출간하기도 하였다. 『우리 시대의 성생활(*Das Sexualleben unserer Zeit*)』(1906)을 썼다.—옮긴이 주

들면서 많은 점에서 그들 저작이 성문제에 관한 연구에 중요한 공헌을 했다고 기술하고 있다. 그 초기 작업들 덕택에 오늘날에는 성문제에 관한 조사를 계획하는 것이 보다 쉽다고 그는 말하지만, 단지 그것만 말하고 있다.

그런데 킨제이 이외의 사람으로 M. F. 애슐리 몬테규(M. F. Ashley Montagu)는 『킨제이보고서』에 관한 연구[24]에서 『킨제이보고서』 1권의 발표보다 정확히 50년 전에 헤이브록 엘리스의 『성심리학연구』의 긴 시리즈의 1권이 영어로 간행되었다는 것을 상기시키고 있다.[25] 이 광대한 책은 신기원을 이루었다. 그것은 그때까지 금기로 여겨져 오고 '예의바른' 인간은 입에 올려서는 안 될 테마를 분명히 끌어내고 많은 세대의 입장을 실질적으로 변화시켰다. 킨제이는 엘리스로부터 많은 것을 가져오며 그의 저작을 '기념비적'이라고 부르기를 바라며, 몇 번 반복해서 그를 인용하고 있다.

킨제이는 동일한 말에 의한 동일한 찬사를 프로이트의 저작에 대해서도 바치고 있다. 그러나 사실을 말하자면, 아주 간단하게 묘사할 뿐이다. 분명히 거만한 미국인은 저 빈[비엔나] 사람에게 빚지고 있는 사정에 관해서는 그리 강조하려고 하지 않았다. 그리고 일찍이 금세기 초에 초기의 논문들을 쓴 프로이트의 성이론은 빅토리아 시대의 성 금기에 관해서 부동의 신념을 지니고 있던 세대에 대한 도전이었다는 것을 상기시켰던 것은 킨제이가 아니라 정신분석학자 에리히 프

24) 논문집, 『킨제이보고서를 둘러싸고』(*About the Kinsey Report*), New York, 1948, p. 61~62.

25) Havelock Ellis, *Les Etudes de psychologie sexuelle.* 프랑스어판 17권은 Mercure de France사에서 번역되어 나왔다.

롬(Erich Fromm)이며, 그는 그것을 『킨제이보고서』에 관한 연구에서 하고 있다. 프로이트는 성에 오명을 입히는 것은 죄책감의 결과로서 신경증을 일으킨다는 것을 보인 최초의 사람이었다.26)

그리고 킨제이는 에리히 프롬처럼 옛 스승을 '넘어서려고' 시도하며, 프로이트 정통파와 관계를 끊은 또 한 사람의 정신분석학자인 빌헬름 라이히가 프로이트에게 바친 찬사에도 당연히 접촉할 수 있었다. 프로이트는 신경불안의 한 원인은 현 사회에서 실시되고 있는 성도덕에 있으며 신경증은 과도한 성억압으로부터 생기는 성 관련 병에 지나지 않는다는 것을 발표한 최초의 인물이라고 라이히는 말한다. 부르주아적 그리고 종교적 이데올로기의 주축의 하나인 성억압의 근원을 공격하면서 프로이트는 혁명가처럼 행동하였다. 더욱이 프로이트는 성은 사춘기의 눈부심과 함께 하늘로부터 오는 것이 아니라 유아기의 성이 먼저 있고 그것에서 생긴다는 것을 밝히면서 기존의 지식을 모두 바꾸어 버렸다. 또한 라이히에 의하면 수 천 년 이래 꾀죄죄하고 건강하지 않고 농염했던 존재가 출입했던 뒷계단으로부터 우리 사회기구의 전면의 밝은 곳으로 성을 끌어낸 최초의 인물이 프로이트이다.27)

따라서 킨제이가 참가한 길에서는 선배들 특히 프로이트에 의해서 상당한 정도 사악한 것이 제거되었다. 그러나 『킨제이보고서』의 저자는 그들 개척자들을 비난한다. 그는 특히 정신분석가들에 대해 몇 가지 사실의 의의를 알아 챈 그들의 놀랄만한 능력에도 불구하고 평균

---

26) 논문집, 『킨제이보고서를 둘러싸고』, p. 47.
27) Wilhelm Reich, 『성 위기』(*La Crisc sexuelle*, 프랑스어판 1934년) 속에서 '변증법적 유물론과 정신분석학'. ; 『오르가즘의 기능』(프랑스어판 1952년).

적인 개인의 성행동에 관한 정확한 인식 내지는 근사적인 인식조차 전혀 지니지 않았다고 비난한다. 정신분석가들은 일정한 수의 특수한 사람들 사이에서 보이는 성관련 사실을 수집한다. 그러나 대다수의 인간이 성적으로 어떻게 행동하는가를 알지 못한다. 그들은 널리 퍼진 것과 희소한 것을 결코 분간할 수 없다. 왜냐하면 그 자료는 그들이 병원에서 취급한, 일반적으로 대표적인 것이라고 말할 수 없는 환자에게서 얻은 것이기 때문이다. 어니스트 존스(Ernest Jones)가 위대한 프로이트에 관한 상찬할 만한 전기적 연구[28]를 발표한 이래, 성에 관한 특히 그의 이론의 알파이자 오메가인 저 유명한 '오이디푸스 콤플렉스'에 관한 프로이트의 초기의 에세이들에서 보이는 일반화는 특히 자기 자신에 관한 자기 분석과정에서 이루어진 관찰로부터 생겨난 것이라는 것, 이론의 여지가 없는 과학적 성격을 그것들에 부여하는 것은 분명히 허용되지 않는다는 것이 오늘날에는 널리 알려져 있다.

프로이트가 길을 넓힌 것을 킨제이가 인정하고 있어도 그는 또한 (아마 올바르지만) 프로이트는 동시에 그의 '신화' 몇 가지에 의해서 성 문제를 상당히 엉클어뜨렸다고 생각하고 있다. 킨제이는 충분한 수의 과학적 검증에 의해서 확인할 수 없는 몇 가지 가설을 발표했다고 프

---

28) Ernest Jones, 『지그문트 프로이트의 삶과 저작』(*The Life and Work of Sigmund Freud*), 1권, 1934. 존슨은 프로이트가 그 자신 속에서 언젠가 어린 시절의 기억 속에서 어머니에 대해서 느낀 감정과 아버지에 대해서 지닌 질투를 발견했을 때, 즉석에서 그 발견은 '인간본성 일반'과 관련된다고 느꼈다고 썼다. 그것이 그의 사상의 통례적인 방법이었다. 그는 거기서 일반적 내지는 보편적인 현상의 일례를 보았다. "그 주제에 관해서 통계를 수집하려고 하는 생각은 그에게는 낯설었다"(p. 97, 326).

로이트를 비난한다. 따라서 그는 일반적인 관능적 행동의 생식기 이전 단계의 존재를 유아 속에서 보는 것을 부인하고 유아가 귀나 생식기를 만지고 손가락을 빨기도 하고 '성적'이라고 하는 말을 할 수 있을지 의심하며 더욱이 사춘기에 앞서서 잠재적인 또는 잠자고 있는 성의 시기가 있다고 하는 것도 확실하지 않다고 생각한다. 대신 그는 사회에 의해서 강제된, 불가피한 활동하지 않는 시기라고 생각하고 있다. 그것은 특히 어린이들이 여성에 속하는 경우에 그러하며 생물학적 원인에 의한 '잠재' 때문이 아니다. 킨제이는 탄생 후 몇 년의 유아기 경험의 중요성을 강조하는 프로이트에 동의하지만, 그의 의견에 따르면 개인은 생애의 모든 시기에 다양한 형태의 새로운 상황 속에서 배우고 조건지워진다는 것을 놓쳐서는 안 된다. 성년의 행동이 형태를 갖춰가는 과정에서 유아기 이외의 모든 경험의 영향을 경시하는 것은 옳지 않다고 그는 생각한다. 더욱이 킨제이는 많은 미국 인류학자[29]와 마찬가지로 '오이디푸스 콤플렉스'에 관해서는 상당히 회의적이다. 어떤 정신분석가들이 그들의 환자 가운데 누구든 그 생애의 그 어떤 시기에 근친성관계를 가진다고 주장함에도 불구하고,[30] 그 주장은 킨제이에게는 그 자신이 수집한 다양한 자료와 일치하지 않는다. 킨제이는 근친성관계는 현실에서 보다는 훨씬 더 임상의사의 생각 속에 생겨나고 있다고 기술하고 있다. 그는 마찬가지로 '오이디푸스 콤플렉스'의 후유증이 동성애 행위를 설명하는 데 충분하다고는

---

29) 예를 들면 Magaret Mead, 『남부 해안에서』(*From the South Seas*), New York, 1939 참조.

30) 『킨제이의 오류』(*Erreur de Kinsey*)(프랑스어판 1954, p. 23)에서 E. Bergler 박사와 W. S. Kroger 박사는 "그 연구는 어떤 사람의 손에 의해서도 결코 진전되지 않았다"고 항의하고 있다.

믿지 않는다.[31)]

킨제이는 또한 자기관능주의(auto-érotisme) 내지는 나르시시즘을 단계적으로 경과하는 유아기의 발전에 관한 프로이트의 가설에도 동의하지 않는다. 그 가설은 신체적 형태가 비슷한 성대상에 머물러 있거나(동성애), 이전 시기에 속하는 '유아적' 지체가 없는 한 형태상으로 다른 성대상(이성애)에 흥미를 지니게 된다는 것이다. 이 가설을 지지하는 어떠한 증거도 그의 조사가 대상으로 한 양성의, 사춘기 이전 내지는 사춘기의 상당히 다수의 실례 가운데에서 보이지 않았다고 킨제이는 확인하고 있다. 그는 또한 프로이트에 의해서 어떤 입증근거도 없이 본원적인 것으로 제시되는, 그 후 거의 논의되지 않고 그의 제자들에 의해서 인정된 '승화'이론에 관해서도 이 전례 없는 유보를 표명하고 있다.[32)]

킨제이는 '승화' 덕택으로 상당수의 남성이 상당히 오랜 기간에 걸쳐서 어떠한 성행동도 하지 않은 채 지낸다는 것에 의심을 품고 있다. 그에 따르면 그것은 입증된 사실이라기 보다는 이론적 가설이라고 말할 수 있다. 사람이 '승화'라고 생각하고 싶은 것은 바로 억압이다. 그리고 킨제이는 승화이론과 헤브라이나 그리스 또는 기독교의 오래된 금욕주의 사이에 혈연관계를 보며 그것을 유감스럽다고 생각

---

31) 킨제이는 여기서 미국에서 유행하게 되는 설명(예를 들면 Donald Webster Cory, 『미국의 동성애』(*L'Homosexuel en Amérique*, 프랑스어판 1932 참조)에 대해서 당당하게 반발한다.

32) 그러나 킨제이는 정신분석가들이 최근에 승화의 기원론을 크게 정정한 것은 확실히 기술할 수 있었다. 예를 들면 오토 페니헬은 성년의 생식욕의 승화가 존재하는 것에 의심을 표명했다. 그는 생식기 이전 단계에서만 승화를 인정한다(Otto Fenichel, 『정신분석적 신경증이론』(*La Théorie psychanalytique des névroses*), 프랑스어판 1953, 여러 곳.)

한다. 도덕관념에 현대의 커플들이 열심히 정신분석학의 그 부분을 끌어들여서 절제와 엄격함이라는 전통적 관념을 새롭게 포장한 유행하는 말로 장식하면서 그것을 영구히 존속시키려고 하는 것은 아주 불가사의한 것은 아니라고 그는 말한다.[33)]

킨제이는 또한 '정상적'이라고 선언된 성행동으로부터의 모든 이탈이 필연적으로 '신경증'을 만들어 낸다는 것도 인정하지 않는다. 그는 '정상이 아니다'라고 하는 행위유형의 빈도에 관해서 의심해 보지 않는 임상의사들의 사실왜곡이 바로 거기에 있다고 프로이트파에 반박한다. 더욱이 그는 프로이트가 자위행위는 무해하다고 주장한 뒤 이 확인의 진보적 의의를 약화시켰다는 것, 결국 자위는 심리적 장애라고 부르는 것을 가져온다는 것, 그것에 의해서 전통적으로 그 행위를 공격해온 유대교의 관습법에 의한 낡은 금지령을 과학적인 외견의 새로운 호명으로 강화하려는 위험에 노출되는 것을 유감스럽다고 생각한다.

그 중에서도 킨제이는 성행위의 심리적인 면을 해부학 및 생물학에 의해서 얻어진 오르가즘에 관한 자료와는 다른 입장에서 보면서, 그것들을 한층 의미심장한 것으로 보는 프로이트의 (혹은 그가 잘못하여 정통파 정신분석의 것으로 삼는) 입장에 동조하지 않는다. 그러한 경향은 해부학적 형체나 생리학적 기능의 문제를 인간행동의 기본적이고 실제적인 문제를 회피하는 '과학적 유룰론'이라고 너무 간단히 봐

33) 따라서 미국의 청교도인 윌리엄 맥도갈(William McDougall)은 승화의 장에 관해서 상당히 만족의 뜻을 나타내면서 프로이트에 찬성을 표했다. 그는 "성 구속이 없으면 승화는 없다. 승화가 없으면 문화는 없다"고 쓴다(W. McDougall, 『성과 문명 속에서』(*In Sex and Civilization*), New York, 1938).

버리기 때문에 쉽게 신비적인 것으로 되어 버리는 경향이 있다고 그는 말한다.[34]

여기서 킨제이는 행동주의의 창시자인 J. 왓슨[35](J. Watson)과 자신의 혈연관계를 우연히 밝히고 있다. 그러나 재미있는 것은 2권의 책 제목 속에 행동이라는 말을 사용한 것을 제외하면 그는 한번도 왓슨의 저서를 인용하지도 않으며 참고문헌에 넣지도 않는다. 그렇지만 『킨제이보고서』는 행동주의자들에 친근한 방법을 바로 성에 적용한 것일 뿐이다. 킨제이는 왓슨과 마찬가지로[36] 과학은 관찰하는 사실, 분명한 행동의 검토에만 한정되어야 하고 그 외에는 모두 형이상학이나 신화일 뿐이라는 신조에서 출발하고 있다. 행동주의자로서 그는 유일한 유례없는 세계, 형이하학 세계의 존재만을 인정한다. 그리고 인간의 신체 속에 끼어 있는 정신적인 본질의 왕국에 관해서는 알려고 하지 않는다. 다른 사람들이 혼 자체와 같은 현상을 발견했다고 생각하는 곳에서 그는 관찰하는 행동 밖에 없다고 생각한다. 행동주

34) 킨제이의 반대는, 아마 과학적 유물론의 영역에 머무르는 것을 항상 원하며 원신경학자이며 사르코(Charcot)의 제자이며 해부학과 생리학의 자료를 결코 가볍게 여기지 않은 프로이트 자신보다는, 융과 같은 그런 프로이트의 관념론적인 아류들에게 보다 잘 적용될 것이다. 그러나 프로이트 자신의 사상이 유물론과 유심론 사이를 동요한다는 것, 적어도 융파의 관념론적 이단의 싹을 포함하고 있다는 것, 후기의 저작(『문명 속의 불안』, 『모세』)이 유물론자의 비판 표적으로 된 것은 확실하다.

35) John Broadus Watson(1878~1958). 행동주의 심리학파를 창시한 미국의 심리학자. 저서로 『행동주의(*Behaviorism*)』(revised edition, University of Chicago Press, 1930)가 있다.—옮긴이 주

36) 나는 발레리 아르노(Valérie H. Arnold)의 『미국에서의 반응심리학』(*La Psychologie de réaction en Amérique*, 1926)에 있는 행동주의자의 태도에 관한 요약을 차용하고 있다. 피에르 나비에(Pierre Naville)는 이 논제는 부분적으로는 작고한 조르쥬 폴리처(Georges Politzer)에 의해 만들어졌다고 나에게 확인해 주었다.

의자로서 그는 '고전적인 이원론'의 이중적 인간을 단순한 인간으로 대체한다고 주장한다. 행동주의자로서 그는 과학적 연구가 행하기 어려운 사항으로부터는 단호하게 거리를 두며, 보는 것, 접촉하는 것, 보일 수 있는 사항만을 알려고 한다. 그 외의 모든 것은 과학과 전혀 관련이 없는 사변에 지나지 않는다고 생각하고, '무의식'(융Jung[37]은 '혼'을 말하는 데까지 이르지만)과 마찬가지로 '의식'도 과학이 자신의 길에서 피해야 하는 애매하고 가설적인 본질이라고 보며 그것을 확신한다. 행동주의자로서 그는 동물의 행동연구에 적용한 방법을 인간의 연구에도 가져오려고 노력한다.[38]

그러나 킨제이의 행동주의는 그의 강점이기도 하지만 약점이기도 하다. 그의 강점은 형이상학적인 내지는 프로이트 풍의 '메타심리학'의 모든 대담한 가설을 간단히 믿으려 하지 않았다는 것, 정신분석학에 대한 비판이 파블로프의 제자들인 소련의 유물론자들[39]의 비판과 일치했다는 점에서 보인다.

그의 약점은 성생활에 관해서 자극과 반응이라는 단순화된 용어로만 생각하려고 하는 순전히 기계적인 개념으로 끌려갔다는 점, 눈에 보이는 행동 속에 나타나는 면만을 중시해서 인간을 성적 로봇[자동

37) Carl Gustav Jung(1875~1961). 스위스의 심리학자이자 정신의학자로 분석심리학을 창설하였다. 심리학상 중요한 몇 가지 개념들(the extroverted and the introverted personality, archetypes, and the collective unconscious)을 제시하고 발전시켰다.—옮긴이 주

38) 킨제이는 성연구에 헌신하기 전에 생물학을 가르쳤고 말벌 변종을 '분류학'에 의거해서 연구했다. 이 과학적 방법은 일정한 식물 내지는 동물의 종을 구성하는 일련의 개체 변이를 측정하는 것으로 이루어져 있었다.

39) Josph Wortis, 『소련정신의학』(*La Psychiatrie soviétique*) 프랑스어 번역판, 1953 참조.

기계]으로 제시하는 데 이르렀다는 점에서 보인다. '분류학적'으로가 아니라 결국 과학적으로 측정할 수 없는 속성 모두를 간단히 부정하는 것, 양적인 기술밖에 보이지 않고 그 무한한 복잡성을 제거하는 것은 성을 빈약하게 하지 않을까? '무의식적인 것'을 무시하든가 경시하는 것은 '기층 심리학적 기제를 무시하는 것'[40]은 아닐까? 미국 작가 라이오넬 트릴링(Lionel Trilling)이 지적하고 있듯이,[41] 아마 『킨제이보고서』는 현상의 정신적 측면을 조금도 부정하지 않고 있다. (우리는 곧바로 예를 들면 그가 남성의 성에서 심리적 자극물에 부여한 중요성을 보게 된다. 3절의 5 참조) 그러나 그가 그것을 암시하는 경우에조차 양적인 기준에서 벗어나 있지 않다. 그는 대개의 경우 성생활과 정신생활 사이의 관계를 설정하는 것을 삼간다. 어떤 사람들이 맑스주의자들을 그 사회학적 분석에서 '상부구조'를 무시하고 '하부구조'를 강조한다고 비난하는 것처럼, 킨제이가 프로이트파를 생리학적 하부구조를 무시하고 정신적 상부구조를 강조한다고 비난하듯이, 킨제이 또한 정신적 상부구조를 무시하고 생물학적 하부구조를 강조한다는 비난을 받지 않을 수 없다.

그런데 우리는 안타깝지만 이 책의 범위에서는 정면으로 파고들 수 없는 아주 커다란 문제를 여기서 만난다. '사랑'은 존재하는 것일까? 성은 인간의 가장 주목할 만한 그리고 가장 감탄할 만한 특성 가운데 하나의 기능, 그다지 흥분을 끌지 않고 그다지 매력이 없는 기반일 뿐일까? 그것과 반대로 '사랑'은 정신적 동요, 르네 기용이 말

40) Bergler et Kroger, 앞의 책, p. 21.
41) Lionel Trilling 「킨제이보고서(*Le Rapport Kinsey*)」, *Profiles* 1호, 1952년 10월호, 65-83쪽.

하듯이 유일한 대상에 고정화하고 '특정화'하는 성의 우발적 승화, 우리의 상당한 선조들이 알고 있지 못하고 우리의 자손들이 아마도 웃어버릴 문화적 의태(擬態), 사회적 억압의 산물에 지나지 않을까? 몇 세기에 걸쳐 문학가들이 많은 경우 어둠 속에서나 배경 속에서 특히 성을 희생하고 그 주의를 '사랑'에 집중하였다고 하지만, 현대의 성과학자들은 반대의 행위에 빠져 인간 속의 성적인 기능만을 연구하고 인간에 관해서 일면적인 상[이미지]을 제시하는 위험에 빠지지는 않을까?42)

이 문제에 대해서 성실하게 답하기 위해서는 '사랑'에 관한 사회학을 개괄적으로 묘사하고 인간성에 관해서 그 기원 이래의 진화를 상기시키는 시간이 필요할 것이다. 다른 사람들이 이미 그것을 시도했다고 해도43) 나 자신도 준비 작업으로 그것을 시도하고 싶다. 우선 나는 '사랑'에 관해서 킨제이가 지키고 있는 침묵은 동물의 행동을 규범으로 삼으려는 그의 경향에 의해서 설명된다고 하는 지적을 트릴링으로부터 차용하는 것에 만족하고 싶다. 인간의 성을 연구하는 데 인간을 우선 동물로 본다는 것은 확실히 필요한 것이다. 그러나 인간은 동물일 뿐이라는 의미는 아니며 더 이상 그렇지 않다. 인간의 성생활은 인간의 지성, 상상력, 감성과 긴밀히 연결되어 있다. 그 인간적 맥락에서 성만을 분리할 수 있을까?

---

42) 이것은 오늘날 카렌 호니(Karen Horney)가 그의 『우리 시대의 신경증적 성격』(*Personnalité névrotique de notre temps*, 프랑스어판 1953)에서 강조한 주장이며, 이 책은 그에 의하면 인간본성에 고유한 정서의 필요에 관해서 특히 집요하게 다루고 있다.

43) Denis de Rougemont, 『사랑과 서양』(*L'Amour et l'Occident*, 1939)을 참조. 이 책의 주장에 관해서는 부록1, 125~127쪽을 참조할 것.

앞에서 말했듯이, 킨제이가 사용하는 방법은 성의 다형적 성격에 관해 주목할 만한 설명을 할 수 있게 한다. 하지만 어떤 자극에 대해서도 성적으로 반응할 수 있는 것으로서 보인 인간이 왜 다른 것을 배제하고 특정한 성적인 배출형태를 정확히 고르는가를 보려고 할 때, 약점을 드러낸다. 그 이유는 예를 들면 킨제이의 방법은 이성애나 동성애 어느 쪽만을 선택하는 것으로 되기 때문이다(56~58쪽, 60~61쪽). 거기서 양적인 방법은 분명히 잘못을 저지른다. 상당히 적은 예에 관한 연구이지만 하나하나 길게 철저하게 평균을 계산하는 것에 얽매이지 않고 연구하는 정신분석학자의 방법은 개인적인 각각의 행위의 신비를 설명할 수 있는(그것도 지극히 요행이지만) 기회를 분명히 더 많이 갖고 있다. 양적인 방법은 또한 자의적인 구분을 해야 할 때 믿을 수 없게 된다.(어떤 행위는 '동성애' 특징을 보여서 '이성애'로 분류되며, 반대로 수동적인 동성애가 능동적인 동성애와는 구별되지 않는다 등등.)

킨제이의 방법에 대해서 또 하나의 이의를 제기해 두어야겠다. 이 이의에 관해서는 그의 비판가들은 가장 구애받지 않는 것처럼 나에게는 생각되며, 그것은 다분히 그들의 경향이 사회학적이기보다 심리학적 내지는 문학적이기 때문일 것이다. 그렇지만 그 이의는 나에게는 가장 긴요한, 가장 중대한 것으로 보인다. 자연과학자인 킨제이는 동물을 대상으로 하고 있듯이 인간의 행동을 연구했다. 그러나 그는 인간은 **감각적** 존재라는 것을 무시했을 뿐만 아니라 특히 **사회적** 존재라는 사실도 무시했다. 인간은 자신이 속하고 있는 사회와 긴밀하게 연결되어 있고 성행위를 포함한 모든 행동, 모든 일, 모든 동작은 무엇보다도 우선 사회적인 성격을 띠고 있다. **성연구**를 **사회연구**와 분리시킬 수는 없다. 이 작은 책 전체를 통해서 기회가 있을 때 나는 『킨제이보고서』에 보이는 사회학적 관점에서 본 결함을 강조하고 싶다. 다분히 킨제이는 때에 따라서는 양적인 방법을 방기한다. 그리고 측정할 수 있는 것을 측정하는 것만으로는 만족하지 않고 인간사회의 존재와 진화를 고려하는 성에 관한 해석을 생각한다. 또한 그는 그 일을 사회계층에 따른 성에 마주한 부분에서(4절을 참조) 성행위에 관한 사회적 지위의 영향을 양적으로 측정하려고 노력한다. 그러나 그것은 그에게는 뒤에 보이듯이 가벼운 기분으로 하는 것에 지나지 않는다. 그가 우리에게 보이는 정보는 간결하고, 성에 대해서 사회가 미친 영향에 관해서는 불충분한 형태로만 쓰고 있다. 그리고 그가 관찰의 결과에서 끌어낸 일반적 결론은 사회학자로서의 눈을 그에게 기대하는 것은 무리라는 것을 보여준다. 따라서 내가 지금 하고 있는 연구의 목적은 많은 면에 걸쳐서 문제로 되고 있는 결함을 채우고 킨제이 보다는 모순이 적은 형태로 성해방 문제를 제기하는 것이다.

*　　*　　*

이제 마지막으로 한 마디 하겠다. 이 책의 범위에는 『킨제이보고서』의 기반을 이루고 있는 통계계산과 '면접'기술, 그리고 제1권에서 157페이지에 걸쳐 하고 있는 기술[묘사]에 관한 설명에 대해서 비평적 검토를 할 여유는 없다. 그 논의는 상당히 무미건조하고 독자를 피곤하게 하며 나의 능력을 넘어서는 것일 게다.

여기서는 『킨제이보고서』의 저자들이 8,603명의 남성과 7,789명의 여성에게 질문한 것으로부터, 최종적으로는 나는 그들이 보증하는 곳에서는 적절한 유효성을 지닌 조건[44]에서 얻어지고 선택된 남성 5,300명의 '면접'사례와 여성 5,940명의 면접사례로부터 통계적 결과를 추출했다는 것을 분명히 해 두는 것에만 그치고 싶다.

2. 성이론 초안

『킨제이보고서』의 최초 두 권에서 보이는 기본적인 자료를 몇 가지 논리적으로 조립해 보자.

1) 성의 조숙함

성의 비상한 조숙함은 인간에 가까운 포유동물이나 원인류 속에

44) 프랑스에서 그 창립자들이 이름을 숨기고 있는 '생물학통계국'의 어떤 '자료센터'가 각자가 다르지 않게 써넣어 서명하지 않고 반환할 수 있는 당혹시키는 인쇄된 질문서를 배포했을 때, 그들 조건들은 결코 채워지지 않은 것 같다. 그 '자료센터'는 "프랑스인의 영혼의 근저에 있는 수치심과 도덕관념을 존중하기에는 적당하지 않다고 생각되는 형태, 구두질문보다 선호하는 질문지에 의한 간접적 접촉을 채택해야 한다"고 생각했다. 그러나 그 어떤 익명적이고 즐거운 악이 자신의 환상대로 나타낼 수 있는 쓰여진[피할 수 없는] 반응에 어떤 가치를 부여할까? 그리고 반대로 그것에 질문한다는 핑계로 사랑하는 천 한 가지 방식을 누구에게나 제안하는 것은 '수치심'을 공격할 위험에 노출되는 것 아닐까? '자료센터'는 "정상적으로 균형잡힌 인간의 반응들을 불러내면서" "미국 곤충학자의 목표보다 훨씬 더 고도한 목표"를 추구하고, "더 이상 프랑스에서 성에 대한 파편적인 전망"이 아니라 "과학적인 정밀한 파노라마"를 제시하는 것을 목표로 하였다. 그러나 그 이상한 방법이 그 결과를 가져왔는지는 의심스럽고, 이 조사의 신비스런 저자들이 우리들에게서 성에 대한 과학적 연구를 불신하게 하려고 하지 않는지 사람들은 의심할 것이다.

이미 분명히 보이는 것이다. 그것은 인간에서도 (적어도 남성의 경우는) 마찬가지임을 숫자가 보여준다. 나이든 소년과 성인의 반 이상(57%)이 청춘기(adolescence)에 앞선 시기에 어떤 형식의 성활동을 경험했다고 기억한다. 오르가즘은 (생후) 5개월부터 사춘기(puberté)에 이른 모든 연령층의 소년 속에서 확인되고 있다. 2개월부터 12개월의 어린이들의 31%, 2살부터 5살의 어린이들의 57%가 성충동에 이른다. 억제가 없는 사회에서는 적어도 남자의 반수가 3살이나 4살에 성충동에 도달할 수 있을 것이다.

이성관계를 시작하는 평균연령은 거의 8살 10개월이다. 소년은 모두 상당한 성능력을 가지고 있다. 성은 생식기관이 재생산을 위해서 성숙하기 훨씬 이전에 개화한다.

사춘기(남성의 경우 평균 13살 반에서 시작하지만) 뒤의 성능력은 놀랄 만한 정도의 것으로 된다. 성능력의 정점은 13살부터 19살 사이에서 보이며, 단지 성관계의 빈도에서 뿐만 아니라 특히 동일한 성교 과정에서 몇 번의 오르가즘 능력에 의해서도 표시된다. 그 연령에서 일부 소년들은 2번 내지는 3번의 사정 뒤에조차 몇 시간 동안 발기상태를 유지할 수 있다.[45]

2) 성의 힘

모든 속박으로부터 벗어난 평균적인 남성에 가능한 것으로서 일상적인[매일매일의] 오르가즘을 생각할 수 있다. 그리고 주민의 10%부

45) 소녀들의 경우 뒤에서 보듯이(71~72쪽) 성의 자각은 더 늦다.

터 15%가 확실히 이 수준을 넘어설 것이다.

성의 힘은 어떠한 사회적 금지에 의해서도 완전히 억제할 수 없을 정도로 아주 강력하다. 남성의 85%가 결혼 이전에 성관계를 가지며, 30% 내지 40%가 결혼 이외의 성관계를 가지며, 70% 가까이가 성매매여성에게 가며, 37%는 동성애 관계를 경험한다. 주민 전체의 95%가 성에 반대하는 법률을 어떠한 형태로든 어기고 있다.[46)]

그러나 성은 사회적 금지에 기초한 억제에 의해서 또한 사람을 육체적으로 그리고 지적으로 병들게 하는 전문 직업[일]에 의해서 제한된다. 레닌적인 청교도주의에 대해 고민하지 않았던 어떤 진정한 맑스주의자는, 노동시간의 단축과 기계화에 의해서 얻어지는 자유의 필연성의 도약만이 (일단 현행사회의 성억압적 법규가 폐지되면서) 인간의 성능력[선물]의 완전한 개화를 가능하게 할 것이라고 기술하고 있다.

건강은 성능력을 증진시키는 데 기여한다. 마찬가지로 오르가즘은 건강의 한 요소이다. 왜냐하면 오르가즘은 생식기관뿐만 아니라 신체 전체를 사용하기 때문이다. 오르가즘이 가져오는 신경상의 안정은 잘못된 경구가 말하듯이 "비참한 동물"로 만드는 것이 아니라 평온과 안정, 평화, 사는 것에 대한 만족을 얻게 하는 것이다. 여기서 킨제이는 분명하게 빌헬름 라이히[47)]의 사상으로부터 착상을 얻고 있거나 항상 그것에 합세한다.

---

46) 프랑스의 대학교수인 폴랑(Paulhan)은 이미 "바랄 만한 지침으로서 생각한 사회와…… 개인이 속박으로부터 벗어나려고…… 하는 실제 사회 사이에는 커다란 모순이 있다"고 지적하였다. 결론으로서 "어떻게 사회는 그것에 착수할 것인가? 허언과 위선에 의해서이다"고 말하고 있다. Paulhan, 『감정의 사회적 변환』(*Les Transformations sociales des sentiments*), 1920, p. 156.

47) 빌헬름 라이히, 『오르가즘의 기능』.

3) 다양성(variété)과 변화에 대한 요구

대개의 포유동물에서는 성 상대를 바꾸려는 요구가 나타난다. 인간의 경우도 마찬가지이다. 일부일처제에서 보이는 고통의 주요한 원인의 하나는 같은 상대와 너무 오랜 관계로부터 생기는 '심리적 권태'이다. 그러나 인간에게서 변화 요구는 여성의 경우보다도 남성의 경우에 더 자주 나타난다(우리는 이 문제를 뒤에서 다시 다룬다. 73쪽).

인간 남성은 사회적 억제가 없다면 의심의 여지없이 한층 더 '취사선택할 것이다.' 인민대중이 엘리트에 속하는 남성보다도 더 들떠 있다. 그들 가운데 많은 사람들은 '단지 한 사람의 여성과 계속된 관계의 발전보다도 바뀌는 상대들과의 사랑의 추구와 정복에 더 흥미를 갖는다.' 어떤 사람들은 동일한 여성과 두 번 계속해서 잠자는 것을 바라지 않는다. 그들은 여성들을 여성들 자체로서 사랑하는 것이 아니라고, 여성들이 성관계에서 없어서는 안 될지에 대해 말하는 것을 듣고 싶어하지 않는다고 솔직히 말한다. 여기서는 변화에 대한 요구가 있으며 그것이 그들 가운데 많은 사람들을 성매매여성에게 가게 만든다. 다른 사람들은 관념 속에서이지만 자신들의 직접적인 성상대와만 자는 것이 아니라 여성이라는 종(genre) 전체와 자는 것이다. 그들은 특정의 여성들을 사랑하는 것이 아니라 여성 일반(la femme)을 사랑한다.

킨제이는 여기서 '돈 후앙주의'의 복잡한 문제를 안타깝게도 탐구하지 않고 가볍게 다루고 있다. 그가 단언하는 만큼 변화에 대한 요구가 인간의 본성 속에 뿌리내리고 있다면, 돈 후앙[48](Don Juan)은 그 전설의 저자들이 나타내는 기괴한 예외가 아니라 가장 자연스러운 인간이다. 이 가설에서는 그의 유일한 이상함[별종성]이 그의 사악함일 것이지만, 여성 모두 혹은 남성 모두를 욕망할 정도로 완전히 인간적인 인간들을 쇠약하게 하면서 돈 후앙을 그러한 남자로 만든 것은 청교도적인 사회가 아닐까? 스탕달(Stendhal)은 돈 후앙이 종교가 사람들을 쾌락으로 몰아댔던 고대에 의심의 여지 없이 효과를 지녔다고 보며 주저없이 돈 후앙을 악마화하는 것은 기독교 때문이었다고 한다.[49]

4) 성능력은 영에서 무한까지 다양하다

남성들의 육체적 능력 사이에는 현저한 차이가 있다. 어떤 사람들은 일주일에 한번 이상의 오르가즘을 경험할 수 없다. 다른 사람들은 더 둔감하다. 사정하지 않고 오랜 세월을 지내는 일부 남성도 있다. 외견상 의학적으로는 건강함에도 불구하고 어떤 남성은 30년에 1번밖에 사정하지 않았다. 반대로 다른 사람들은 일주일에 10번, 14번, 20번 또는 그 이상의 사정을 하기도 하며 덜 방탕한 사람들 보다 더 피곤하지도 않다. 어떤 법률가는 30년 동안 매주 평균 30회 이상의 행위를 유지했다.

---

48) 돈 후앙(Don Juan). 돈 주앙으로도 읽는다. 원래 민간 전설에 등장하는 인물인데, 희곡·소설·시 등에서 악당 주인공으로 등장하면서 방탕을 상징하는 가공의 인물이 되었다.—옮긴이 주

49) Stendhal, 『이탈리아 연대기』(*Chroniques italiennes*), "Les Cenci", ed., Pleiade, 2, p. 678.

성행동 곡선은 여러 사람에게서 반복된다[비슷하다]는 점에서 주목을 끈다. 어떤 개인의 성리듬은 곡선상에서 자신에게 가장 가까운 사람들의 리듬과 미세한 정도로만 다르다.

여성능력의 범위는 남성활동의 범위보다 한층 더 넓다. 어떤 여성들이 일생동안 혹은 오랜 기간에 걸쳐서 오르가즘을 알지 못한 채 지내거나 최소한의 경험을 하고 지내는 것에 비해서, 다른 여성들은 성관계를 가질 때마다 일련의 오르가즘을 체험할 수 있다. 어떤 사람들은 1시간 안에 20번의 오르가즘을 느끼기조차 한다. 여성의 1/3 이상이 심리적 자극에 의해서는 결코(또는 아주 드물게 밖에) 흥분하지 않는 데 비해, 어떤 여성들은 생식기관이나 신체의 어떤 부분에 전혀 접촉하지 않고 단지 상상만으로 오르가즘에 도달한다. 일생동안 1~2번 내지는 아주 적은 횟수밖에 흥분하지 않는 여성이 있고, 다른 극단에는 거의 일상적으로 그리고 종종 하루에 몇 번 흥분하며 그것도 오랜 기간에 걸쳐서 그러한 여성들도 있다.

부부간의 불화의 주요한 원인 가운데 하나는[우리가 70~71쪽에서 다루는 하나의 성(남성)과 또 다른 성(여성)의 반응 차이를 별도로 한다면] 두 사람 사이의 성능력의 차이에서 생긴다.

킨제이는 각 개인의 성의 역사는 그러한 변수들의 독특한 조합을 나타낸다고 쓰고 있다. 그러한 조합은 이미 전에 존재했을 가능성이 적고, 새로이 재생산될 가능성도 없다. 『킨제이보고서』 속에 수집된 성행위의 모든 면을 어쨌든 평균적으로 갖추고 있는 여성은 결코 발견되지 않았다.

인간의 성행위 가운데 확인되는 변이의 놀랄 만한 광범함을 기어이 무시하는 한, 사회학적이기도 하고 성과학적이기도 한 많은 문제는 이해되지 않은 채 남는다. 또 우리 사회의 모든 조직은, 개인들은 성적인 점에서 볼 때 서로 아주 유사하며 자신들의 행동을 '미풍양속'이라고 부르는 것에 맞추는 것은 그들 모두에게 마찬가지로 단순하다는 가설에 기초하고 있다. 사실 기본적인 감각의 둔화에 고민하고 있는 사람들이 가장 공공연하게 '도덕'을 설교한다고 킨제이는 덧붙였다. 그들은 자신들의 '순결'을 예로서 제시하는 것을 좋아하고 자신들의 법을 강요한다. 청교도적인 테러리즘은 성욕이 왕성한 사람들의 광경이 성욕이 약한 사람들에게 가해오는 공포에 의해서 만들어진 것이다.

5) 성은 다형적(polymorphe)이다

오르가즘은 아주 다양한 기계적 수단에 의해서 획득할 수 있다. 그 원천은 어떠하든 오르가즘에 의해서 만족되는 기본적인 심리적 욕구와 관련하여 실행되는 수단 그 자체는 이차적이다. 여기서 킨제이는 성대상은 본질적으로 변하는 것이며 따라서 부수적인 것이라고 보았던 르네 기용의 생각으로부터 분명하게 착상을 얻고 있다. 기계적 절차는 색다른 가치를 지닌다.[50]

어떤 자극에 대해서 관능적인 방식으로 반응하는 개인의 능력은 인간을 포함하는 모든 포유동물에서 보인다. 자위 행위, 이성애 행위, 동성애 행위는 성행위의 3가지 명확히 구분된 범주를 이루는 것이 아니다. 해부학도 생리학도 이들 3가지 수단 가운데 하나에 의해서

50) René Guyon, 『성윤리학연구』(*Etudes d'éthique sexuelle*), 1, pp. 306~307.

얻어진 오르가즘 사이에 어떠한 차이를 발견할 수 없다.

생물학자와 그리고 자연 그 자체가 제시하는 자료에 의하면 어떤 성행위를 '자연스러운' 또는 '정상적'이라고, 다른 행위를 '자연에 반하는' 또는 '비정상적'이라고 부를 수 없다. 인간과 인간에 아주 가까운 포유동물은 이성애 행동에 한정되어 있고 모든 다른 성행위 형태는 '정상적인 본능'의 '도착'을 나타낸다는 것은 거짓이다. 그러한 해석은 신학과 신비의 영역에 속한다. 그것은 도덕에는 속하지만 과학에는 속하지 않는다.

여기서 킨제이는 주커만(Zuckermann) 박사의 원숭이에 관한 주목할 만한 작업[51]에 확실히 많은 것을 빚지고 있다. 그것은 양성을 지닌 영장류는 항상 성적인 자극 상태에 있다는 것, 그런 영장류를 움직이는 자극은 아주 다양하다는 것을 분명히 했다. 즉 영장류는 어린 것 혹은 늙은 것, 수컷 혹은 암컷 동류에 의해서, (고양이, 개, 여우, 뱀 등의) 다른 종족에 의해서, 그리고 아주 다양한 생명이 없는 대상에 의해서조차 자극받을 수 있다. 그런 영장류들은 동성애 경험에 대해서든 이성애 경험에 대해서든 조금도 편애를 보이지 않는다. 이렇게 포괄적으로 취사선택하는 것[절충하는 것]은 확실히 혼인적령에 달하지 않은 어린 동물 사이에서 한층 더 보이지만 성년 사이에서도 마찬가지로 보인다.

그 관점에서 킨제이는 여기서 자연에 의해서 대단히 풍부하게 받아들여지고 있는 개인들의 성능력과 그들의 성적 다형성 능력 사이의

---

51) S. Zuckermann, 『원숭이의 성생활과 사회생활』(*La Vie sexuelle et sociale des singes*), 프랑스어판은 1937년.

병행현상을 추적하려고 시도할 수 있었다. 성이 가장 왕성한 남성들이 가장 쉽게 이성애행위와 동성애행위를 결합하는 사람들은 아니었을까? 그들은 끊임없이 탈출구를 찾는 데 고민하고 그들의 대다수는 남성보다도 여성을 좋아하면서 여성도 남성도 상대한다. 이 가설은 부분적으로는 아마 미국 남성들에게서 동성애행위의 비율이 비교적 높은 것을 설명할 수 있을 것이다. 사실 많은 인종의 혼합, 다른 대부분 나라를 능가하는 물질적 조건과 영양에 기초하고 있는 미국 국민의 예외적인 활력은 미국의 젊은이에게 높은 평균치의 성능력을 부여하는 것 같다. 이미 당연한 것이지만 성적인 다형성을 조장하고 있는 그 힘은 혼전 및 혼외 성교의 막기 어려운 적대자인 양키 청교도주의에 의해서 한층 더 동성애로 향하고 있다.

6) 동성애의 빈도

킨제이는 동성애를 "인간에서와 마찬가지로 포유동물에서도 성의 기본적인 일부"라고 본다. 동성(남성 또는 여성)끼리의 성관계는 (결코 이성애적 접촉의 빈도만큼 많지는 않아도) 상당한 빈도로 모든 종류의 포유동물에서 이루어지며 그것은 원시인에게서도 마찬가지로 확인되고 있다.

그리고 자신의 말을 증명하기 위해서 그는 다음의 숫자를 제시한다.

남성의 50%는 자신의 성년의 생애 중에 오로지 이성애만을 하는 것은 아니다.

남성의 37%는 청춘기와 노년기 사이에 오르가즘에 도달하는 적어도 약간의 동성애 경험을 하고 있다. 그리고 이 숫자는 실제보다 적을 것이라고 상정할 수 있다. 남성이 동성애는 금기라는 것을 자각하고 있는 이상, 이성애 행위보다는 동성애 행위를 덜 고백하는 경향이 있기 때문이다.

남성의 25%는 오랜 기간에 걸쳐 정확히 동성애 경험이 있다.

남성의 18%는 최소한 3년간 적어도 이성애행위와 동일한 만큼 동성애행위를 경험했다.

남성의 13%는 최소한 3년간 이성애관계보다 동성애관계를 더 경험했다.

남성의 8%는 최소한 3년간 오로지[배타적인] 동성애만을 했다.

남성의 4%는 생애를 통틀어 동성애만을 하고 있다.

미국의 전 인구 가운데 성년남자는 약 34%에 이르기 때문에 적어도 생애기간 동안 동성애의 우위를 경험한 남성의 수는 630만 명이라는 놀라운 숫자에 달한다.

킨제이는 그 숫자를 우리에게 보여주면서, 그것이 단순히 미국인 남성의 행위를 반영하는 것일 뿐일까, 혹은 보편적인 것을 나타내는 가치를 지니는 것일까, 동성애는 인간 남성에 의해 광범하게 행해지고 있어서 또는 미국 특유의 이유(이것에 관해서는 뒤에서 다루고 싶다)가 미국에서는 동성을 찾게 하는 경향이 있기 때문에 그 숫자는 높을까에 대해 기술하지 않는다. 나로서는 진실은 그 두 가지 가설의 합류점에 있다고 생각한다. 킨제이의 숫자는 남성 동성애가 인간에게서 얼마나 광범한가 그리고 그것이 다른 곳보다도 미국에서 얼마나 더 광범한가를 동시에 밝히고 있다.

그러나 여성의 경우는 잘 인정되고 주장되는 의견, 특히 시몬느 드 보봐르의 의견과는 반대로 동성애는 그리 일반적이지 않다. 킨제이의 통계는 다음과 같이 보이고 있다.

(남성의 경우 50%에 대해서) 여성의 28%가 오로지 이성애만을 하는 것은 아니다.

(남성의 경우 37%에 대해서) 여성의 13%가 오르가즘에 이르는 동성애의 경험이 있다.

많든 적든 동성만을 상대로 하는 여성은 많든 적든 동성만을 상대로 하는 남성의 반에서 3/1이다.

여성동성애자는 남성동성애자보다 상대를 바꾸려는 기분을 덜 갖는다. 그녀들의 71%가 상대를 1명이나 2명에 한정하고 있다. 그것에 반해서 남성동성애자는 51%만이 상대를 바꾸는 것을 그리 좋아하지 않는다고 증언하고 있다. 여성 동성애 관계는 남성 동성애 관계보다 훨씬 더 오래 간다.

왜 미국에서 여성은 남성보다 덜 동성애적인가? 킨제이는 어떠한 설명도 시도하지 않는다. 미국에서는 다른 어떤 나라보다도 남성이 동성애적이기 때문일까? 성교에서 여성의 받는[수동적] 역할이 (거세라는 강박관념이 남성동성애자들에게 삽입행위를 두려워하게 하는 것처럼) 도착된 남성이 경험하는 것과 마찬가지 혐오를 정상적인 성교에 대해서 느끼게 하지 않기 때문일까? 킨제이가 강조하듯이 여성들은 동성애 경험을 남성들보다 자진해서 말하지 않기 때문일까? 그것은 결국 그리고 특히 여성들을 남편에게만 봉사하게 하고 그녀들에게 모든 성자유를 금지하고 있는 가부장제가 그녀들에게 남성들 이상으로 동성애를 포함한 모든 금기를 존중하게 하기 때문일까?

그런데 남성 동성애로 되돌아가서, 킨제이는 몇 가지 생리적인 특수성(특히 남성의 항문과 비교하여 여성의 질에의 삽입이 훨씬 더 편리하다는 것)이 가져오는 장애와 특히 사회적 제약이 없다면 동성애는 훨씬 더 광범하게 퍼질 정도로 근본적으로 자연스런 현상이라고 본다. 그는 만약 그들 제약이 없어진다면 동성애는 이성애보다 우세할 수 있고, 이성애 관계가 대다수 개인들에게 동성애 관계 보다 더 좋아하는 것으로 나타나는 것은 단지 현행도덕이 이성애를 지지하고 동성애를 비난하고 있기 때문이라고 쓰는데 까지 이른다. 금기가 없다면 배타적 남성동성애자는 배타적 이성애 남성이 여성들 사이에서 발견할 수 있는 상대보다 남성들 사이에서 더 많은 수의 상대를 발견할 것이라고 그는 믿는다. 그는 이것은 다른 곳보다도 미국에서 확실히 더 많은 진실을 포함한다고 확인한다. 미국에서는 다른 나라에서 보다도 이성애 모험이 쉽게 행해지지 않기 때문이다.

말[단어]이 용어로서 계속 모습을 지녀야 한다면, 진짜 '도착'은 물론 '자연에 반하는' 행위를 나타낸다는 구실 아래 언제나 이 다양한 성행동에 대한 억압을 의미한다. 킨제이는 여기서 다음과 같은 지드의 예언을 영광스럽게 확인하고 있다. "나는 자연에 반하든가 반신체적이라는 말은 20년 이내에 더 이상 진지하게 받아들여지지 않게 될 수 있다고 단언한다. 나는 이 세계에 자연적이지 않은 것으로서는 하나밖에 인정하지 않는다. 그것은 예술작품이다. 나머지 모든 것은 좋아하든 좋아하지 않든 관계없이 자연을 되찾는다. 그리고 인간이 더 이상 도덕가로서 자연을 보려고 하지 않을 때, 자연을 고찰하는 데 어울리는 것은 자연과학자로서이다."[52] 킨제이는 정확히 도덕가로서가 아니라 자연과학자로서 성을 고찰한다. 그럼에도 불구하고 다수가 도덕적 가치에 중요성을 두고 어떤 태도나 의견이 충분히 퍼져있다면 조금이라도 받아들이는 경향이 있는 미국 같은 사회에서는, 남성동성애의 빈도가 숫자에 의해서 확인되었다는 유일한 사실이 과학적 입증으로서 뿐만 아니라 이 성행위 형태에 유리한 입장을 부여하는 것으로도 나타날 수 있었다. 킨제이에 대한 비판들은 이 점에 관해서 그를 공격하는 것을 잊지 않는다.[53]

그 비판들이 『킨제이보고서』 속에서 동성애의 '옹호와 찬양'을 보는데 이른다고 한다면, 그것들은 잘못된 길을 가고 있다고 여기서 덧붙일 필요가 있을까? 이러저러한 비공격적 성행위의 변이 형태를 추방하려고 하는 반과학적이고 어리석은 금기에 대해서 항의하는 것은 문제로 되고 있는 행위를 더 좋아하거나 밀고나가는 것을 반드시 의

52) André Gide, 『꼬리동』(Corydon), 초판, 1911.(한글 본은 박옥출 옮김, 『앙드레 지드 전집 2』, 휘문출판사. 1966.—옮긴이 주)

53) M. F. Ashley Montagu, 『킨제이보고서를 둘러싸고』(*About the Kinsey Report*), p. 63 참조. 킨제이를 가장 불편하게 하는 것은 (보다 신중한 정신분석학자들과는 달리) 동성애자들을 고치겠다고 하는 정신의학자들이었다. 따라서 베르글러(E. Bergler) 박사는 킨제이가 도착은 정상적이라는 생각을 인정하려고 하면서 "도착자들은 치료를 하지 않으면 안 되고 할 수 있다면 치유되어야 한다는 오늘날 보편적으로 인정되고 있는(!) 원칙"에 어긋나게 "동성애자들에게 의학적인 취급을 피하기 위한 새로운 구실"을 제공한 것에 분개한다(앞의 책, p. 160~161, 237). 그러나 이 정신의학자는 그 '도착'에의 경향이 얼마나 광범한가를 부득이 인정해야 한다. 그는 사실 『킨제이 보고서』가 망설이는 사람들을 "나쁜" 방향으로 "보내는" 것을 두려워하고 있다(앞의 책, p. 185, 237). 이 과학적 저작을 단순히 읽는 것이 많은 사람들을 동성애에 빠지게 하기 쉽다고 인정하는 것은 이성애의 안정성에 대한 신뢰를 현저하게 결여하고 있는 것은 아닐까?

미하지는 않는다. 확실히 몇몇 '그리스의 사랑'[동성애]의 옹호자들은 개종 권유를 했다. 그들은 자신들의 저작들에서 사랑을 하는 그들의 이단적인 방법은 정통적인 방법보다 더 낫다는 것, 남자와 남자의 관계는 (육체적으로 그리고 정신적으로) 남자와 여자의 관계보다 더 만족스럽다는 것, 남성의 체구는 여성의 체구보다 더 매력적이라는 것 등을 주장했다. 그러나 그들의 주관론은 결코 아무것도 증명하지 못했다. 이성애자들은 적어도 마찬가지 유효한 방식으로 전혀 반대의 논지를 주장하기 때문이다. 킨제이를 그들 동성애 열광자들과 혼동할 수는 없다. 그는 학자로서 어떤 성행위 형태에도 가담하지 않는다. 점점 더 그의 입장은 '절충적'이라고 규정할 수 있다. 그러나 그것조차 이성애 신전의 의심 많은 파수꾼들에게는 이미 참을 수 없다.

7) 기계적인 이론의 결함

그러나 킨제이의 분석에는 하나의 결함이 있다.(적어도 현 단계에서는. 왜냐하면 계속해서 간행되는 책들이 그것을 채울 것이라고 기대할 수 있을 것이기 때문에). 그는 왜 오르가즘이 그렇게 다양한 기계적 수단을 통해서 획득될 수 있는가를 확인하지만, 아주 불충분한 방식으로 설명할 뿐이다. 그리고 그는 인간이 왜 그 수단들 가운데 어떤 것을 선택하는가를 완전히 만족할 수 있는 방식으로 설명하지 못한다.

사람들은 그의 2권의 책에서 자연은 인간에게 성생활을 하는 기간을 통해서 행하는 생식의 몇 가지 행위보다 훨씬 광대한 무한한 잠재력을 부여하고 있다는 지드 풍의 이론에 대한 암시를 헛되이 찾는다.

그 거대한 '잉여', 그 '당혹케 하는 풍부함', 그것을 개인은 자신의 환상대로, 종을 재생산하는 것을 걱정하지 않고 사용한다. 거기로부터 성의 무한한 다형성이 생긴다. 인간은 동물처럼 육감(volupté)을, 아주 다양한 수단에 의해서 획득할 수 있는 육감을 추구한다. 수태는 목적 자체가 아니라 단순한 '요행수'[54]이다.

마찬가지로 킨제이는 금세기 초의 빌헬름 라이히와 오토 바이닝거(Otto Weininger)에 의해서 정식화되고 플리스(Wilhelm Fliess)의 친구 프로이트가 동의한 '양성애' 가설을 너무 경솔할 정도로 (그리고 아마도 그는 성에 관해서 명백하고 측정할 수 있는 것만을 취급했기 때문에) 무시했다.[55] 간단히 이 가설을 요약해 보자.

바이닝거는 어떠한 개인도 절대적으로 남성이 아니며 절대적으로 여성도 아니라고 단정한다. 각 남성 속에 여성의 어떤 것이 있고 각 여성 속에 남성의 어떤 것이 있다. 한 개인과 다른 개인 사이에는 무수한 중간적인 성태도가 보인다.

이 양성애는 **계통발생적이고** 동시에 **개체발생적인** 기원을 갖고 있다.

1. 하등동물은 양성적이며 모든 척추동물의 선조는 자웅동체동물이었다. 원시 신화에 많은 양성적인 신이 등장하는 것은 관심을 끌지 않을까? 그리고 직감을 주지 않을까?

2. 인간의 태아는 최초에는 무성이며 초기에는 남성적인 진화요소

---

54) 앙드레 지드, 『꼬리동』

55) Otto Weininger, 『성과 혁명』(*Geschlecht und Charakter*), 1904. ; Wilhelm Fliess, 『삶의 경과』(*Der Ablauf des Lebens*), 1906. 어니스트 존스(Ernest Jones)는 프로이트의 전기(앞의 책)에서 이 발견의 소유권은 플리스에 속한다고 확인하였다.

와 여성적인 진화요소를 동시에 지니고 있다. 킨제이가 그 스스로 강조하듯이 그 애매함[이중성]은 2개월간 계속된다. 일단 성적인 분화[구별]가 생기면, 모든 인간은 대립되는, 해부학적인, 호르몬의, 심리적인 성의 배아적인 흔적을 지닌다. 클리토리스는 페니스의 퇴화기관이며, 남성의 기관은 여성호르몬(발정호르몬)을 만들며 여성의 기관은 남성호르몬(생식호르몬)을 만든다. 각각의 인간은 다른 단계마다 마가렛 미드가 증명하듯이 다양한 비율로 남성적 특징과 여성적 특징을 지닌 자웅동체동물이다. 성의 심리적인 구별은 대부분 인공적이며 사회적으로 조건지워진다. 시몬느 드 보봐르가 『제2의 성』에서 쓰고 있듯이 "여성은 여성으로서 태어나는 것이 아니라 여성으로 된다." "'진정한' 여성은 문명이 만든 인공적 산물이다."

킨제이는 이미 간행한 2권의 책에서 인간본성의 양성애에 의해서 즉 각 개인에 갖추어져 있는 다양한 비율의 남성성과 여성성에 의해서 다형적인 성행동을 설명하려고 하지는 않는다. 그는 단지 어떤 사람들은 이성을 향하고 다른 사람들은 동성을 향한다는 것, '동성애'와 '이성애'라는 이 두 극단 사이에 다양한 정도로 동성에도 이성에도 끌리는, 부당하게 킨제이에 의해서 '양성애적'이라고 이름붙여진 온갖 종류의 사람들이 있다는 것을 확인하는데 그치고 있다. 그에 따르면 세계는 숫 산양과 암 산양으로 나뉘어지지 않는다. 모두가 검은 것도 아니고 모두가 흰 것도 아니다. 현실[살아 있는] 세계는 연속체이다.

그는 그 다양한 행위(또는 적어도 그 가운데 하나인 동성애)는 선천적일 수 있다고 짐작하며, 그것이 유전적인 성격을 가지고 있다는 충분한 증거는 없다고 생각하고 있다.

그는 또한 성의 다형성을 설명하기 위해서 최초의 인간사회로 소급하려고도 하지 않는다. 일반적으로 동물계나 원시인류 속에서 가져온 선례를 내세우는 경향이 있는 그가 그 점에서는 프로이트보다 덜 의욕적이며, 남성동성애가 성적인 구별, '남성'과 '여성'이라는 대비가 오늘날보다도 훨씬 덜 분명했던,[56] 남성이 여성으로부터 웬만큼 분리되어 살았던(남성을 수렵에 봉사하게 한 노동분업에 의해서, 모권제에 의해서, 양성 간에 설치된 금기에 의해서 등), 그리고 동성애적인 우애적 동지관계가 남성집단 속에서 영위되었던[57] 초기의 인류사회의 잔재인지에 대해 자문하지도 않았다.

킨제이는 성별 선택의 문제를 교묘하게 피하고 어떤 때는 성의 변덕스러운 성격을 내세우고(개인이 성관계 기회를 발견했을 때 어떻게 반응

---

56) 블로흐는 성구별을 하지 않는 것은 원시사회의 특징이었다고 지적한다. 성구별은 자연의 산물이라기보다는 문화의 산물이다(Bloch, 『우리 시대의 성생활』(*Das Sexualleben unserer Zeit*), Belin, 1909, p. 591).

57) Heinrich Schurtz, 『연령과 남성결속』(*Altersklassen und Männerbünde*), Berlin, 1902 ; Hans Blüher, 『인간 사회에서 에로틱의 역할』(*Die Rolle der Erotik in der männlaichen Gesellschaft*), Iéna, 1919년 참조. 고대 그리스에 동성애가 이러했다는 것(John Addington Symondes, 『그리스 윤리의 문제』(*Problem in greek ethics*), London, 1908, p. 13, 20 참조)은 아마 모권적인 오랜 문명의 하나, 도리아인의 문명에 의해서이다. 소크라테스도 플라톤도 그 문제를 적어도 애매하게 하려고 하지 않았고, 동성애 행위를 '고상한 것으로 하려고' 했다. 거기로부터 사람들은 세련된 엘리트만이 그것을 행한다고 잘못 추론했다(H. E. Meier, 『고대 그리스 사랑의 역사』(*Histoire de l'amour grec dans l'antiquite*), 프랑스어번역판, 1930, p. 123 참조). 더욱이 사람들은 여성을 규방에 가둬놓음으로써 '그리스의 사랑'을 설명하려고 했고 엥겔스는 '여성들에 대한 멸시가 진전하고 남성들은 동성애의 혐오할 만한 실행에까지 빠지는데 이르렀다'(『국가 가족 사유재산의 기원』)는 것을 인정해야 한다고 생각했다. 여성의 가치를 떨어뜨리면서 가부장제는 확실히 동성애 관계를 정신적인 것으로 높이는 교양 있는 소수들을 자극했다. 그러나 그것은 아마 가부장제 이전부터 있었던 게다가 배타적인 성격을 전혀 지니지 않은 동성애 속에 그리스 인들을 '빠지게 했을' 뿐이었다.

하는가를 아는 것은 어렵다), 어떤 때는 절충주의 신념을 고백했다.(이 문제는 요약하면, 일반적인 선택이란 더 큰 문제에 속한다. 즉 가는 길의 선택, 입는 옷의 선택, 먹는 음식의 선택, 자는 장소의 선택, 그리고 끊임없이 하는 그 외 무수한 것의 선택에).

그러나 킨제이는 그 피해 나가려는 대답들에 만족하지 않고 더욱 실체적으로 그 대답들을 추구했다. 그 점에서 헤이브록 엘리스와 프로이트와 합류하여, 그는 동성애 행위는 조숙한 청춘기를 맞이한 남성에게서 대개 높은 비율로 존재한다는 것을 인정한다. 조숙한 청춘기를 맞이한 학생의 약 45%가 동성애를 경험하며 그에 반해 청춘기를 늦게 맞이한 학생의 25%만이 동성애를 경험한다. 동성애 발전의 요소로서 청춘기의 시작연령(그것은 아마 개인의 신진대사 속에서의 변화와 일치한다)은 킨제이에게는 프로이트 철학에서 아주 많이 논의된 오이디푸스 콤플렉스보다 더 중요하다.

킨제이는 또한 동성의 두 사람의 개인이 이성에 관해서보다 동성의 육체적 구조, 생리적 · 심리적 반응을 더 잘 이해할 수 있으며 따라서 어떤 사람들은 동성을 상대하는 것이 더 편하게 느낀다고 강조할 때, 다른 설명의 싹을 제출하고 있다. 그러나 그것은 또한 발전 없는 단순한 실마리일 뿐이다.

킨제이는 배타적 동성애 문제에 관해서는 가볍게 다룰 뿐이다. 그는 왜 미국 남성의 4%가 이성과의 모든 접촉을 거부하는지에 대해 생각조차 하지 않는다. 그는 포유동물에서는 배타적 동성애가 드물다는 것을 기록하는 데만 머문다. 그는 그 이상 **능동적인** 동성애와 **수동적인** 동성애라는 저 수수께끼 같은 문제에 접촉하지 않는다. 그 두 가지 행

위 각각의 빈도에 관한 통계자료를 그의 2권의 책에서 찾으려 해도 소용없다.[58)]

킨제이는 단지 어떤 사람들이 동성애라는 형용사를 수동적인 남성에만 인정하려고 하는 경향에 반대해서 이의를 제기할 뿐이다. 그리고 한 남성이 다른 남성과 능동적인 역할이나 수동적인 역할 어느 쪽을 연기하는 것을 더 좋아하는 이유는, 아마 한 남성이 동성애나 이성애 어느 쪽을 더 좋아하는 이유보다 훨씬 더 수수께끼 같다. 만약 킨제이가 자신의 통계적 관찰을 더욱 멀리 밀고 나간다면, 그는 동성애 경험을 한 미국인 남성의 대다수가 자신의 상대와 능동적인 역할을 한다는 것, 배타적 동성애자들의 대다수는[편애(기호)에 의해서든 필요성에 의해서든[59)]] 수동적 역할을 연기한다는 것을 분명히 정립하였을 것이다.

---

58) 그러나 킨제이를 변호하기 위해서는 동성애를 능동적인가 수동적인가하는 단순한 이원론 속에 폐쇄할 수 없다는 것을 분명히 해 두는 것이 나을 것이다. 많은 동성애자들은 상대자들 가운데 한 사람이 '남성' 역할 내지는 '여성' 역할을 연기하는 것이 아니라 손이나 입으로 조작하는데 그치고 있다. 삽입하든가 삽입받는 사람들에 관해서 말하면, 그들은 그 두 태도 가운데 하나에 계속 전문적으로 하고 있는 것 같지 않고, 분위기나 상대가 변함에 따라서 그때그때 수동적인 것으로부터 능동적인 것으로 또는 그 반대로 되기도 할 것이다.

59) 필요성이라고 쓸 때 나는 2가지 종류의 필요성을 생각하고 있다. 하나는 순수히 실제적인 차원의 필요성이다. 즉 이성애를 하는 사람들은 동성애자가 수동적인 역할을 하지 않는다면 대개의 경우 그 배타적 동성애자와의 성교에 동의하지 않는다. 또 하나는 정신적인 차원의 필요성이다. 즉 수동적인 역할은 점점 그 배타적 동성애자에게 여성스러움을 부여하고 그것을 비난하는 사회의 압력에 의해서 강요된 것이다. 장 주네의 어떤 등장인물에 관해서 사르트르가 쓰고 있듯이 "그녀[디바인, 주네의 소설 『우리의 꽃의 여인』의 주인공]를 압박하는 사회적 금지령은 그가 남자라는 것을 금지한다. 사람들은 그의 남자라는 권리를 거부해서 그는 여자로 된다."(Sartre, 『성 주네 : 희극배우와 순교자』(*Saint Genêt comedian et martyr*), 1952, p. 273) 여기서 여성적인 역할에 의해서 '오까마들'(tantes-filles, 여성역할하는 남성동성애자)이 생겨난다는 갑작스러운 돌연한 생각에 관해서 더욱 파고들어 분석해 보는 것이 필요할 것이다. 만약 '그녀들'의 아래에 잠재하고 그 화제, 몸짓, 애교, (여자의) 째지는 외마디 소리를 기

그리고 만약 그가 달리 수집한, 미국에서 상당히 광범하게 퍼져 있는 이성애 페팅(즉 삽입을 동반하지 않는 '애무')에 관한 자료를 비교검토했으면, 그는 미국인 독신자가 상당히 자주 동성애에 빠지며 남성상대와 능동적인 역할을 기꺼이 한다는 것을 발견했을 것이다. 그러한 것은 삽입은 정확히 성행위의 유일한 형태이지만 미국인 독신자는 이성애 관계에서는 아주 흔히 (청교도주의에 의해서) 그것을 빼앗기고 있기 때문이다.

그러나 킨제이는 자연과학의 영역을 방기하고 사회학의 분야로 들어가서 이러저러한 성행위의 선택을 "중요한 점에서, 개인이 속해서 교육받는 문화적 전통에 좌우되는 행동교육" 때문이라고 최후로 결론짓고 있다. 여기서 분명하게 킨제이는 행동주의자 왓슨의 제자임을 밝힌다. 왓슨은 자신의 개를 강아지들과 놀게 하고 암컷들과 교미하면 처벌하면서 동성애자로 만들었다. 킨제이에 따르면 모든 개인은 어떤 반응을 하려는 경향에 반대하도록 '조건지워져'있지 않다면 무언가 성자극에 긍정적으로 반응할 수 있게 되어 있다. 성자극에 대한 모든 부정적인 반응(예를 들면 배타적 이성애자 남성이 다른 남성과의 육체적 접촉을 상상하는 것에 대한 혹은 배타적 동성애자 남성이 여성과 육체적 접촉을 상상하는 것에 대한 혐오)은 따라서 선천적인 것이 아니라 후천적인 것이다. 그리고 특히 설명할 중요한 것은 왜 어떤 사람들이 일정

록해 보면 '그녀들'은 애처롭게도 원숭이나 원앙의 존재방식으로 수천 년 이래 가부장제에 의해서 만들어지고 19세기의 부르주아지에 의해서 바보로 된 것에 이르기까지 여성스러움의 초여성적인 어떤 버전을 만화적으로 연기하고 있는 것이 보일 거다. '그녀들'은 무엇보다 여성스러움의 가장 극단적이고 가장 우스꽝스러운 특징을 모방할 뿐이다. '그녀들'은 사르트르가 말하듯이 '여성'으로 되는 것이 아니다. 그녀들은 가장 정확히 말하면 자신들이 여성이라고 표상하는 것 즉, 인형과 창부로 되는 것이다.

한 상황에서 이성애나 동성애를 선호하는가가 아니라 왜 그들은 이성애나 동성애를 거부하는가 이다.

그러나 킨제이는 자신의 호기심을 그리 멀리 밀고나가지 않는다. 그 가운데서도 그는 이성애든 동성애든 배타적인 경향을 강화하고 '고정화'를 가져오는데 대체로 기여한 동일한 쾌락공급행위의 습관, 반복이 없을까60)에 대해 자문하지 않는다.

우리의 저자는 더욱이 성행동을 조건지우기 쉬운 아주 적은 수의 사회적 요소들을 열거할 뿐이다. 그는 아주 어린 소년들은 소녀들과 즐기는 것을 바보 같다고 하는 친구들의 의견에 의해서 동성애로 향하는 경향이 있다고 지적한다. 그는 가장 멀고 고립된 농촌공동체 안에서의 생활이 온갖 다른 이유에서 동성애의 발전을 조장하는 것과 마찬가지로 도시생활은 동성애의 발전을 조장한다고 지적한다. 그는 성매매여성과의 관계를 극단적으로 적게 하는 대학교육을 받은 청년들 사이에서 동성애 행위는 성매매여성과 하는 행위보다 10배에서 20배 많다고 강조한다. 마지막으로 특히 그는 이성애의 실행은 사회가 동성애에 도장찍은 오명에 의해서 조장되지만, 그에 비해 반대 방향에서 동성애는 혼전과 혼외의 모든 이성애 행위에 대한 청교도적인 비난에 의해서 조장된다고 강조한다.61) 최근 미국에서 동성애의 전체적 퇴조는 이성애 행위의 증가와 거의 함께 간다[병행한다]는 것62)

60) 앙리 프랑쉐(Henri Planche) 박사는 "거기에는 단순히 심리적일 뿐만 아니라 아마 생리적인 요소 그리고 파블로프와 그 학파가 항상 동일한 자극을 주어 조건반사를 고정화 시키려는 방법을 엄밀한 의미에서 상기시키는 요소가 있다"고 시사한다(앞의 책, p. 102).

61) 나에게는 이 두 가지 가운데 첫 번째 경우는 특히 프랑스에서 진실이며 두 번째 경우는 미국에서 그러할 것이라고 생각된다.

을 우리에게 (충분하다고 주장하지는 않지만) 분명하게 보여줄 때, 킨제이는 그 마지막 관찰을 그 자신이 확인하고 있다.

그러나 이것은 설명의 실마리일 뿐이며 독자는 갈증을 느끼고 있다. 여기서 분명히 킨제이의 기여는 프로이트의 기여보다 상당히 부족하다.[63] '이성애-동성애의 균형'에 바친 후속책은 문제의 핵심에 도달할까?

3. 남성과 여성은 다른 방식으로 반응하는가?

1) 남성과 여성의 동일성

킨제이는 2권의 중요한 부분을 남성의 성과 여성의 성의 특정한 차이에 관한 연구에 바치고 있다.

그는 우선 통설과는 반대로 남성과 여성은 해부학적 구조, 기본적인 생리에서 같다고 대담하게 말하면서 시작한다. 암컷이 드물게밖에 오

62) p. 152 참조.

63) 반대로 프로이트가 왜 어떤 인간이 동성애나 이성애를 선호하는가를 일보 전진하여 설명하려고 하면 분명히 그의 이론에서는 문제를 일으킨다. 그의 이론에 따르면 동성애는 젊은 남성의 성장과정이며 "정상적인" 사람들 사이에서는 조금 빨리 통과하지만 그것에 반해서 "정상적이지 않은 사람들"은 언제까지라도 유아단계에 머무르며 성년에 이르기까지도 소년들을 졸졸 따라 다닌다는 것이다. 이 이론은 청교도주의의 역할을 한다. 왜냐하면 이 이론은 동성애를 "정상성"의 틀 바깥에 두기 때문이며 유년시대의 "졸렬한 습관"을 버릴 수 없다고 동성애자들을 비난하는 교육자나 전통적인 도덕가의 말과 결국은 동일한 것을 기술하기 때문이다. 가톨릭 성과학자인 마르크 오레송(Marc Oraison)이 『기독교도의 생활과 성 문제』(*Vie chrétienne et Problèmes de la sexualité*, 1951) 속에서 활용하는 것을 볼 수 있다.

르가즘을 경험하지 않는 인간에 가까운 포유동물 사이에서 행해지는 것과는 달리, 인간의 경우에 오르가즘은 남성에서도 여성에서도 본질적으로는 동일하며 오르가즘에 이르는 데 필요한 시간에서는 양성 간에 명확한 차이는 없다. (예를 들면 여성에게는 사정이 없다고 하는) 각자의 성적인 메커니즘의 차이는 사소한 것일 뿐이다.

그러나 원칙적으로는 그러한 설명을 하는 것에서 킨제이는 남성의 성과 여성의 성 사이에는 심리학적인 근본적 차이가 있다고 믿고 있다.

2) 여성은 더 천천히 즐기는가?

오르가즘에 이르는 데 양성이 필요로 하는 시간에 "명확한" 차이가 없다고 단언한 뒤에, 킨제이는 포유동물의 종 가운데 (특히 인간의 선조에 가까운 영장류 사이에는) 수컷이 삽입의 순간에 곧바로 사정하는 것을 상기하고 있다. 그리고 (다분히 모든 남성의 3/4에서 성관계의 시작부터 2분 이내라는) 인간남성의 성반응 속도는 '유동물이라는 종 사이에서는 전적으로 정상적인 예'라는 것을 인정하고 있다. 여성의 반응은 훨씬 더 늦다. 어떤 여성들은 오르가즘에 이르는 데 극히 주의 깊은 자극에 의한 10분이나 15분이 필요하며, 많은 여성은 일생 동안 오르가즘을 전혀 알지 못한다.

그러나 킨제이는 많은 여성들이 성교의 경우에는 늦게 반응함에도 불구하고 자위의 경우에는 1~2분의 시간에 오르가즘을 느낀다는 것을 지적하고 있다. 거기서부터 그는 '성교기술' 가운데 여성의 경우 반응을 늦추는 원인이 되는 무언가가 있다고 결론짓는다. 그리고 질 내부에는 신경섬유가 없어서 비교적 무감각할 것이라고 주장한다.[64] 그에 의하면 질은 남성의 성 자극에 부과하고 있는 것에 비하면 문제로 되지 않을 정도로 여성 자신의 관능적인 반응에는 아주 작은 역할밖에 하지 않는다고 한다. 그리고 킨제이는 프로이트의 이론, 즉 성 성숙은 클리토리스의 반응보다도 질의 반응 및 질 내부의 감각발달이 우위에 섬으로써 나타난다는 이론을 공격하고 있다. 그는 어떠한 해부학적인 고찰도 질에 비해서 클리토리스를 저평가하는 것을 증명하지 않는다고 기술하고, 대단히 소수의 여성들만이 무언가를 질 안에 넣어 자위한다고 말한다.

우리는 뒤(98쪽)에서 클리토리스에서보다도 질에서 늦게 반응하는 여성의 생리적 경향에는 가부장제에 의해서 사회적으로 관습화된 남자의 이기주의가 덧붙여졌다는 것을 발견하게 된다.

3) 여성의 성은 조숙하지 않지만 더 오래 지속된다

청춘기 이전에 성 행동에 빠지는 소녀들의 수는 소년들의 수에 비하면 약 1/15이다. 청춘기의 시작(13살 반)부터 1년간에 남성의 55%가 성행동을 하지만 소녀들은 평균 15살부터 16살 경에 이르러서야

64) 나는 이 점에 대해서 가장 뛰어난 산부인과 의사의 한 사람인 장 달세스(Jean Dalsace) 박사와 상담하였다. 그는 이렇게 대답하였다. "그것이 결코 그렇지 않다는 것을 이해하기 위해서는 질의 점막을 문지르거나 뜨겁게 해보면 충분하다. 어떤 질염은 격렬한 고통을 동반한다. 확실히 질은 클리토리스의 신경분포를 가지고 있지 않지만 질의 신경분포는 오르기즘에 크게 기여하기에 충분하다." 이것은 베글러와 크로거의 의견이기도 하다(Berger et Kroger, 같은 책, 53쪽).

성행동을 알기 시작한다. 15살에는 남성[소년]의 92%가 오르가즘을 경험하는데 반해서, 같은 연령의 소녀들에서는 25% 이하가 오르가즘을 경험하는 데 지나지 않는다. 거의 모든 청춘기의 남성은 매주 몇 번도 사정하고 그들의 다수는 몇 번도 발기를 경험하는 데, 흥분하지 않고 몇 일도 몇 주도 지내는 청춘기의 여성들이 드물지 않다.

정기적으로 만족하지 않으면 젊은 남성은 신경질적 고통에 시달리지만 젊은 여성들은 그 정도로 고통스럽지는 않다. 많은 여성이 최초의 성경험으로부터 정기적인 사랑행위를 하기까지 사이에는 1년으로부터 10년 또는 20년의 세월을 보낸다. 이미 본 것처럼 남성의 관능적 능력의 정점이 13살부터 19살 사이에 있는데, 여성의 능력은 25살경에 최대에 이르고 그 최대치가 30살 경인 경우조차 보인다.

그러나 여성의 성은 남성의 성보다 늦게 눈 뜨지만 훨씬 오래 높은 수준에서 유지된다. 남성의 성은 19살 이후 점차 끊임없이 쇠퇴해간다. 여성의 경우는 오르가즘과 자위의 빈도는 청춘기에서부터 노년기에 이르기까지 거의 마찬가지이다. 남성은 여성보다도 훨씬 오래 생식능력을 유지하는데 반해서, 여성은 남성보다도 훨씬 오래 관능적 능력을 유지한다.

여기서 우리는 부부간의 불화의 새로운 근원을 다루고 있다. 남성이 젊었을 때 아내의 관능적인 반응이 아직 충분히 개화하지 않은 시기에 성관계를 가장 필요로 하는 데 비해서, 아내는 그로부터 뒤에 성 요구를 지니게 되고 그것은 50살에 이르기까지 60살이 되어서조차 유지된다. 한편 그 연령에서 남편의 성교에 대한 흥미는 뚜렷이 감퇴한다.

4) 남성은 여성보다 더 변화를 요구한다.

여성은 상대를 자주 바꾸는 데 남성보다 덜 집착한다. 여성은 혼교를 상상해도 남성보다 덜 흥분한다.

킨제이는 이 차이를 상이한 '심리적' 경향 탓이라고 했다.

여성은 적극적이고 직접적인 자극 이외의 다른 정신적 또는 감각적 연상에 대해서 남성 보다 덜 느낀다. 같은 차이는 인간에 가까운 포유동물 사이에서도 보인다. 그처럼 예를 들어 오늘날 문제로 되고 있는 거의 모든 종(種)에서 수컷이 교미중인 다른 동물을 보고 흥분하지만 그것에 반해서 동일한 상황에서도 암컷은 그리 반응을 보이지 않는다. 포유동물의 대부분의 종의 암컷은 상대와의 육체적인 접촉에 들어가기 전에 수컷보다 덜 흥분한다.

인간 남성은 잠재적인 성 상대를 한번 보는 것만으로 흥분한다. 남성은 새로운 형태의 경험, 새로운 기교의 시도, 지금까지 알던 이상으로 고도한 쾌락의 기회를 기대하며 불타오른다. 여성은 이들 요소를 거의 중시하지 않는다. 남성은 여성과는 반대로 어떠한 상대에 의해서도 성적으로 흥분할 수 있다.

5) 남성의 성은 상상력에 [여성보다] 더 많이 의존한다

남성은 무언가 상상력 형식의 도움 없이는 오르가즘에 도달하기 어려운 데 반해서, 여성은 그리 상상력에 관계 없는 관능적인 자극의 생리적 육체적인 원천에 더 잘 빠져든다.

이것은 아마 성교할 때 여성이 남성보다 천천히 반응하는 이유의 하나일 것이다. 남성이 경험하려는 쾌락을 예상하며 이미 사정 상태에 있는 것에 반해서, 평균적인 여성은 육체적 자극이 상당한 정도 주어진 뒤에만 반응하기 시작한다. 무언가의 이유에서 그 자극이 중단되면 여성의 흥분은 영[제로]으로 돌아간다. 그리고 다시 움직이게 하기 위해서는 새로운 육체적 조작이 필요하다.

인간 남성은 드물고 관례화되지 않으며 환상적이거나 불가능하기조차한 성행위 형식에 엄청나게 흥미를 지니고 있다. 여성은 곧 실행할 수 있는 기교를 넘어선 행위를 그리 좋아하지 않지만, 드물게 대화나 문학작품이나 예술작품 가운데서 평상시나 현실로부터 먼 성행위를 다루기도 한다.

면접한 남성 가운데 32%가 (옷을 입은 혹은 벗은) 여성을 한번 보기만 하는 것으로 일제히 강하게 흥분하는 데 반해서, 여성은 겨우 17%가 남성의 모습을 보고 동일하게 반응한다.

남성의 나체를 주제로 삼아 관능적인 방식으로 다루는 여류화가는 드물다.

남성의 54%가 여성의 나체 이미지를 생각하면서 흥분하는 데 반해서, 여성의 경우 겨우 12%가 누드 복제물에 의해서 흥분한다. 그림잡지나 사진의 배포자들은 자신들의 상품에 여성이 비교적 무관심하다는 것을 모를 리가 없으며 주로 여성을 대상으로 해서 상품을 만드는 것은 포기한다. 그러한 복제품을 보고 헛되이 상대를 흥분시키려고 하지만 거의 효과가 없어서 놀라는 것은 남성이다.

마찬가지로 많은 여성과 아내는 그녀들의 상대나 남편이 매혹적인 또는 음란한 그림에 의해서 얻어지는 보조적인 흥분을 필요로 하고 있다는 것을 발견하고 불쾌하게 생각하고 그 경향을 일종의 부정(不貞)으로 본다.

관음 취미의 성도착자나 노출광이나 애무음란광은 여성 사이에서는 남성 사이에서보다 훨씬 적다.

6) 여성의 성은 생식기관에 덜 집중되어 있다

대부분의 남성이 여성의 성기를 보고 흥분하는 데 반해서, 여성의 반 수 이상은 남성의 성기를 보고도 결코 흥분하지 않는다. 여성들의 다수는 그 기관이 추하고 혐오할 만한 모습을 하고 있다고 생각한다. 자발적으로 남성의 성기를 애무하는 여성은 여성의 성기를 애무하는 남성보다 훨씬 적다.

남성과는 반대로 여성은 주의가 성기 부분에 집중하기 전에 신체의 모든 부분에 접촉하여 흥분되는 것이 필요하다. 여성들은 종종 상대 남성이 성기흥분과 즉석삽입에만 흥미를 가지고 있다고 비난한다. 여성은 오르가즘에 이르지 않는 성흥분에서 상당한 쾌락을 찾을 수 있고 남성보다 결합의 사회적 측면을 훨씬 더 중시한다.[65]

소설을 읽고 영화를 보는 것을 통해서 여성은 남성보다 관능적으로 더 감각적일 수 있다. 이것은 앞에서 제시한 것과는 반대로 여성들은 남성들과 전적으로 마찬가지로 상상력에 도움 받아 흥분한다는 것을

---

65) 킨제이와 그의 협력자들은 남성이며, 그들의 여성의 관능적 쾌락에 관한 기술은 우리가 시몬느 드 보뵈르가 쓴 것(『세2의 성』)에서 발견하는 바의 미묘하고 세련된 진실에는 확실히 이르지 못한다.

보여주는 것 같다. 그러나 상상력의 성질이 다른데, 남성의 상상력은 오로지 신체적이고 체형적인 매력에 집중되고 여성의 상상력은 정신적 또는 사회적 차원에서의 매력에 집중된다.

7) 동성애 행위에 대한 영향

다른 남성과 성 관계를 하는 남성은 우리가 양성 사이에서 확인한 반응의 차이를 자신의 행동에 반영하고 있다. 남성동성애자는 성관계에서 능동적인 역할을 하든 수동적인 역할을 하든 전형적으로 남성적인 방식으로 반응하는 데 반해서, 여성동성애자는 연기하는 성 역할이 어떠하든 특정하게 여성적인 방식으로 반응한다.

아울러 남성동성애자는 (킨제이에 의하면) 자신들의 일부[성기]를 애무하는 것을 좋아하고 탈의실이나 샤워실이나 수영장에서 자신을 보이거나 다른 남성을 보는 것을 좋아한다. 그들은 남근이나 성관계를 보여주는 사진과 그림에 빠진다. 그들은 화장실에 낙서를 한다. 그들은 바나 나이트클럽에서 지내는 것과 동성애에 관한 출판물을 읽는 것을 좋아한다. 남성 성매매는 세계적으로 번성하고 있다. 여성 동성애는 이와 전혀 다른 양상을 보인다.

두 가지 동성애 사이의 행위에서 이러한 근본적인 차이는 세 가지 고찰을 불러일으킨다. 하나는 킨제이에 의해서 이루어지고 이미 우리가 분석한 것에서도 보인 것으로, 동성애는 이성에 관해서 이해하는 이상으로 생리적 · 심리적인 반응을 이해하기 쉬운 동성의 두 사람을 결합시키는 매력을 제공한다는 것이다. 두 번째는, 마찬가지로 킨제이에 빚지고 있는 것인데, 남성들이 남성상대가 자신들과 마주하여 행동하는 것을 좋아하듯이 여성 상대와 행동하려고 하는 경향에 의해서 그리고 반대로 여성들이 동성의 상대가 자신에게 하는 행위를 남성 상대에게 바라는 경향에 의해서, 많은 이성애 관계가 위태롭게 된다는 것이다. 세 번째 고찰은 아쉽게도 킨제이에 의해서 제시되는 것은 아니지만, 문학에서 보이는 동성애 관계의 이성애 관계로의 치환은 모두 거짓이며 두 사람의 남성 또는 두 사람의 여성은 남자와 여자가 하는 것처럼 서로 행동하는 것은 아니라는 것이다. 알베르트(Albert)는 안전하게 알베르틴(Albertine)으로 변장될 수 없다.66) 이성애 남성은 여성의 관능적 쾌락을 외부로부터만 불충분한 형태로 알 뿐인 데 반해서, 수동적인 남성동성애자는 여성의 관능적 쾌락을 외부로부터도 내부로부터도 알 수 없다. 여성은 그에게는 독해하려고 헛되이 열중하지만 결코 이해할 수 없는 비밀로 남는다. 시지푸스의 반복된 노력에도 불구하고 그는 자기 자신을 위해서 여성을 재생산하는 것도 타인을 위해서 여성을 묘사하는 것도 할 수 없다.67)

66) 프루스트의 소설 『잃어버린 시간을 찾아서』에 나오는 여주인공의 인물변형.—옮긴이 주

67) 배타적인 남성동성애자가 자신의 '여성성'을 과장하고 희화화하는 것은 아마 일면에는 여성일 수 없는 이 무능력 때문이다(그 이상에 대해서는 66쪽의 주 59를 보라). 이처럼 예를 들면 배타적인 남성동성애자는 상대가 가부장제가 전통적으로 여성을 다루어온 방식으로 다루어지기를, 즉 학대하고 복종시키고 경멸하도록 요구한다. 수동적 남성동성애자는 (가부장제로부터 이미 부분적으로 해방된) 현대 여성보다 훨씬 더 그러한 종류의 취급에 대해서 호감을 가지고 있다. 마찬가지로 학대할 여성을 더 이상 발견하지 못하고 남성의 뜻에 응하는 사람들 보다 더 동성애 상대에 대해 가부장으로서 역할하는 것을 싫어하지 않는 것은 바로 '주인[절대적으로 권위를 갖는 사람]'의 단계에 머문 이성애 남성들이다.

8) 왜 남성의 성과 여성의 성 사이에 이러한 차이들이 있는가?

남성과 여성의 성 반응의 차이는 몇 세기에 걸쳐서 확인되어 왔고, 사람들은 다양한 방식으로 그것을 설명하려고 시도하였다. 사람들은 그 차이는 여성과 남성의 신체가 지닌 감각구조의 풍부함 또는 분포의 차이에서 생긴다고 시사하기도 했다. 그 차이는 또한 성교에서 여성과 남성이 하는 역할의 차이에서 생긴다고 시사하기도 했다. 그 차이는 어떤 방식으로 생식과 관계가 있다고 시사하기도 했다. 그 차이는 '리비도'의 정도 차이 또는 양성이 지닌 선천적인 도덕적 소질의 차이에서 생긴다고 시사하기도 했다. 마지막으로 그 차이는 남성과 여성에게서 생리 또는 오르가즘의 근본적인 차이에서 생긴다고 시사하기도 했다.

그러나 킨제이는 어느 쪽 성의 해부학과 생리학도 그 성반응의 차이를 설명할 수 있는 차이를 나타내지 않는다는 것을 지적하고 있다(69~70쪽). 평균적인 여성에서 오르가즘의 생리학적 본성이 평균적 남성에서 보이는 것과는 다르다고 믿을 어떤 이유도 없다. 생리학적으로 확인된 유일한 차이는 여성은 쾌락에 이르기 위해서 충분히 계속된 촉각적 자극을 필요로 한다는 것이다.

다르다는 것은 이미 본 것처럼 본질적으로는 심리적인 자극에 대해서 반응하는 능력이다. 이 일목요연한 차이는 두뇌의 차이에 근거하고 있는 것일까? 그러나 어떻게? 킨제이는 한 두 학자가 동물에서 두뇌피질의 생화학 측면에서 양성 간의 차이를 밝힌다는 것을 지적하는데 만족하며 더 이상 말하지 않는다. 그러나 우리의 현 지식상태에서는 그 이상을 말할 수 없다. 그 차이는 호르몬상의 기원을 가지고 있을까? 킨제이는 그 차이와 연령에 따른 여성(발정)호르몬과 남성(생식)호르몬의 양, 비율 사이에 어떤 병행현상도 발견할 수 없었다. 그 차이는 문화적 요소로부터 생기는 것일까? 결국 우리는 여기에 이른다! 그러나 킨제이는 그것을 인정하기 어렵다고 하는 것 같다. 우리는 여기서 의심의 여지없이 그의 가설[이론적 구성물] 가운데 가장 손상되기 쉬운 점의 하나와 마주하고 있다. 킨제이는 자연과학자로서 생물학자로서 교육받았지 사회학자로서는 전혀 훈련받지 않았다. 그의 일은 사회학적이기보다 훨씬 생물학적인 방향을 지니고 있다. 그는 생명을 지닌 것의 어떤 고정성, 생명의 내부법칙에 따른 고정성을 믿고 환경이나 사회적 조건의 중요성을 경시하는 경향이 있다. 그는 문화적 요소와 생물학적 요소 각각의 부분을 분명히 해야 하는 때마다 아주 당혹하여 어찌 할 바를 모른다. 생물학적 요소의 우위를 인정하려는 버릇에서, 그는 문화적 요소의 영향을 약간 체념하면서 인정할 뿐이다. 그는 인간행동을 설명하기 위해서 동물계에 종종 준거하지만 그에 반해서 그 스스로 발정[암내]의 소멸과 오르가즘의 출현이 여성을 동물계에서 벗어나게 했다는 것을 인정하고 있다.

그러나 사회학적 또는 문화인류학적 설명은 킨제이가 보인 저항에도 불구하고 그가 제시한 것을 통해 길을 개척해 간다. 이처럼 그는 젊은 아내의 성반응이 남편의 성반응보다 덜 발달되어 있어도 그것은 그녀가 아직 후천적인 억제로부터 자신을 해방하려고 계속 투쟁하는 중이라는 것을 인정하고 있다. 어떠한 억제인가? 그는 그것을 말하지 않는다. 그러나 그것은 분명히 사회적 억제이다. 마찬가지로 그는 심리적 자극에 대한 여성의 반응이 사회계급마다 다르다는 것, 그것은 어떠한 면에서 그 반응이 사회적으로 조건지워진다고 증명하는 것임을 확인하고 있다. 더욱이 중요한 사실은 여성불감증이 근 40년 간 두드러지게 감소하고 있다는 것, 결혼 후 1년 간은 성행위를 싫어한 여성의 수가 1909년 이전에 태어난 여성들에서는 33%였지만 1909년 이후에 태어난 여성에게서는 22~23%로 감소하고 있다는 것을 인정한다. 이것은 여성에서 성자각의 지체가 어떠한 생리적인 '고정성'에서 기인하는 것이 아니라 본질적으로 문화적인 것에 관련하고 있다는 것을 가리키는 것 같다.68)

더욱이 킨제이는 적어도 부분적으로는 양보하며 끝낸다. 그는 이렇게 쓴다. "미국의 젊은 여성의 성반응 결여의 일부는 문화적 제재[제한]의 산물이다." 그리고 또한 어떤 연령에서도 혼전 성교가 남성보다도 여성에게서 인정하기 어렵다고 한다면, 그 처리의 차이는 여성이 덜 조숙한 성 반응을 지니며 심리적인 자극에도 덜 느끼기 때문이라고 주장한 뒤에 결국은 곧 양보한다. "남성과 여성의 혼전 성교에 대한 사회적 태도의 차이는 마찬가지로 어떤 경제적 요소에 그 역사적 뿌리를 지니고 있다. 혼전 여성의 성행위는 장래의 아내에 관한 남성의 소유권의 침해로 되기 때문에 사회관습에서는 금지되어 왔다."

그리고 마지막으로 그는 만약 남성이 어떤 여성에 의해서도 흥분하지 않는다면 그것은 그가 생활하고 있는 사회집단의 태도에 의해서

---

68) '잠복'에 관한 프로이트의 가설을 킨제이가 공격할 때, 그는 아주 재빨리 사회학적이고 문화인류학적인 차원의 논쟁들을 내세우고 있다. 사춘기 이전 시기의 성이 어떤 기간 동안 잠자고 있다고 한다면, 그 강요된 비활동성을 가져오는 것은 (생물학 또는 심리학이 아니라) 바로 사회라고 그는 말한다. 그리고 그것은 특히 여성 어린이에게서 비활동성을 가져온다.

여성에 대해 아주 다른 방식으로 조건지워졌기 때문이라는 것을 인정한다.

그러나 킨제이는 신중하게 거기서 멈춘다. 분명히 기독교회와 정면으로 싸우는 것을 두려워하고 '사회주의'라고 비난받는 것을 두려워하여 그는 가부장제에 소송을 거는 데 머뭇거린다. 여성을 남성과 동등하게 대우하는 사회에 의해서 여성이 다른 방식으로 조건지워지는 한 그가 어느 정도 길게 설명하려 하며 헛되이 그 원인을 알려고 노력한 많은 '차이'는 사라져 버린다는 것, 아주 적절하게 말하면 사라져 버리고 있는 중이라는 것을 그는 명확히 그리고 단호하게 말하지는 않는다.

몇 세기에 걸쳐서 가부장제의 속박 아래 놓여 욕구에서도 선택에서도 수동적 대상이며 남성을 어쩔 수 없이 받아들이게 되고 일부일처제를 제 것으로 한 남성에 의해 성자유가 박탈된 여성은, 자신의 성을 변질시키고 폐쇄시킨 최후의 심리적 구속으로부터 해방되고 있는 중이다. 여성은 성생활에서 전적으로 남성과 마찬가지로 조숙하며 남성이 일부다처적인 것과 정확히 마찬가지로 일처다부적이며, 남성과 전적으로 마찬가지로 이성의 육체적인 아름다움에 흥미를 지닐 수 있게 될 것이다(이미 그렇다). 그러나 우리의 성학자(킨제이)는 이 결론 앞에서 주저하는 것 같으며, 가부장적인 부르주아 사회는 여성의 주의를 남성의 신체로부터 다른 데로 돌리게 하며 따라서 남성이 자신의 체구상의 잠재력을 무시하도록 조장하여, 단지 여성의 지각능력뿐만 아니라 여성 전체에게서 문화능력도 마찬가지로 위축시켰다는 것을 보지 않는다.

남성의 아름다움, 남성의 치장은 여성의 아름다움, 여성의 치장에 바쳐졌다. 아폴론의 체구는 비너스의 체구에 전혀 뒤지지 않고, 자연은 여성의 신체보다 더 훌륭한 비율을 남성의 신체에 부여했다고 납득할 만한 방식으로 주장함에도 불구하고, 비너스는 아폴론을 압도해 왔다. 가부장제는 여성을 남성에게 예속시키지만 심미적인 구도에서는 여성을 그 지배자와 주인 위에 두어왔다. 아주 최근까지 여성은 특히 성 대상이었다.(남성만이 성생활을 지니고 있다고 보았기 때문이며, 여성 이외에 가능한 성 대상은 없고 남성은 본질적으로 여성적인 역할, 복종과 동의어로 여겨진 성대상의 역할을 하는 것을 혐오하였기 때문이다.69)) 따라서 (가부장적인 부르주아 사회가 상류계급의 여성에게 강요한 여가와 폐쇄적인 생활에 의해서 인공적으로 여성화된) 비너스가 전적으로 군림했다.

반대로 남성의 선택에서 여성은 발언권을 가지지 못했다. 여성은 성 상대로서 남성을 선택하는 것이 인정되지 않았던 것과 마찬가지로, 예술분야에서도 남성을 성 대상으로서 받아들일 기회를 가지지 못했다. 여성은 남성의 형체적인 아름다움을 지각하도록 훈련받지 않았던 것과 마찬가지로, 그것을 표현할 목적으로 교육받지 않았다. 여성의 손에는 화가의 붓도 조각가의 칼도 없었다. 오늘날에조차 킨제이가 설명을 덧붙이지 않고 분명히 하듯이 조형미술에 종사하는 (남성보다는 소수의) 여성은 드물게만 남성신체를 모델로서 사용하는 위험을 감행한다. 여류작가들에 관해서 말하면, 오랜 침묵의 몇 세기 뒤에 장애물의 다른 쪽을 경험하려는 그런 쾌락을 묘사하러 감히 나선다해

69) 동일한 이유 때문에 가부장제에 대해서 반항하고 있는 오늘날의 여성은, 자신이 상당히 오랜 동안 처박혀 있던 그리고 자신을 남성의 노예로 만든 '관능적 쾌락의 대상'의 역할을 연기하는 것을 거부한다(Wilhelm Stekel,『불감증 여성』(*La Femme frigid*), p. 490~497).

도, 그녀들은 남성 누드 앞에서 의연하게 침묵을 지킨다. 이 기묘한 무관심은 생물학적 기원에 의한 것일까? 우리는 여기서 여성적 '정숙함'의 가장 지조 있고 깊이 있는 것을 마주하는가? 아니면 오히려 우리는 가부장제의 수천 년이 여성에게 부과해 온 지극히 강한 억제와 관련하고 있지 않을까?

오늘날에는 스포츠와 자연 찬미가 남성육체를 복권시키고 있는 중이며 야외나 해변에서 자유로이 노니는 덕택으로 여성은 남성 육체를 존중하기 시작하고 있음에도 불구하고, 아폴론 숭배는 여전히 어느 정도 비밀스럽다. (객관적으로든 또는 양성적인 경향에 의해서든) 남성미를 느낄 수 있는 '이성애자들'은 동성애자들이라고 생각될—혹은 자신이 그렇게 생각하는—공포 때문에 표명하는 것을 주저할 것이다. 남성의 나체는 멤버쉽서클에서만 그리고 비밀스러운 방식으로만 정말로 찬미된다. 성도착자들은 그들의 심미적인 호감[선호]을 교양엘리트 전체에 나눠게 하려는 경향이 있다는 이유에서 비난받고 그 비난에 너무 압도되기 때문이다. 남성미의 이상을 옹호하는 몇 가지 문화인류학의 정기간행물에 관해서 말하면, 그것들은 무관심한 체육교사나 사랑스러운 여성보다 훨씬 많은 동성애 독자에게 중요하다. 그리고 더욱이 그 정기간행물들은 남성미 그 자체보다는 근육의 발달을 찬미한다.

그러나 여성이 해방되면서 남성미에 익숙해짐에 따라 가부장제가 그 최후의 거점을 잃게 되자, 우리 사회가 남성의 육체를 존중하는 데서 비교적 무능하다는 점은 사라져 가는 경향이 있다. 성관계에서 남성과 여성이 절대적으로 평등할 때, 여성은 더 이상 성 대상의 대열로 깎아내려지지 않을 것이다. 남성이 여성의 성 대상이라는 것을 인정하듯이, 여성은 어느 쪽이든 이 태도가 예속이나 굴욕이라는 생각을 조금도 의미하지 않은 채 남성에게 성 대상이라는 것을 인정할 것이다. 남성은 여성에게서 성 대상이라는 것을 더 이상 싫어하지 않을 것이고, (여성의 반항이 존재이유를 잃은 오늘날) 여성은 이제 '탈성화'하지도 성대상의 역할을 피하지도 않을 것이다. 새로이 '관능적 쾌락의 대상'의 반열에 첨가된 남성은 경쟁할 필요로부터 폴 라파르그(Paul Lafargue)가 예언적으로 지적하고 있듯이 "사랑하는 여성들을 정복하기 위해서 아양을 떨며 유혹하고 자신들의 육체적인 또는 지적인 모든 특질을 드러내야 할 것이다."70)

그것은 우리의 동시대인인 장 로스탕(Jean Rostand)이 폴 보댕(Paul Bodin)을 향해서 다음과 같이 선언할 때의 입장이다. "여성이 모든 구도에서 남성과 동등하게 되고 경쟁자로 되는 한, 양성 사이에 장식과 의상의 차이는 점점 덜 느껴지게 된다고 예상할 수 있다."71)

4. 사회계층에 따른 성

사회학보다도 오히려 생물학에 더 기울어져 있는 킨제이는 사회적인 척도에 의한 상층부터 하층에 걸쳐 그가 확인할 수 있었던 행동의 차이를 열거할 때 이 두 과학 가운데 사회학에 더 침입하고 있다. 그러나 그의 고찰은 사회계급의 존재를 인정하는 것에 대한 (아주 미국

---

70) Paul Lafargue, 『여성 문제』(*La Question de la femme*), Paris, 1904, in 『여성과 공산주의』(*La Femme et la communisme*), p. 116.
71) Jean Rostand et Paul Bodin, 『삶, 그 모험』(*La vie, cette aventure*), 1953.

적인) 혐오에 의해서 한정된 것으로 되고 있다. 그는 '교육수준' 또는 '직업범주' 밖에 알지 못한다. 그리고 또한 단지 숫자를 정리하고, 기록된 차이를 거의 해석하지 않고 곡선을 그리는 것에만 머무는 잘못을 저지르고 있다.

킨제이에게는 다양한 사회계층은 모두 성적으로 억제되고 있으며 그 기원이 유대-기독교의 도덕에까지 소급되는 '금기'(터부)에 따르고 있다. 그러나 그들 금기는 킨제이에 의하면 동일한 방식으로 지켜지지는 않는다. 이른바 '상류'계층에서 '금기'인 것이 이른바 '하류'계층에서는 그렇지 않으며, 그 반대일 수도 있다.

이른바 '상류'계층이 희생자이며 이른바 '하류'계층은 거의 느끼지도 않는 금지들로부터 시작해 보자.

일반적으로 '상류'계층의 전반적인 성행동은 '하류'계층의 성행동보다 훨씬 변변치 못하다. 킨제이는 교육수준에 근거해서 사회를 세 계층으로 나누었다. 즉 각각 0년~8년(초등교육), 9년~13년(중등교육), 13년 이상(고등교육)의 교육을 받은 것으로 분류하고, 세 범주의 전반적인 성행동 곡선을 10살부터 45살에 걸쳐서 그려본다. 처음 두 범주의 곡선이 17살(즉 첫 번째 범주의 교육이 끝나는 해) 즈음까지는 일치하는 것에 비해서, 그 후 그 곡선들은 40살 정도까지 상당히 달라진다. 영예는 '초등교육만을 받은 사람들'에 속한다. 세 번째 범주의 곡선에 관해서 말하면, 그것은 12살 이래 처음 두 곡선과 더욱 크게 달라지며 '상류' 사람들은 열세를 보이지만 30살을 넘어서면 격차[차이]는 눈에 띄게 줄어든다.

이른바 '상류'계층은 '하류'계층보다 덜 소숙하다. 초등학교 이상 가지 않은 소년의 3/4이 청춘기 이전에 성교를 (종종 삽입까지도 정확히) 시도해 보며, 그것에 반해서 중등교육을 받은 소년의 경우에는 1/4에 지나지 않는다.

소위 '하류'계층의 청춘기의 남성들 사이에서 혼전 성교는 절대로 일상적인 것이며 당연하며 심지어 바라는 것이라고조차 생각된다. 반대로 '상류'계층은 여성의 처녀성에 대단히 커다란 중요성을 부여하며 혼전 남성의 동정에도 그보다는 덜하지만 중요성을 부여하는 기독교식 관념이 아주 침투해 있다. 초등학교 이상 가지 않은 소년의 98%가 혼전 성교를 하지만, 그에 반해서 중등학교 교육을 받은 소년의 경우 84%가, 대학까지 진학하는 소년의 경우는 67%가 혼전성교를 한다.

16살부터 20살 사이의 성행위의 빈도는 '하층'[초등교육만을 받은] 수준의 소년 사이에서는 매주 두 번에서 네 번에까지 이르지만, '중층'[중등교육까지 받은] 수준의 소년의 경우는 1.5번이며 '대학교육을 받은 사람들'의 경우는 0.3번이다.

이른바 '엘리트'인 사람들과는 반대로 하류사회 계층에 속하는 사람들은 만족할 만한 심미적 요구도 존중할 만한 사회적 제재도 그다지 지니지 않고 상대의 선택을 힘겨워 하지 않는다. 반대로 그들은 긍정적인 쾌락을 선호하며, 그것은 그들에게 감정적이거나 사회적인 책임을 부과하지 않는다. 어쨌든 16살부터 20살 사이에 '초등교육만을 받은 사람들'은 '대학교육을 받은 사람들'의 9배나 더 성매매여성과 성관계를 하며, '중등교육을 받은 사람들'은 '대학교육을 받은 사람들'의 4배나 더 자주 성관계를 한다.

성상대를 바꾸는 것에 아주 강렬한 취미를 보이는 것은 특히 '초등교육만을 받은 사람들' 사이에서와 약간 덜한 정도로 '중등교육을 받은 사람들' 사이에서 이다.

마지막으로 '대학교육을 받은 사람들'은 덜 교육받은 소년들보다 훨씬 광범하게 상상적인 쾌락에 부득이하게 만족한다. 그들 사이에서 성관념은 자위와 몽정과 애무, 그리고 (소녀들과의 성교하는 것을 드물게밖에 인정하지 않는) 소녀들에 대한 끊임없는 갈망을 환기시킨다.

여성들 사이에서는 그들 차이들의 몇 가지는 정반대이다. 예를 들면 '초등교육만을 받은 여성' 가운데 30%만이 혼전 성교를 경험했지만, 반대로 '중등교육을 받은 여성'의 47%와 '고등교육을 받은 여성'의 60%가 혼전성교를 경험했다. 의심의 여지없이 이들 숫자는 세 가지 범주에서 동일한 연령에 결혼이 이루어지지 않는다는 사실에 의해서 왜곡되어 있다. 즉 대단히 빨리 결혼하는 '초등교육을 받은 여성들'은 혼전 성교의 기회를 덜 가진다. 그러나 동일한 연령에서 결혼하는 여성에 분석을 한정하면, 혼전 성교의 비율은 교육수준에 따라서는 전혀 변하지 않는다는 것이 확인된다. 따라서 킨제이는 사회적 요소는 여성의 성행동보다 남성의 성행동에 한층 더 영향을 미친다고 결론짓는다. 여기서도 여전히 그는 자신의 추론을 끝까지 밀고나가지 않는다. 만약 교육적 요소가 남성의 행동에보다 여성의 행동에 덜 작용한다면 그것은 의심의 여지없이 모든 여성이 교육수준의 구별 없이 대규모로 가부장제에 종속되어 있으며 따라서 동일한 이름[가부장제]으로 억제되고 있기 때문이다.

킨제이는 동성애 행위의 자연스런 성격에 관해서는 앞에서 확인한 것(54~61쪽)을 긍정하는 논증을 하고 있다. 즉 동성애는 '고등교육을 받은 사람들'에 의해서보다 '초등교육만을 받은 사람들'에 의해서 더 행해지고 있지만, 초등교육만을 받은 사람들은 고등교육을 받은 사람들과는 반대로 동성만을 상대로 하는 경우는 아주 드물다.

요약하자면 많은 점에서 이른바 '하류'계층은 '상류'계층보다 성을 반대하는 금기에 의해서 덜 억제되고 훨씬 더 자연에 가깝다.

그러나 '하류'계층은 자신 쪽에서는 '상류'계층이 그러한 정도로 고통당하지는 않는 몇 가지 억제들로 고통당할 것이다.

'하류'계층은 이른바 '엘리트'계층 만큼 길게 성행위를 지속시키는 것을 좋아하지 않는다. 아마도 그것은 그들의 상상적이고 감정적인 능력이 그리 발달되어 있지 않기 때문일 것이다.

그들은 입에 의한 접촉을 그리 자유롭게 하지 않는다.

그들은 성관계의 순간에 ('추잡하다'고 여겨지는) 나체를 보는 것에 더 편견[집착]을 지니고 있다.

그들은 심리적인 자극물(관능적이고 '도착'문학적인 이미지들)을 그리 필요로 하지 않는다.

마지막으로 그들은 자위에 그리 빠지지 않으며 그 점에 관해서는 더 침묵을 지킨다.

그러나 킨제이는 그 차이들은 전적으로 단순히 몇 가지 금기에 대한 인민[사람들]의 강한 존중의 관념 때문이라고 왜곡한다. 그러나 그 차이들을 또한 자연과 훨씬 거대하게 공명하고, 거대 대중의 성 속에서 문화적 성과물들과 뇌 활동에 덜 간섭하는 것으로 설명한다. 종교가 인민을 굴복시키는 한에서 또한 인민이 지배계급의 태도를 모방하려고 하는 한에서, 인민은 또한 이른바 '엘리트들' 보다는 덜하지만 금기의 포로라는 것은 의심의 여지없이 진실이다. 그러나 금기는 비교적 피상적인 방식으로만 인민에게 작용하고 있다. 그들의 성은 근본적으로 '이교적'인 채 있다. 자기 자신에게 빠져 있는 인민은 클로시메르72)의 방법으로 사랑을 한다. 성혁명은 그 짝인 사회혁명과 마찬가지로 인민의 일일 것이다.

5. 청교도주의에 대한 소송

1) 금기와 싸우는 성

이제 성의 놀랄 만한 힘을 청교도주의의 놀랄 만한 힘과 적대케 하는 극적인 싸움에 관해서 킨제이의 기술을 추적해 보도록 하자.

우리의 저자(킨제이)는 용기를 내서 성을 억압하는(antisexuelle, 성에 반대하는) 도덕은 종교적 기원을 갖는다고 확인한다. 성억압에 대한 교회의 영향이 오늘날 더 이상 간접적이지 않음에도 불구하고 현재 이 억압이 교회가 아닌 재판소에 위임되고 있어서, 낡은 종교적인 코드들은 많은 사람들이 자신들의 성관습을 규제하는 기반으로 삼는 관습, 사상, 원망, 합리적 관념의 주요 원천으로 여전히 남아 있다. 개인은 아주 종종 자신이 어떠한 방식에서도 종교적인 제약에 영향받지

72) 클로시메르(*Clochemerle*). 현대 프랑스의 작가 가브리엘 셰발리에(Gabriel Chevallier, 1895~1969)의 유명한 소설의 이름으로, 거기서는 클로시메르라는 마을의 마을사람들이 끊임없이 수간[동물과의 성행위]하는 것이 묘사되고 있다.—옮긴이 주

않는다고 자만하는 때조차, 이 관계[계통]에 관해서 의식하지 못하고 있다. 그러나 우리가 프랑스에서 말하듯이 그 사람이 완고한 '세속주의[비종교주의]'를 고백할 때, 가장 만족할 수 있는 가장 유익한 가장 정확한 도덕을 스스로 선택한다고 진지하게 생각할 때, 그 사람은 알지 못한 채 헤브라이와 기독교에서 기원한 수천 년 전통에 순응하고 있을 뿐이다. 그래서 빌헬름 라이히가 쓰고 에스나르(Hesnard) 박사가 최근의 저작에서 반복하고 있듯이, 금기는 '내재화'되고 있으며 살아남아 개인 속에서 재생산되고 있다. (아직 계급의식에 눈뜨지 않은) 피착취자가 착취를 보증하는 경제질서에 스스로 찬성하는 것과 마찬가지로, 성억압을 받고 있는 사람들은 또한 충분히 자신의 권리를 자각하지 못하고 아주 절실하게 필요한 탈출구를 자신들로부터 빼앗은 성질서에 동의하든가 적어도 복종하고 있다.73)

청교도주의가 범한 모든 범죄 가운데 가장 증오할 만한 것은 의심의 여지없이 육욕의 더러움에 관한 완고한 고정관념을 어린 시절부터 그처럼 인간 속에 심어놓는 것이다.74)

그러나 킨제이는 왜 근대사회가 수천 년에 걸친 오랜 동안 완전히 시대에 뒤진 '금기'를 영구히 존속시키는 데 그렇게 집착했는지 자문

73) Wilhelm Reich, 『성도덕의 출현』(*Der Einbruch der Sexualmoral*, Berlin, 1932, p. 132~133. Hesnard, 『죄 없는 도덕』(*Morale sans péché*), 1954. 대단히 중요한 라이히의 이 책이 프랑스어로 번역되지 않은 것은 아주 안타깝다.

74) 내가 개인적으로 알고 있는 미국의 청년들은 육체적으로도 정신적으로도 건강하며 신앙을 가지지 않고 자유로운 사상에도 사회주의 사상에도 열려있지만, 이러한 강박관념에서 벗어나지 못한다. 그들 가운데 한 사람은 정기적인 관계를 가지고 있다. 그는 사랑하는 소녀와 매주 한번 날을 정해서 만난다. 그러나 결코 술을 마시지 않는 그 남자가 매주 월요일 밤에 육체관계를 두려워하게 하는 완고한 금지의 관념을 극복하기 위해서 위스키 병을 사야만 했다.

하지 않는다. 그는 청교도주의의 물질적 기반을 연구하려는 호기심을 보이지 않았는데, 이것은 그의 동국인인 캘버튼(Calverton)에 의해서 아주 훌륭하게 밝혀졌다.[75] 귀족은 기독교 도덕에 의해서 구속되지 않고 그것을 이론으로서 밖에 존중하지 않으며 실제로는 무한한 성방종을 허용하는 반면, 부르주아지는 인내 · 예측능력 · 정돈 · 절약 · 검소 · 노동의 오랜 노력에 의해서 부를 축적하기 위해서 기독교 금욕주의를 필요로 하였다. 청교도주의는 부르주아지가 경제적 힘에 이어서 정치 권력을 장악하는데 기여한 사적소유 관념을 지키기 위한 방어기제 이외에 어떤 것도 아니었다.

그러나 성에 대한 부르주아지의 태도는 양가적이다. 사랑의 상업적 이용은 많은 돈을 모을 수 있게 한다. '근엄한' 사람들이 음란한 책의 출판, 선정적인 영화와 비속한 정기간행물의 제작에 투자하는 데 주저하지 않는다. 특히 섹스어필한 것이 가장 좋은 광고유혹이며, 청교도 사업가들은 자신들의 싸구려 물품을 팔기 위해서 그것을 활용한다. 그 광란이 다른 곳보다 훨씬 심한 미국에서, 강렬한 상업광고가 매순간 남성의 욕망을 깨운다. 혼외 성행동이 금지되고 있는 데 반해, 사람들은 그 광고에 의해서 세계가 전혀 알지 못했던 가장 거친 도발적인 흥분에 굴복한다. 관능적인 자극이 거래에 이용된다. 여성의 나체가 정기간행물이나 포스터에 나타난다. 아주 '섹시한' 여성들이 꾸준히 당신으로 하여금 사도록 유혹한다. 미혹을 도발하기 위해서 상당히 벗고 있는 혹은 상당히 눈에 띄는 가슴과 넓적다리가 총매상고

75) V. F. Calverton, 『성과 문명』(*Sex and Civilization*) 가운네 '성과 사회적 투쟁'(Sex and Social Struggle).

와 이익을 증대시키기 위해서 '샌드위치맨'처럼 조직되어 있다. (남편 이외에는) 그 여성을 건드릴 권리는 없지만, 그 이미지는 당신을 어디에서나 쫓고 있다. '핀업걸'[76]은 실제 상대의 대용품으로서 젊은 남성에게 제공된다. 우리의 동지 폴랑(Paulhan)은 이미 1920년에 "욕망의 도발을 조직하면서 사람들은 욕망이 나타나는 것을 금지하고 있다"고 지적하였다.[77]

가슴과 넓적다리를 과시적으로 노출하는 것이 강해지면 강해질수록 부르주아지의 청교도주의는 반대방향에서 더욱 더 옹졸해지고 귀찮게 하고 광신적으로 된다. 킨제이에 따르면 빅토리아 시대[78]까지의 영국에서는 젊은 사람들의 관능적인 능력은 인정되고 오히려 광범위하게 허용되었다. 성적응의 문제는 증가하는 도덕적 제약의 영향 아래 영국과 미국에서는 백 년 간에 특히 악화되어 왔다. 최근의 운동에 이어서 미국에서 다수의 사창가의 폐쇄는 오늘날의 젊은이에게 이전 세대가 향유하던 것보다 훨씬 덜 만족스런 성관계를 하게 하는 조건을 만들어 왔다.

이상은 또한 프랑스의 위대한 성과학자 르네 기용의 의견이기도 하다. 『성윤리학 연구』에서 그는 청교도의 공격은 비교적 최근의 것임을 인정하고 있다. 억제주의자들이 자신들의 커다란 승리를 알리고 현행의 '성도덕'을 거부하는 사람들에 대해서 더욱 더 까다롭고 확대되고 가혹한 형사상의 제제를 법제화한 것은 최근 100년 사이라고 그는 말

76) pin-up girl. 흔히 가요 문화에서 사용되는 대량 생산된 이미지 중 하나. 패션 모델, 글래머 모델, 여배우들을 핀업걸이라고 부른다.—옮긴이 주

77) Frédéric Paulhan, 앞의 책, 153~154쪽.

78) 빅토리아 여왕의 시대(1837~1901)를 말하는데, 이 시대에 영국은 세계 상공업의 패권을 잡고 그 식민지는 전세계에 걸쳐 있었다.—옮긴이 주

한다.

그러나 킨제이는 기용과 마찬가지로 부르주아 문명의 가장 번성기와 근대 청교도주의의 재흥 사이에 현존하는 연계를 폭로하지 않는 잘못을 저지르고 있다. 앙리 프랑세(Henri Planche) 박사가 그 "진실함이 없는 근엄함"은 "실제로는 19세기를 통해서 밖에 발전하지 않고 역사상 19세기 후반에서만큼 강력하게 압박을 가했던 적은 일찍이 없었다"고 쓰고 있는 것은 옳다. "그것은 정말로 순전히 부르주아적 현상이다"[79]라고 그는 덧붙이고 있다.

이 현상에 관해서 빌헬름 라이히는 유물론적 설명을 제시하는데, 그것은 나에게는 가치 있는 것처럼 보이며 내 자신의 작업[80]의 결론과 일치하고 있다. 그는 프랑스에서 그리고 이어서 세계의 다른 나라에서 부르주아지는 프랑스혁명이 행한 위대한 인간해방운동의 과정에서 (혹은 그에 계속하여) 종교도덕과 관계를 끊었다고 생각한다. 부르주아지는 그때 교회의 도덕에 더 자유로운 성도덕을 대립시키려고 노력하였다. 그러나 일단 자신의 권력이 공고화되자 부르주아지는 "반동적으로 되었다." 부르주아지는 "그러는 동안에 나타난 프롤레타리아트를 억압

---

79) Henri Planche, 앞의 책, 89쪽. 문제의 이 '근엄함'이 절정에 달한 것은 19세기에서가 아니라 20세기에서 이다. 몇 가지 예를 들면 1925년의 라트랑(Lartan) 협정에 이어서 무솔리니와 바티칸은 나폴리 미술관의 이른바 '비밀스러운' 부문을 폐쇄하고 이후 결코 재개관하지 않는다고 결론지었다. 프랑스에서 나의 세대는 우스꽝스러운 포도잎이 없는 마르세유 공원의 조각상을 여전히 알고 있지만 오늘날에는 포도잎이 그 조각상들을 추하게 만들고 있다. 또한 투롱(Toulon)에서는 해군 병기창을 방문하려는 여성들은 1945년 여름 이래 '짧은 치마'를 입으면 쫓겨났고, 우리나라 해군은 이웃 카페에서 치마나 앞치마를 빌려달라고 부탁하였다!

80) Daniel Guérin, 『프랑스 제1공화국에서 계급투쟁』(*La Lutte clsasses sous la Première République*, 1946).

하기 위해 필요했던 종교와 화해했다. 그리고 몇 부분 수정한 형태로 그러나 실제로는 그대로 교회의 성도덕을 채택하기조차 하였다."[81]

우리는 그 발전의 최종 결과를 아주 최근의 프랑스에서 체험하였다. 우선 [페탕] 원수에 의한, 이어서 인민공화파[82](M. R. P.)에 의한 가톨릭세력의 권력에의 복귀는 성을 억압하는 법률[83]의 중압과 어떤 의미에서는 위생에는 좋은 조치이지만 자유로이 여성에게 접근하지 않는 남성의 성행동을 더 곤란하고 더 비용이 들고 더 우발적이게 만든 사창가의 탄압을 결과로서 가져왔다.[84]

2) 청춘기의 비극(drame)

청교도주의의 최근의 이러한 중압은 특히 젊은 남성을 해치고 있다. 많은 사람들을 놀래키는 것이지만 킨제이는 청춘기는 정확히 성능력이 모든 기록을 갱신하는 연령이라는 것을 분명히 했다. 성행동의 최

81) 빌헬름 라이히, 『성의 위기』 가운데 「변증법적 유물론과 정신분석학」(Matélia-isme dialectique et psyanalyse), 프랑스어판 1934년, 184쪽.

82) M. R. P.(Mouvement Républicain Populaire). 대독항전 운동으로부터 정당으로 발전한 것으로 1944년에 결성되었다. 유럽통합, 집단안전보장강화, 주요 산업의 점진적 국유화 등에 덧붙여 가톨릭 학교의 국고보조 등을 강령으로 내세우고 있다.―옮긴이 주

83) 부록2 참조, 180쪽.

84) 이 주제에 관해서 킨제이에게서 성매매에 관한 변증법적 분석이 없다는 것은 안타깝다. 성매매는 사회적 불평등과 돈의 힘에 기인하기 때문에 가증스럽지만, 그것대로 부르주아 사회가 더 좋은 사회에 의해 대체되지 않는 한 성 관점에서 볼 때 (남성에게는) 유일한 열린 안전판이다. 게다가 성매매는 더욱 광범한 현상의 특수한 예, 극단적인 예일 뿐이다. 즉 자본주의 사회에서는 거의 모든 성관계는 많든 적든 돈에 관여하고 있다. 두 상대 사이의 어느 쪽의 '무관심[무욕]'이 의심될 때마다 비물질적인 이상주의의 이름 아래 그들의 성관계를 금지시키고 낙인찍는 것은 인류의 9/10에 성 단식을 강요하는 것이 아닐까?

대빈도는 이미 본 바이지만(49~50쪽) 사람들이 25살쯤 또는 아주 뒤라고 일반적으로 상상하는 것과는 달리 13살과 19살 사이에 있다. 거의 모든 청춘기 청년은 매주 여러 번 그리고 그들 가운데 많은 수가 매일 몇 번 발기에 이르기까지 흥분한다. 이 항상적인 격정사태를 오르가즘으로 끌고 갈 수 없기 때문에, 그들은 신경증적인 심각한 동요로 고통스러워하고 있다.

소녀들 사이에서는 성의 각성이 더 지체되지만 청춘기가 시작되는 생리적 평균연령은 소년들에서보다도 조금 더 이르다(13살 반 대신에 12살 반). 그리고 그 연령 이래 그녀들의 30%는 이런 저런 방식으로 관능적으로 흥분한다.

그러나 사회는 인간이 자신의 생애 속에서 가장 필요로 하는 연령에서 무정하게 성의 문을 잠근다. 사회는 성욕망은 '부도덕'하며 결혼하는 날까지는 '죄'라고 선언한다. 그리고 동시에 사회는 젊은 남성은 또한 가정을 책임지는데 적합하지 않다는 구실 아래 결혼연령을 수년 동안 늘리기까지 한다. 킨제이는 미국을 구성하는 48개 주 가운데 35개 주가 주법률에서 혼전 성관계를 처벌한다고 강조한다. 이 파렴치한 법률은 애통한 심리적 혼란을 대가로 성을 폐쇄할 수 없을 때는 오히려 비밀스런 비합법적인 방법으로 성이 나타나도록 강요하게 된다. 젊은 남성 전체의 적어도 85%가 성을 억압하는 법률을 위반하고 있다. 대다수의 부모와 교육자는 정상적이지만 탈출구를 빼앗기고 있는 생물학적인 반응과 싸우며 끊임없이 불타고 있는 소년들이 직면하고 있는 문제를 이해할 수 없는 것처럼 보인다.

그러나 킨제이는 문제의 핵심으로 가지 않는다. 그에 의하면 실제

성 성숙과 사회가 그것을 인정하기로 결정한 나이 사이에 존재하는 수년간의 격차는 젊은이의 성욕구를 이해하는 데서 나이 든 사람들의 무지 또는 무능에 기초하고 있다. 그렇지만 그는 가부장적 부르주아 사회가 자신의 기본제도—사유재산, 결혼, 가족—를 유지하기 위해서 젊은이를 억압하는 논리적인 견고한 체계를 필요로 한다는 문제를 한 번도 제기하지 않는다.

빌헬름 라이히[85]는 가부장제 이전의 원시사회는 '젊은이의 성빈곤'을 알지 못한다고 지적하였다. 결혼제도를 재활성화하는 데 집착하던 킨제이는 혼전의 성자유는 결혼을 더 행복한 것으로 만드는 데 필요하다고 주장하는 경향이 있는데, 라이히는 반대로 부부간의 부정은 혼전 성관계의 조숙함과 직접 관계가 있음을 보여주는 소련의 통계에 의거하고 있다. 그들 숫자가 명시하듯이 조숙한 성행동이 부르주아 도덕정신에 비추어진 결혼에 어울리지 않는다면, 그때 왜 청춘기 금욕이 가부장적 부르주아적 기독교적 사회에 의해 부부생활에 필수불가결한 서곡으로 간주되는가가 더 잘 이해된다.

라이히는 청춘기의 성 억압은 젊은이들을 부모들 그리고 어른 일반에 복종시키려고 하기 때문이라고 생각하였다. 사실 복종시키려는 것이 진정한 의도라면, 성억압은 종종 반대의 결과를 가져온다. 즉 성억압은 젊은이를 반사회적으로 만든다. 성억압은 젊은이들을 반역자로 만들며, 현대의 'J3[청소년]'[86]들의 상투적인 것들이 드러내듯이 때로는 일탈자와 범죄자로 조차 만든다. 잘못은 누구에게 있는 것일까?

---

85) 라이히, 『성도덕의 출현』, 『성의 위기』, 『오르가즘의 기능』.

86) 13살에서 21살의 청소년을 가리킨다. 제2차세계대전 중에 프랑스의 배급장부의 구분에서 유래하고 일반적으로 사용되게 되었다.—옮긴이 주

오늘날에는 누구나 다소 정감어린 배려로 우리 젊은이들의 갈망에 관심을 가지고 있다. 그러나 그들에게 할 수 있는 첫 번째 선물은 (지극히 절실한 경제적 요구의 만족과 함께) 완전한 성자유이다.87)

3) 불감증 여성의 비극

가부장제의 또 하나의 폐해는 불감증 여성의 비극이다. 다음 숫자는 공포스러울 정도로 시사적이다.

킨제이의 통계에 의하면 아내가 된 여성의 37%가 결혼 후 1년 간에 오르가즘에 이르지 못하고, 결혼 후 5년 간에도 29%가, 결혼 후 10년간에도 23%가, 결혼 후 15년 간에도 19%가, 결혼 후 20년 간에도 15%가 그러하다.

부부생활 28년 만에 비로소 오르가즘에 다다른 여성들도 있고, 어떤 여성들은 안성맞춤으로 오르가즘을 느끼는 데 이르는 남편을 발견하기까지 결혼해서 두 번, 세 번, 네 번 이혼하고 있다.

여기서도 또한 문제가 제기된다. 잘못은 누구에게 있을까?

누구보다도 첫 번째로 가부장적이고 이기주의적인 남편에게 있다. 그는 아내에게 기쁨을 주려고 애쓰기는커녕 아내를 단지 성적인 배출구로 본다.

두 번째로 여성의 혼전성교의 금지에 있다. 킨제이에게 이 요소는 가장 중요한 것 가운데 하나이다. 결혼까지 처녀인 여성 사이에는

87) 이 완전한 성자유는 물론 피임수단의 자유로운 판매와 자유로운 사용을 포함하며 그것은 —오늘날 어디에서나 보이는 경향인데— 이른 임신과 젊은 아버지를 피하기 위해서이다.

25%만이 결혼 후 1년간에 오르가즘에 도달하며, 그에 비해서 혼전경험을 한 여성의 경우는 45% 내지 47%였다. 혼전에 오르가즘을 알지 못한 소녀가 결혼해서도 여전히 오르가즘에 이르지 못하는 경우의 확률은 3~5 대 일이다. 그리고 결혼을 개선하려는 생각에 사로잡힌 킨제이는 일찍 오르가즘을 경험하는 것은 결혼의 성적 성공에 직접 기여한다는 것을 확인할 수 있다고 믿는다.

단지 혼전 성교의 금지뿐만 아니라 자위를 공격하는 금기 또한 결혼하는 여성의 불감증을 만들어내는 데 기여한다. 결혼 전에 결코 자위를 하지 않았던 또는 자위를 오르가즘에까지 결코 진전시키지 못한 여성의 1/3이 결혼 후 5년간 오르가즘에 이를 수 없다. 그에 반해서 결혼 전에 오르가즘에 이르기 까지 자위를 한 여성의 경우는 13%~16%만이 결혼 후 5년간 완전한 무감각함을 보일 뿐이다. 킨제이는 혼전 자위경험이 모든 면에서 아내로 되도록 여성을 준비시키는 데 크게 역할한다고 결론지어야 한다고 믿는다.

그에 의하면 보다 일반적인 형태의 잘못은 어린 소녀들에게 주어진 도덕교육에 있으며 그것이 그녀들에게 오르가즘에까지 반응하는 것을 억제하고 방해한다. 성반응에 대한 이러한 제약이 그녀들 사이에서 심리적인 동요를 불러일으킨다. 억제는 특히 이른바 '상류'계층의 여성들을 괴롭힌다. 교육수준이 어느 정도 되는 여성들은 모두 결혼 전에는 성교에의 흥미를 전적으로 억제당하고 있다면(111~112쪽 참조), '상류'계층의 결혼한 여성들은 육체적 성교에 무관심하며 남편들에 대해서 자신들에게 존경의 마음을 결여하고 있으며 희롱하고 호색하고 도착적이라고 비난하는 경향을 가장 많이 지닌다.

폐해는 종교활동에 빠져 있는 사람들 사이에서 아주 심하다. 종교의례를 지키고 있는 남성들의 성행위 빈도는 다른 남성들의 성행위 빈도의 겨우 2/3밖에 되지 않는 것과 마찬가지로, 경건한 가톨릭 여성은 다른 여성들보다 6~7년 늦게 첫 오르가즘을 경험한다. 그녀들 가운데 21%는 결혼하여 정기적인 부부관계를 하고 있음에도 불구하고 35살 이전에는 오르가즘에 이르지 못하며, 그에 반해서 종교의례를 지키지 않는 가톨릭 여성에서는 2%만이 그 지체된 오르가즘을 발견하지 못할 뿐이다. 대신 경건한 개신교 여성 사이에는 그 현상이 가톨릭 신도들의 경우에서 보다 덜 두드러지지만, 종교의례를 지키는 개신교도 여성의 15%가 45살이 되어도 오르가즘을 알지 못하며, 종교의례를 지키지 않는 개신교도 여성의 경우에는 5%만이 그러하다.[88]

그러나 킨제이는 여기서 단지 서양의 백인여성만이 그가 묘사한 비극의 희생자라는 것을 강조하기 까지 한다. 원시적인 여성은 불감증이 없고(혹은 없었고), 그녀들의 성능력의 일부를 잃게 했던 것은 바로 가부장제이다.

일부일처제는 여성이 관능적 쾌락에 참여할 필요성을 인정하지 않고 종의 번식을 보증하는 것이지만, 그에 반해서 자연 상태에서 또는 원시모권제 아래에서 여성의 관능성은 종의 다산성을 위해서 필요하다(또는 그러했다).[89]

---

88) 프랑스에서는 종교의례를 지키고 있는 가톨릭 여성보다도 종교의례를 지키고 있는 개신교 여성 쪽이 더 억제되고 있다는 것을 보이는 반대결과가 나오지 않았는지 알면 흥미로울 것이다.

89) K. A. Wieth Knudsen, 『사회진화 속에서 양성의 갈등과 성문제』(*Le Conflit des sexes dans l'evolution sociale et la question sexuelle*), 프랑스어판, 1931년, 69쪽을 참조.

4) 애정[부드러움]과 욕망의 분열의 비극

또 한 가지 가부장제의 폐해는 애정과 욕망 사이의 분열이다. 개신교도 부르주아의 자식인 앙드레 지드가 자신의 생애와 작품[90]의 열쇠인 이 비극을 얼마나 잊어버리기 어려운 어조로 고백했는가는 사람들이 아는 바이다.

사랑[애정]은 어머니처럼 또는 자매처럼 존경하지만 욕망하지 않는 이상적 여성에 한정된다. 성욕망은 다른 여성들—(소년들과의 사이에서가 아닌 경우는) '품행이 단정하지 못한' 여성들—과의 사이에서 쾌락과 치욕의 양가감정 속에서 범하는 죄이다. 프로이트는 이 분열을 가장 과학적인 방식으로 썼지만, 그는 잘못하여 그것을 어떤 발달 단계에서 두 가지 흐름—애정의 흐름과 성의 흐름—을 성대상을 향해서 '정상적으로' 합류시킬 수 없는 사람들만을 괴롭히는 이상(異常), 우연사라고 보았다.[91]

그는 자신이 분석한 악은 실제는 가부장적 부르주아 사회의 산물이라는 것을 끝내 보려고 하지 않았다. 로버트 브리폴트(Robert Briffault)는 더 이상 통찰력이 없다. 즉 그는 지체 없이 그 이원론[분열]을 흉포한 사디즘적 남성의 성충동과 모성애로부터 탄생한 애정 사이의 영속적이고 치유할 수 없는 생물학적 대립이라 부르는 것 탓으로 돌리고

90) "나는 쾌락을 사랑으로부터 구별해내는 것에 가담하지 않았다." 『한 알의 밀이 죽지 않는다면』(*Si le grain ne meurt*). 앙리 프랑쉐, 앞의 책, 289쪽 참조.
91) Freud, 『성 이론에 관한 세 가지 에세이』(*Trois essais sur la théorie de la sexualité*) 프랑스어판, 1923년. ; 『정신분석학시론』(*Essais de psychanalyse*), 프랑스어판, 1951년.

있다.92)

킨제이는 그 주제를 가볍게 다루고 있지만 조금 더 명확히 보고 있다. 그는 '품위 있는' 여성에 대한 청교도적인 존경이 부부관계에서 어떤 남성들을 억압한다는 것을 강조한 뒤에, 그 사람들은 성만족을 얻기 위해서 아내들보다도 오히려 성매매여성과 정부(情婦)에 의지해야 한다고 덧붙이고 있다. 그리고 그는 그 점에서 남성의 성을 성매매로 향하게 하는 것은 사회가 여성을 멸시하는 관습이라는 것을 시사하고 있다.

그래도 그는 남성의 소외를 끝내려고 하는 사회는 오늘날 여전히 남성에게 고통을 주는 인위적인 이원론[분열]을 끝내려 한다는 것을 제시하지 않는다. 지평선에 보이기 시작하는 가장 합리적이고 가장 자연스런 세계에서는, 앙드레 지드의 생활을 어둡게 하고 『그리고 오늘날 그녀는 너의 속에 있다』93)와 같은 고통스런 책을 만들어 낸 원인은 소멸할 것이다.

5) 노년의 비극

르네 기용이 강조하듯이 성욕망은 노인들 사이에 아주 지체된 형태로 종종 살아 있으며, 현행 사회조직은 그들에게 '비극적인 운명'을 마련해 준다. 보다 정확한 통계 자료를 다루는 킨제이도 동일한 의견이다.

92) Robert Briffault, 『어머니들』(*The Mothers*) 3 volumes, New York, 1927년, I, p. 118~121.

93) Andé Gide, *Et nunc manet in te*.

남성은 나이가 들수록 상대, 특히 젊고 매력 있는 상대를 찾기가 더욱 어렵다. 따라서 그는 혼외 관계를 하려면 한층 성매매여성에 의지해야 한다.

더욱이 킨제이는 '능욕' 때문에 유죄 선고받는 노인들의 성관계에 대해서 동정을 표하고 있다. 그 애처로운 노인들은 우선 대부분의 경우 성교 또는 강간은 불가능하며, 그리고 그들을 감옥으로 보내는 데 값하는 미성년자에게 행하는 성행위는 많은 경우 무해한 애무에 한정되고 있다고 묘사한다.

이어서 그는 (383쪽에서) 여성의 성능력은 남성의 성능력보다 훨씬 완만하게 쇠퇴할 뿐이며, 약 60살까지 높은 수준에서 유지된다는 것을 보여준다. 성능력은 70살의 여성에게서도 80살의 여성에게서조차도 없어지지 않으며, 킨제이는 매주 한번 또는 매월 한번 사이의 빈도로 오르가즘이 가능한 90살의 여성의 예도 들고 있다.

그 위에 늙은 독신여성의 고통스런 운명이 있다. 킨제이의 질문을 받은 결혼하지 않은 여성의 28%는 일생 동안 결코 오르가즘을 경험하지 못했다. 킨제이에 따르면 성적인 배출구를 완전히 박탈당한 중요한 여성집단이 존재한다는 것은 상당히 중요한 사회문제를 제기한다. 그것에 관해서는 이미 오랫동안 문학자들이 말해 왔다.

6) 불구자의 비극

또한 자연이 상대로부터 욕망되도록 재능을 부여하지 않은 사람들의 비극이 있다. 킨제이는 추하고, 기형의, 귀머거리의, 맹인의, 불구의 사람들(그리고 신은 그들이 존재한다는 것을 알 것이다!)은 성 상대를 발견하는 것이 매우 어렵다고 강조한다. 그들 불구의 희생자들은 가장 자주 자위행위의 고독 속에 빠져 있다. 그들의 좌절은 그들을 짓누르고, 무거운 심리적 혼란을 가져온다. 성매매여성만이 불유쾌한 혹은 혐오를 불러일으키는 육체를 지닌 개인들과 잠자는 것을 받아들인다. 현행 풍속에서 성매매에 반대하는 싸움을 시작하는 것은 이 '사랑받지 못한 사람들'의 범주에 대해서 최후의 출구를 막는 것이다. 나는 돈에 의한 오염으로부터 해방되고 이기주의가 우정에 자리를 양보하는 사회의 도래를 기대하고 있지만…….

7) 동성애의 비극

가부장적이고 청교도적인 우리 근대 사회의 또 다른 비극은 여론에 의한 그리고 더욱이 많은 경우[94] 법에 의한 동성애의 단죄이다.

킨제이는 다른 곳(54~6쪽)에서 동성애는 자연스러우며 얼마나 그것이 퍼져 있는가를 보이고 있다. 동성애를 공격하는 금기는 따라서 자연에 대한 도전이기도 하며 수백 만 명의 인간을 희생자로 만드는 비극이기도 하다. 그리고 희생자 가운데에는 지적으로 가장 재능 있는 사람들이 포함되어 있다. 킨제이는 성적인 조숙함이 동성애와 천재의 소지를 마련한다고 생각한다.[95]

---

94) 미국을 구성하는 모든 주의 법률은 동성애 행동의 모두나 일부를 벌한다. 그 이상의 상세한 것에 관해서는 Isabel Drummond, 『성의 역설』(*The Sex Paradox*), New York, 1953을 참조. 또한 부록 2의 127~133쪽, '프랑스에서 동성애자 박해'를 비교해 보시오.

95) 앙리 프랑쉐 박사는 젊은 지드의 성이 얼마나 "강렬하며 조숙한 것"이었는가

동성애를 억압하는 금기는 보편적인 성격을 지니고 있지 않으며 몇몇 문명 속에서만 맹위를 떨치고 있다. 킨제이는 남성동성애에 대해서 특히 적의를 갖지 않은 사회가 있으며 혼전의 젊은 남성 사이에는 어떤 범위에서는 결혼한 뒤에도 그 행위에 대해서 공공연히 호의를 보이는 사회조차 있다고 말한다. 이스라엘 문명에 앞선 문명들 가운데, 히타이트인, 칼데아인, 고대시기의 유대인에게서 동성애가 통틀어 단죄된 것은 아니고, 단지 어떤 한정된 사람들 사이에서 그리고 폭력사용을 동반할 때만 단죄되었다.

동성애를 억압하는 금기는 이스라엘 역사 속에서는 바빌론의 유폐에서 귀환과 동시에 BC7세기 경부터 나타났을 뿐이다. 그때 유대인민 사이에 두드러지게 나타난 민족주의 풍조 속에서, 그들은 이웃들로부터 자신들을 구별하려고 하여 이전에는 함께 나누며 지니고 왔던 많은 풍속과 연관을 끊었다. 유대 관습법[탈무드]의 많은 비난은 그것이 가나안인, 칼데아인, 이교도가 행하고 있던 행위들 때문이라는 사실에 기초하고 있으며, 이들 행위는 처음에는 성범죄로서보다도 우상숭배로서 박해받았다.

킨제이가 제시한 시기는 과학적이라기보다는 독창적인 저작가인 샤를 오트랑(Charles Autran)이 승려의 독재 속에서, 순수함이라는 고정관념 속에서, 점차 형식적으로 되고 작은 일에 구애받게 되는 의례 속에서 유대인민이 몰락해 가기 시작한다고 보는 시기[96]와 일치하고 있

를 강조하였다. 앞의 책, 63쪽.

96) Charles Autran, 『미트라[페르시아의 태양신], 조로아스터와 기독교 아리아 선사시대사』(*Mithra, Zoroastre et la préhistoire aryenne de chritianisme*), 1935.

다는 것은 특히 흥미롭다.

쇠퇴기의 유대인의 반동성애 금기는 성에 관해서는 유대의 전통 가운데서 성 바울을 포함하는 교회의 초기 성원들에 의해서 기독교의 사회관습 속에 도입되었고, 중세교회법으로부터 직접 영국의 형법 속에 그리고 미국의 각 주의 법률 속에 이식되었다.

그러나 왜 그 금기가 그렇게 되었을까? 킨제이는 문제를 가볍게만 다루고 있지만 가부장제와의 상관관계를 제시하기에는 충분하다. 그는 유대교 관습[탈무드]의 동성애 비난이 단지 남성에만 관련하고 있다는 것, 드물게만 여성동성애에 대해 언급하고 있다는 것에 주목한다. 중세 유럽에서는 다른 남성과 간음한 남성에게 내려진 사형은 수를 셀 수 없을 정도였지만, 반대로 다른 여성과의 관계를 계속하기 때문에 유죄선고된 여성의 예는 아주 드물었다. 그리고 두 가지 동성애를 취급하는데서 이 차이는 무엇 때문인가를 자문하고, 킨제이는 낡은 가부장제 사회에서 여성은 사회적으로 남성보다 덜 중요하고 사생활은 다소 은폐되어 있다는 것, 오늘날 남성동성애는 더 자주 공중의 주의를 끌고 있다는 것, 동성애가 여성보다는 남성의 결혼에의 적응성, 영속하는 결혼에의 적응성을 더 자주 위태롭게 한다는 것, 따라서 동성애가 종의 번식에 해롭게 (잘못) 보인다는 것, 마지막으로 모든 동성애자를 '오까마'(tantes-filles)[여성적인 남성동성애자]로서 나타내는 경향을 지닌 여론으로부터 여성화는 혐오되고 있다는 것을 특히 지적한다.

그러나 킨제이는 그 확인한 사실로부터 다음과 같은 논리적 결론으로 까지 밀고 가지 않는다. 즉 결국 여성에 대한 남성의, 자녀들에 대한 아버지의 이중의 권위에 기초하고 있는 가부장제 사회는 남성적인 특질과 행위 또는 그렇게 상상되는 것의 우위를 인정하는 것이다. 동성애는 가부장제 사회의 토대를 동요시키는 한 박해받고, 남성의 대다수가 그것을 행할 소질이 있기 때문에 더욱 엄하게 박해받는다. 동성애 경향을 두려워하는 남성의 수는 동일한 염려에 사로잡혀 있는 여성의 수보다 훨씬 많다는 것을 확인할 때 이 마지막 점을 킨제이는 긍정하고 있다. 그것이 많은 남성이 자신들 사이의 동성애행위를 여성 사이에서 행해지고 있는 것보다 더 심하게 비난하는 이유이다.

킨제이는 또한 왜 수동적 동성애가 능동적 동성애보다 훨씬 더 강하게 비난받는지 자문해 보는 호기심을 보이지 않았다. 이 대단히 흥미 있는 문제를 교묘히 피하면서 그는 다분히 가부장제와 동성애 사이의 새로운 관계를 찾는 것을 금하고 있다. 그는 가부장제 사회에서 여성을 대상으로 하고 있는 경멸은 수동적 동성애행동에 가해진 치욕과 상관관계가 있다는 것을 알지 못했다. 사람들이 도착자를 용서하지 않는 것은 의심의 여지없이 '우세한 것'이라고 여겨지는 남성성에 대한 배반, 즉 그 여성성 때문이다.

동성애를 억압하는 금기로부터 생겨나는 피해에 관해서 킨제이는 몇 가지 단서를 제공한다. 의심의 여지없이 그는 저 "주술에 가리고 거짓이나 위선의 맹세 속에서 생겨나야 했던 종족 즉 모든 창조물에게 살아갈 가장 커다란 부드러움을 만들어 내는 욕망을 벌할 수 있는 것, 수치스러운 것, 드러낼 수 없는 것으로 보려고 하기 때문에, 그러한 종족"을 상기시키고 그리고 "여성을 전적으로 지니지 않는 듯한 어떤 남성에, 그러나 도착적이지 않은 듯한 그래서 자신을 사랑할 수 없는 어떤 남성에 정확히 열정을 불태우는 남성들, 따라서 돈으로는 진짜 남성들을 넘겨 받지 못해서 그 욕망은 결코 채워질 수 없는"97) 이 존재들의 운명에 동정하는 때의, 마르셀 프루스트 같은 인물의 비장감에는 도달하지 못한다.

그러나 킨제이는 그 정도로 극적으로 묘사하지는 않아도 조금 더 명확히 본다. 예를 들면 비도착자는 상업적 이익에 의해서만 도착자에게 끌릴 뿐이라는 것에 관해서 킨제이는 소설가[프루스트]만큼 확신하지 못한다. 반대로 킨제이는 자신의 조사결과를 토대로 대개의 '이성애 남성'은 그들이 인정하려고 하는 것보다 훨씬 강한 심리적 반응을 다른 남성들 앞에서 지닌다고 생각한다. 그들에게 자신들을 완전히 이성애자라고 믿게 하려 하고 심미적으로 일지라도 다른 남성에게 [동성애의] 가치를 인정하는 것을 거부하게 하는 것은 동성애에 대단히 격렬한 적의를 지니고 있는 사회의 압력이다. 그러나 우습게도 동성애 관계에 의해서는 '전혀 흥분되지 않는다'는 사실을 강조하는 사람들도 그러한 기회에는 발기하고 사정한다고 킨제이는 말한다. 그리고 그러한 관계를 금전적 이익을 취할 기회로 삼는 사람들조차 프루스트가 시사하듯이 무심한 것은 아니다. 예를 들면 우연히 그들은 오르가즘 뒤에 상대를 때리는 때가 있지만, 그것은 킨제이의 고찰에 의하면 그들이 일종의 사디즘적인 쾌락을 거기에서 찾기 때문이며, 마구 때리는 것이 자신들의 '꺼림칙한 마음'을 경멸하든가 자신들의 '이성애'의 완벽함에 대해서 안심시키기 때문이다.

동성애 금기에 의한 폐해 가운데 킨제이는 '가짜 사나이들'(truqueurs)

---

97) Proust, 『소돔과 고모라』(*Sodome et Gomorrhe*) 1, 1921년판, 267~268쪽에 의한다.

의 횡행을 들고 있다. 이들은 도착자들과 성관계에서 쾌락을 맛본 뒤에 그들을 공갈협박하고 필요하다면 죽인다. 그것은 '품격이 떨어지는 성적인 기행'으로부터 자기자신을 지킨다는 거짓구실 아래 모든 법적인 징벌을 피하기 위해서이다. 킨제이는 또한 사회적인 관습을 위반하는 것은 항상 위험을 동반하기 때문에 두 남성 사이의 모든 성실한 관계에 해독을 끼친다는 것, 그들이 가는 데 사회가 지닌 장해물은 그들 사이에 온갖 종류의 불화를 일으키고 행복한 관계를 가질 기회를 줄이고 덧없는 행복에 몸을 바치게 한다는 것을 지적한다. 킨제이는 여성의 세계에서 남성동성애자가 희생자로서 배척되어 온 것을 강조하고 있다. 여성의 절반 가까이가 동성애를 행한 남성과 관계를 가지는 것을 혐오스러워하며, 따라서 저 금단의 열매를 맛본다는 사실만으로 그 남성으로 하여금 이후 배타적으로 동성애만 하도록 강요한다.98)

해로운 금기를 정당화하기 위해서, 이유를 대야 할 필요에서 사람들은 동성애는 성의 일차적인 기능으로 보이는 번식에 해롭다고 주장한다. 킨제이에 따르면 사람들은 동성애의 일반화는 인간 종의 존재를 위협한다고, 동성애행위를 도덕관습과 여론에 의해서 비난하지 않고 법에 의해서 처벌하지 않으면 가정과 사회조직의 유지를 보증할 수 없다고 한다. 이 주장을 하는 사람들은 현존하는 포유동물 종이 빈번한

98) 킨제이는 또한 동성애자 박해는 그들을 특유한 관습과 은어와 말장난을 가진 폐쇄적인 프리메이슨[18세기 석공길드에서 출발한 단체로, 현재는 박애·인도주의적 사업을 하는 형제애 단체를 표방한다] 속으로 되돌아가게 하고 다른 모든 종류의 인간으로부터 그들을 구별하고 고립시킨다고 지적하기까지 하였다. 그의 동국인인 로버트 던컨(Robert Duncan)의 기사 '사회에서 동성애자'("The homosexual in society", août, 1944 *Politics*) 참조.

동성애 행위에도 불구하고 정확히 존속하고 있다는 사실, 그리고 남성 사이의 성관계는 정말로 흥미롭게도 가족제도가 대단히 강고하며 인구 감소의 위협 보다는 오히려 인구과잉 문제에 직면한 몇 가지 문명에서 당면한 것이었다는 사실에 관해서 무지하다. 그리고 킨제이는 그것으로부터 우리의 특수한 문명에서 동성애에 대한 일반적인 비난은 개인의 보호나 현존 사회조직의 보존과는 아무 관계도 없다고 추론한다.

그러나 동성애의 적대자들의 주장을 반박하면서 킨제이는 가부장제와 동성애 금기 사이에 현존하는 관계를 흐려버리는 오류를 범하고 있다.

생식력이 강한 몇몇 문명이 동성애에 관대했다는 사실은 동성애가 가족에 관한 가부장적 부르주아적 관념과 잘 맞을 수 있다는 것을 증명하지는 않는다. (회교도 사회처럼) 인구과잉에 고민하고 있는 가부장적 문명은 고대 유대 문명처럼 인구감소를 느낀 문명들보다 더 동성애에 대해서 관대했다는 것은 확실하다. 그러나 킨제이는 회교국 형의 생식력이 강한 가부장적 문명이 '남성적'이라고 여겨지는 능동적이고 배타적이지 않은 동성애에 관해서만 관대하며 반대로 '여성적'이라고 여겨지는 수동적이고 배타적인 동성애에 관해서는 다른 문명과 마찬가지로 가혹하다는 것을 놓치고 있다.

결국 현 부르주아 자본주의 사회에서 동성애를 공격하는 비난이 단순한 역사적 우연에, 정신적인 이스라엘 선조의 생생한 유산에, 우리가 가볍게 또는 관성적인 타성에 따라서 받아들인 유산에 기초하고 있다는 생각을 유포시키는 것은 과학적으로 부정확하며 사회적으로 위험하다. 실제로 현 사회는 균열이 발생한 부르주아 기독교 가족제도를 지지하려는 한 동성애를 탄압한다. 특히 미국에서 동성애는 무엇보다도 사회가 혼전 또는 혼외 삽입을 동반하는 진정한 성교의 기회를 빼앗아서 젊은 남성을 방해하는 것과 관련되며, 남성을 성대상으로 삼음으로써 그 억제를 피하는 것과도 관련된다. 바람이 저항할 수 없는 힘으로 불 때, 하나의 출입구를 잠그는 사회는 모든 다른 출입구를 마찬가지로 열심히 잠그지 않을 수 없다.99)

8) 억압과 죄책감의 비극

성 자체가 해로운 것이 아니라 성의 막힘이 해롭다고 킨제이는 주장한다. 그리고 그는 다양한 성행위 형태는 신체적으로 해롭다고 주장하는 모든 미신을 무의미한 것으로 만든다. 이들 행위는 실제로는 해를 끼치지 않으며 해악은 청교도주의가 강제하고 중독시킨 죄책감·수치심·두려움·후회의 감정에서 생겨난다.

성기를 만지는 것에 빠졌을 때, 청춘기 이전의 소년은 결코 동요하지 않는다고 킨제이는 생각한다. 어른이 그에게 접근해서 말하고 농담하고 함께 무언가 하려고 하든 안하든 그 제안이 성적인 저의를 지니지 않을 때조차 소년이 히스테리컬 하게 된다고 한다면, 그것은 미지의 어른과의 모든 접촉을 그 접촉이 드러내는 이른바 '위험'의 성격을

99) 그러나 청교도적인 미국에서 동성애가 지적된 이유에서 이론적으로 추적당하지만 실제로는 허용되며, 기독교 청년회(YMCA) 같은 다양한 청년조직에 의해서 극히 하찰 것 없는 것으로서 진실로 '꺼림찍한' 유일한 죄—미혼여성에의 삽입(따라서 임신의 위험)—에서부터 청년들을 벗어나게 한다는 오히려 해롭지 않은 안전판으로서 보이는 한에서는 암묵적으로 조장되기조차 한다는 것을 인정해야 한다. 그러나 계산은 저자들에게 불리해진다. 즉 그러한 영향을 받은 많은 미국 남성은 생애를 통틀어 여성을 이른바 '불편한 것'으로 두려워하고…… 그래서 남성을 계속 좋아하는 것이다.

설명하지 않은 채 부모와 선생이 끊임없이 경계하도록 했기 때문이다.

마찬가지로 자위의 결과로 생길 수 있는 주요한 불편은 이른바 위험하다는 생각에 소년이 느끼는 불안과 그가 스스로와 대결해야 하는 싸움이다.

또한 혼전 또는 혼외 관계의 금지는 그 관계들을 해로운 것, 고통스러운 것으로 만들며, 당사자들은 쾌적하지 않은 내밀한 물질적 조건에서 발각될지도 모른다는 공포를 지닌 채 급하게 관계를 맺는다.

마지막으로 동성애자의 대다수는 남성을 졸졸 따라다니지 않는다. 그들은 '신경증환자'이지만, 그들의 신경증은 사회가 그들을 공격하는 공포스러운 추방에서 생기기 때문이다.

특히 소심하게 억제된 개인들은 현행 도덕을 파괴할지 모르는 공포에 의해 또는 무언가 성행위의 결과에 대한 두려움에 의해 편집적으로 된다고 킨제이는 말한다. 그들은 모든 미신적인 잡담을 곧이곧대로 받아들이며 작은 부스럼이나 작은 고통을 대담함 탓으로 여기고, 자신들의 작은 키, 교육적 또는 상업적 실패를 '금기'의 우연한 위반 탓으로 여긴다. 그때 그들은 종교적 고백 · 고해 · 고독 · 자기성찰에 매달린다.

그들이 종교 속으로 피신하지 않을 때—그리고 물질적 안락이라는 특권을 가지고 있을 때—자신을 '분석'할 것이다. 르네 기용이 쓰고 있듯이 정신분석은 성을 억압하는 병적인 상태에 처해 있는 사회들에게는 처방전이다. 이 '처방전'이 교회의 처방전보다 약간 덜 부정적이라 하더라도, 청교도주의가 야기한 비극을 해결하는 것과는 멀다. 무엇보다도 우선 양심적인 정신분석가는 지극히 겸허하게 치료한다는 동사를 사용한다. 사회적 금지에 위반하는 성행동을 눈에 띄게 수정할 수 없을 때, 그들은 적어도 환자의 '죄를 제거하려'고 노력한다. 즉 환자 자신의 운명을 받아들이도록 하고 리비도와 성금지 사이의 갈등에서 생긴 신경증의 해로움을 할 수 있는 한 완화하려고 한다. 따라서 그들의 유익한 역할은 아주 한정된다. 그러나 진정한 처방전은 현행 세계의 '현실원칙'에 사람들을 순응시키는 것이 아니라 세계를 변화시키는 것이다.

9) 청교도들에 대한 킨제이의 공격

킨제이는 좀더 용기가 있다는 것을 보인다. 그리고 청교도주의의 3부작[교회, 가족, 학교]에 대항하기로 결심했을 때 그는 솔직하게 말한다. 교회, 가족, 학교는 성금지, 성의 모든 면에서 느끼는 혐오, 성에서 유래하는 공포와 죄책감의 주요한 원천이라고 그는 주장한다. 그리고 킨제이는 교회와 가족에 대한 고발을 더 멀리 밀고 나가지 않고 교육자들에 대한 분개를 끌어낸다. 그는 성 관점에서 가장 불능 범주에 속하는 남성들 또는 욕구불만이나 불감증의 여성들에게 젊은이 양육을 맡기는 것이 바람직한지 자문한다. 이어서 그는 법학자들에게 공격의 화살을 돌려 소유권과 개인을 지킬 수 있는 법이 성비행자들을 우연히 물질적 손실을 입혔다고 하여 처벌하는 데 충분하게 되었다는 것에 주목한다. 그러나 '사회질서'를 지키는 법들과는 달리 성을 억압하는 법이 존재한다는 사실만도 그 법의 의도가 다른 데 있다는 것을 증명한다. 성을 억압하는 형벌이 다른 법에 규정되고 있는 형벌

보다도 종종 훨씬 더 엄하다는 사실 또한 그것을 증명한다. 그런데 성을 억압하는 특수한 법의 특정한 목적은 무엇일까? 전통의 옹호라고 킨제이는 대답한다. 그러나 그의 답은 공허하게 들린다. 그가 두 종류의 법 사이에 만들어 낸 대립은 부자연스럽다. 실제로는 한편의 것도 다른 편의 것과 마찬가지로 현행 질서를 유지하기 위한 것이다. 그리고 폐지되어야 하는 것은 단지 킨제이가 부조리하며 유행에 뒤쳐져 있다고 본 성을 억압하는[반反성적인] 몇몇 법률뿐만 아니라 가부장적 부르주아 사회의 입법기구 전체이다.

10) 성 자유는 진보했는가?

킨제이의 작업은 특히 생물학 쪽으로 향해 있고 행동의 어떤 고정성을 믿는 경향이 있다는 사실에서 사회의 변증법적 진화는 어느 정도 그를 피해가며, 그는 현재 인류가 성해방을 향해 행진하는 속도를 어느 정도 낮게 평가하는 경향이 있다. 한편으로 성을 억압하는 청교도주의의 최근의 중압을 (당연하게도) 강조하면서, 그는 실제로는 완강하게 저항해온 적대자에 대한 자유로운 성의 승리를 분명하게 받아들이지 않는다. 그는 최근 1~2세대 사이에 성행위유형이 크게 변했다는 것을 인식하지 못하고, 적어도 『킨제이보고서』 1권에서 자신이 하고 있는 특정한 분석들조차 역시 깊이 뿌리박힌 행동을 급속히 변화시킬 수 없다고 (칭찬할 만할 정도로 겸손하게) 생각한다. (2권에서 그는 헤이브록 엘리스와 프로이트의 저작이 양차 세계대전 사이에 커다란 영향을 주었다는 것을 인정한다.) 1권에 기술한 바에 따르면, 남성에 관해서는 그는 근본적인 행동을 건드리지 않고 부분적인 작은 세세한 것들과 관련한 가벼운 변화만을 최근 22년 사이에 밝혀낼 수 있었다. 그러나 아주 잘 보면 그가 제출한 숫자는 전혀 다른 언어를 말한다. 그들 숫자는 '초등'교육만을 받은 젊은 사람들 사이에서는 전체적으로 이성애적인 혼전행위가 눈에 띄게 증가한다는 것을 보여준다. 그리고 '고등'교육을 받은 사람들 사이에서 상승률이 덜 눈에 띄어도, 이성애적 혼전행위는 마찬가지로 현저한 것이며 거의 마찬가지의 동성애 후퇴를 동반하고 있다.

그리고 킨제이가 아주 낙관적으로 되고 있는 2권에서도 이들 사실은 확인되고 있다. 이번에는 의심의 여지없이 여성의 성에 관한 것이며, 여성에 의해 이루어진 진보는 남성에 의해서 진보가 이루어진다는 것을 어느 정도 함의한다. 킨제이는 사실 최근 세대들에 관찰을 확대하면서 이미 (79~80쪽에서) 확인한 여성들의 불감증 감소와 더 적극적인 성교참여가 분명히 보인다고 기술한다. 그에 따르면 40년간 그 정도로 불감증이 감소했다는 것은 부분적으로는 최근 20년간 미국에서 드러난 성문제에 관해서 더 자유로이 말하고 더 솔직히 행동하는 것에, 그리고 더욱이 생물학과 성에 관한, 근본적인 심리학에 관한 과학적 임상적인 이해의 증가에 따른 당연한 결과이다. 마찬가지로 최근 세대에서 결혼을 기다리면서 오르가즘을 경험하지 않는 여성의 수가 눈에 띄게 감소한 것도 확인되고 있다. 이들 진보는 최근 세대들에서 이전 세대 보다도 상대를 더 즐겁게 한다는 남성들의 상응하는 진화에도 빚지고 있다. 1권의 편찬과 2권의 편찬 사이에 킨제이의 사상은 변했을까? 어쨌든 가부장제의 천년에 걸친 무거운 수갑을 차고 있던 여성이 만회하기에는 상당히 지체된 풍습의 변화는 남성에게서 보다 여성에게서 훨씬 빠를까? 이 두 가지 해석은 아마 겹쳐져야 할 것이지만, 의심의 여지없이 후자 쪽에 우선순위를 두어야 겠다. 우리 시대는 여성의 역사적 해방의 시대이다.

킨제이도 그것을 인정하고 있다. 미국의 여성 특히 미혼여성의 해방이 진행 중이다. 그 진전은 전쟁에 의해서 가속화되었다고 그는 말한다. 징집은 모든 계층 출신의 수백 만명의 남성들을 함께 생활하게 하고 외국의 풍습과 접촉시켰다. 전쟁이 끝나고 집으로 돌아와서 그들은 전통적인 도덕의 재평가에 착수했다. 킨제이는 변화의 주도권을 쥔 것은 남성이라는 것을 시사하는 것처럼 보이지만, 그 해방의 본질적인 요소는 여성이 경제적 독립을 획득한 것임을 강조하는 것을 잊고 있다. 징집병의 선발과 생산의 급격한 확대에 의해서 여성들 수백만 명이 군수공장이나 사무실로 들어갔다. 그녀들이 경제적인 구도에서 획득한 자유는 성적인 구도에서의 권리를 요구하고 장악하도록 자극하였다.

여성의 이 반역은 전적으로 의식적인 것도 조직적인 것도 소요를 일으키는 것도 아니었다. 그러나 그것은 수백만 명의 부인들의 마음을 움직였고, 미국 여성들 개개인의 마음 깊은 곳에서 행해졌음에도 불구하고 대중운동의 양상을 드러냈다. 그 반역은 게다가 완전함과는 먼 것이다. 가부장적 부르주아 사회는 자신의 태도의 어떤 혁명적인 사정[궤도]도 측정하지 못하고 자신에게 이바지 하도록 한 킨제이와 같은 정직한 학자들에게 욕설을 퍼붓는 한편, 금지를 과장하고 성을 억압하는 테러리즘의 캠페인을 증식시키려고 노력하면서 여성의 반역을 억제하기 때문이다. 합리주의자 르네 기용이 믿는 것과는 반대로 최종적인 승리는 아직 획득되지 않았다. 그러나 그것은 이미 지평선 위에서 빛나고 있다. 여성해방과 성해방은 또 다른 해방, 즉 사회전체의 해방과 연결되어 있다. 그것을 기대하면서 싸움은 계속된다.[100]

6. 킨제이의 한계

나로서는 이제 킨제이 사상의 한계와 결함 몇 가지를 강조해 두어야겠다.

킨제이는 학자로서 위치하고 있지 도덕가는 아니다. 그는 단지 확인하려고 할 뿐이고 판단하려고 하지 않는다. 그는 단지 성에 관한 사실 전반을 수집하는 것에 만족하고 그들 사실에 관한 모든 사회적인 또는 도덕적인 해석을 엄밀히 피했다고 말하고 있다. 그의 연구는 무엇보다도 인간이 하고 있는 것을 기술하지 인간이 해야 하는 것에 대해서 기술하지는 않는다.

그러나 우리가 보듯이 많은 곳에서 킨제이는 이른바 '객관성'을 잃

100) 여성은 가부장제의 희생자로서 지배계급의 희생자로서 이중으로 학대받고 있다는 사실이 바로 혁명기의 여성의 투쟁성을 설명해준다. 미국의 언론인인 잭 벨덴(Jack Belden)은 『중국은 세계를 감싼다』(*La Chine ébranle le monde*, 프랑스어판, 1951년) 속에서 중국여성들이 예전 주인들을 징벌함과 동시에 부부간의 주인[남편]에 대해서 어떻게 특수한 복수를 했는지를 묘사하였다. 마찬가지로 리차드 라이트(Richard Wright, 1908~1960)는 『흑인소년』(*Black Boy*, 1945년)에서 가장 비참한 혼인상의 노예상태에 놓여 있던 황금해안의 여성들이 누구보다도 열심히 민족독립의 대의에 헌신한 것을 지적하고 있다. 리차드 라이트, 김영희 옮김, 『토박이(*Native Son*)』, 창비, 1993. ; 이석장 옮김, 『블랙보이』 금성출판사, 1995.

고 분명한 태도를 취하는 것을 주저하지 않는다. 그는 종종 성 금기의 희생자를 열심히 옹호하고 금기를 영속시키려고 하는 사람들을 무모하게 공격한다.

그러나 그의 청교도주의에 대한 공격은 항상 용기 있고 선견지명이 있고 수미일관하지는 않다. 특히 인간사회의 발생기에까지 거슬러 올라가 볼까 하는 생각을 할 때마다 그의 정보는 불충분하거나 인간기원을 다룬 반동적인 이론에 영향 받고 있다. 그리고 그 잘못된 전제들은 현재 및 미래에 대한 그의 결론을 약화시키고 있다.

아울러 난혼은 자연스러운 것이라고 보면서도, 그는 인간은 처음에 몇 가지 난혼 형태를 취했다는 가설을 언급하지 않는다. 그는 확실히 다수의 원시종교집단이 모든 성활동의 아름다움과 신성성을 찬양했다는 것, 몇몇 문명은 부부관계 이외에서의 상당한 자유를 남성에 대해서와 마찬가지로 여성에 대해서도 용인한다는 것을 인정하지만, 이 세상 어디라도 어떠한 사회에서도 완전한 성자유의 진지한 수용은 없었던 것 같다고 쓰고 있다. 그것은 분명히 그다지 근거가 없는 '왜곡된' 단정이며, 말할 필요도 없이 청교도 독자를 안심시키기 위한 것이다.

성 금기의 기원에 관해서는 (월경 금기도 이민족결혼 금기도 언급하지 않고) 그는 오히려 피하고 있다. 그는 이 문제에 주목하는 것은 유익할 것이라고 제시하지만 그것을 가볍게만 다루고, 르네 기용이 '사회학적 신비'라고 부른 것의 열쇠[핵심]를 진지하게 찾으려고 하지 않는다. 어떤 때는 그들 금기는 '미신'과 '무지'의 소산이었다고 생각하고, 어떤 때는 의도된 결과이며 사회가 인간의 성행동을 통제하려는 관심표명이라고 제시하고 있다. 그러나 그 '관심'이 어떠한 것이었는지를 탐구하지 않는다. 그는 성억제가 사회의 계급 분화 정도에 따라 결정화되었는지, 성을 억압하는 도덕의 출현이 특권적인 소수—경제적 정치적 힘을 장악하고 공동체 전체의 이익에 봉사한다고 하면서 실제로는 그들 자신의 권력을 확립하고 공고화하기 위해서 사회집단의 다른 구성원들에게 자신들의 금지령을 강제한 특권적인 소수—(마법사 또는 승려, 노인, 장로)의 형성과 일치하지 않았는지[101] 자문하지도 않았다.

여성의 남성에의 예속에 관해서는 그는 가부장제의 출현 때문이 아니라 인간이 동물의 후예이기 때문이라고 한다. 그는 포유동물의 행동과 인류의 행동 사이에 상당히 엄밀한 유사성들을 추적하며 인간의 행동은 문화발전의 산물이라기보다 생물학적 요소의 산물이라고 주장한다. 예를 들면 역사의 여명 이래 남성은 스스로는 다른 남성들의 여성을 구함에도 불구하고 아내의 혼외성교에 반대한다면, 아내들은 자신들의 남편의 혼외 성행동을 남편이 반대의 경우에 인정하는 것보다 쉽게 인정한다면, 이중적인 기준을 지닌 이 도덕은 동물세계의 유산일 것이라고 그는 말한다(실제로 그 도덕은 가부장제의 가장 혐오스러운 산물의 하나이다).

그리고 킨제이는 아쉽게도 프로이트[102]처럼 다윈의 제자들[103]이 발전시킨 무모한 가설을 간단히 채택했다. 그들은, 역사의 여명기에 무리(horde)에 속하는 모든 여성에 대해서 성권리를 장악하고 이 여성들에 접근하는 다른 남성들을 배제하려 하고 여성들을 자신의 힘과 신

---

101) 빌헬름 라이히, 『성도덕의 출현』, 131쪽을 참조.
102) 프로이트, 『토템과 터부』, 프랑스어판, 1924년.
103) J. J. Atkinson, 『원시법』(*Primal Law*), 1903.

체적 공격성 덕택에 자신이 획득하고 유지하고 방어하는 소유물로 보는 한 남성에 의해서 지배되고 있는 인간 무리를 상상한다.

킨제이는 질투는 (성적인 동시에 경제적인) 원시공산주의의 붕괴와 함께 그리고 사유재산과 가부장제의 출현과 함께 생겨났을 수 있다고 생각하지 않는다. 인간남성이 여성이 배반할 때 아주 격렬하게 반응한다면, 그것은 인간이 진정한 포유동물이기 때문이라고 그는 말한다.

의심의 여지없이 그는 문화적인 전통 또한 인간남성의 행동에서 역할할 수 있다는 것을 인정하지만, 인간 남성의 질투는 포유동물이 인간에게 물려준 유산의 일부라고 결론지어야 할 정도로 인간에 가까운 동물의 질투와 아주 동일하다고 한다.

『킨제이보고서』를 읽으면 킨제이는 (역시 프로이트처럼) 가부장제는 역사가 시작한 이래 존재해왔고 생물계 질서의 기본적인 필요성에 호응하는 영구한 제도로 보는 것 같다. 그는 문헌목록에 열거함에도 불구하고 로버트 브리폴트의 감탄할 만한 책 『어머니들』을 고의로 무시하고 있다. 이 책은 인간사회는 몇 가지 '모권제' 형식에 의해서 시작했다는 가설에 기초하여 대단히 인상적인 확인을 하고 있다.104)

원시여성이 향유하고 있던 독립과 그녀들이 미친 영향은, 우리가 상상하곤 하는 것처럼 남성들이 전권을 가진 지배자라는 것으로부터 시작했을 경우에는 생각조차 할 수 없을 것이다. 후기 다윈파의 사람들이 주장하듯이, 수컷짐승이 정말 가장 원시적인 인간집단의 최고의 주인이었다고 한다면, 거기서 여성이 상품과 노예의 위치를 차지하고 있

104) Robert Briffault, 『어머니들』(*The Mothers*). 이 기념비적인 저작이 프랑스어로 아직 번역되지 않은 것은 안타깝다. 1권으로 된 요약본이 동일한 이름으로 1931년에 뉴욕에서 간행된다.

었다면, 그후 어떻게 해서 그 상태가 완전히 바뀌었는가를 사람들은 생각하지 않는다. 의심의 여지없이 브리폴트는 남성의 성충동의 일시적 산물인 군집이, 남성만의 집단이 존재했을 수 있지만 이 집단은 영속적인 결사체를 구성할 수 없었다고 인정한다. 동물의 대다수는 성행위 뒤에 암컷과 함께 머물지 않는다. 수컷은 동물가족의 양육과 보존에 전혀 참여하지 않는다. 유일한 항구적인 결사체는 모계가족이다. 동물가족은 모권제이다. 인간가족도 처음에는 모계였으며 모권제였다.

그러나 킨제이는 그 일관된 가설을 간단히 묵살해 버린다. 그리고 그는 말리노프스키[105]와는 반대로 그리고 온갖 증명과는 반대로, 가장 원시적인 인종은 종의 생식에서 아버지 역할을 몰랐다는 것을 부정하기까지 했다.

그에게 여성의 예속은 역사의 시작 이래 아주 최근까지 계속된 형태로 존재하는 것이다. 그는 엥겔스(Engels)가 말하는 모권제에 대한 가부장제의 승리였던[106] '여성의 역사적 대패배'에 관해서 전혀 듣지 못한 것처럼 보인다.

그러나 킨제이는 (바빌로니아, 힛타이트, 앗시리아, 유대의) 낡은 가부장적인 관습에서는 여성의 혼외 성활동은 금지되며 그것은 무엇보다도 우선 여성에 대한 남성의 **소유권**을 침해하기 때문이었다고 기술할 때는 한층 명료해진다. 가축이나 다른 상품이 완전한 상태로 판매되어

---

105) Bronislaw Malinovsky, 『멜라네시아 서북부의 미개인의 성생활』(*La vie sexuelle des sauvages du Nord-Ouest de la Mélanésie*), 프랑스어판, 1930.

106) Engels, 『가족, 사유재산 및 국가의 기원』, 53쪽. 이 점에 관해서 나는 시몬느 드 보봐르(앞의 책)에 완전히 동의하지는 않는다. 그녀는 어떤 때는 엥겔스에 의해서 완성된 루이스 모간의 주장을 명백히 거부하고 어떤 때는 그것을 자신의 것으로 삼는다(그래도 저 근원으로부터 파급된 것을 항상 명시하지는 않고).

야 하듯이 여성은 결혼 순간에 처녀여야 했다고 그는 말한다.

그는 또한 성교에서 남자에 대한 여성의 체위는 항상 오늘날 우리가 알고 있는 모습은 아니었다고 강조할 때 가부장제의 역사적인 역할을 들여다 본다. 가장 고풍스런 (모권제) 문명들에서 여성은 남성의 아래에 있는 것이 아니라 위에 있다. 그러나 오늘날 그 체위는 남성을 여성화시키는 것이며 동시에 여성에게 남성적 권위를 부여하는 것이라고 비난받는다고 그는 쓴다. 이처럼 남성은 위엄을 잃고 따라서 가족을 잘 이끌어 가는데 필요한 권력을 잃는다. 그리고 킨제이는 남성이 '아름다운 역할'을 하는 체위의 채택은 생물학적 현상이라기보다는 오히려 문화적 발전의 산물이라고 결론짓는다.107) 이것은 암암리에 체위에 대한 태도와 가부장제 사이에 존재하는 관계를 인정하는 것 아닌가? 그리고 또한 가부장제는 영원한 범주가 아니라 단지 인간 진화의 한 국면에 지나지 않는다는 것을 인식한 것 아닐까?

가족에 관해서는 킨제이가 가장 반동적인 이론과 편견 쪽에 서 있다는 것을 확인해야 한다는 것은 안타깝다. 사회학자와 인류학자는 일반적으로 가족은 인간사회의 기초라고 생각한다고 그는 말한다. 세계 어디에서나 가정은 사회조직의 기초단위로서 인정되어 왔다. 그리고 킨제이는 사회가 가족을 영속시키는 것 속에서 찾아내는 이익을 신이 나서 열거한다. 그러나 그의 유명한 동국인인 루이스 모간(Lweis H. Morgan)을 시작으로 다른 사회학자와 다른 인류학자가 가부장적인

107) 그러나 원시 여성은 단지 사회적일 뿐만 아니라 인체구조[해부학]적 차원의 이유에서 어떤 체위를 선택한다는 것도 있을 수 있다. 왜냐하면 그 체위는 남성의 보다 깊은 삽입을 가능하게 하기 때문이다. 그리고 현대의 해방된 여성이 그것을 채택하는 데 이르는 것은 분명히 마찬가지로 동일한 두 가지 이유에 의한 것이다.

일부일처제 가족은 가장 원시적인 사회조직형식이라는 신화에 오래 전부터 최후의 일격을 가할 수 있었다는 것을 그는 모르는 것 같다. 그리고 원초적인 기초단위는 가족이 아니라 씨족이었다는 것, 가족은 원시적 사회조직형식이 아니라 반대로 인간진화의 오히려 지체된 산물이라는 것[108]을 그는 전혀 들어보지 못한 것 같다.

그리고 킨제이는 이처럼 가족의 이전 역사(前史)를 흐리는 반면, 마찬가지로 현대 부르주아 가족을 비판하지 않으려고 조심한다. 그는 에리히 프롬과 함께 '가족은 사회의 심리적 대행자'[109]라는 것도 또는 빌헬름 라이히와 함께 가족은 현행질서에 봉사하는 가장 중요한 '이데올로기 공장'이라는 것도 인정하지 않는다. 라이히는 그러한 것이 바로 부르주아지의 정치가, 사회학자, 성과학자 모두가 가족의 옹호자가 되는 본질적인 이유라고 분명히 기술하고 있다.[110] 안타깝지만 킨제이는 이 규칙의 예외가 아니었다.

마찬가지로 결혼에 관해서도 소심하다. 킨제이는 일부일처제가 자연스러운 것은 아니라고 주장하고(51쪽), 오랜 기간에 걸친 결혼생활은 성행동에 관한 모든 흥미를 잃게 한다는 것을 확인한다. 따라서 그는 어떤 연령의 남성들이 성능력이 충분히[손대지 않은 채] 있는 경우에조차 부부관계에 무관심하게 된다는 사실에 별로 놀라지 않는다.

그러나 이 비교적 대담한 지적을 한 후에, 그는 결혼제도에 비판적인 분석을 가하는 것을 삼간다. 그는 그 중요한 열쇠를 파악하기는커

108) Lweis H. Morgan, 『고대사회』(*Ancient Society*), 1877. 이 유명한 고전적인 작품이 아직 한번도 프랑스어로 번역되지 않았다는 것은 믿어지지 않는다.
109) Erich Fromm, 『자유로부터의 도피』(*Escape from Freedom*), New York, 1941.
110) 빌헬름 라이히, 『성의 위기』, 『성도덕의 출현』.

녕 반대로 그것을 공고화하는데 우쭐해 했다. 이미 본 것처럼 그는 미래의 배우자들에게 사랑의 기술을 개선하고 공통의 지옥을 더 살만하게 만들기 위해서 함께 발을 들여놓기 전에 성교하고 자위할 것을 권장한다. 청교도 도덕가들과 완전히 마찬가지로 그의 최고의 이상은 일부일처제 부부의 행복이다. 그리고 그는 자신의 조사에 협력하는 연구자들에게 가정에서 행복하라고 요구한다.[111]

기독교회에 관해서도 마찬가지로 피한다. 킨제이는 분명히 교회에 아주 예리한 공격을 가했지만 최종적으로는 공격하지 않는다. 성행동을 변형시키는 데로 더 멀리 나가기 전에 종교는 우선 전체 사회계급에 관한 사유방식을 바꾸어야 하며 그것은 오랜 시일을 요하는 일이라고 그는 시사한다. 그에 의하면 천년의 금기에 우리를 굴복하도록 한 책임자인 교회 자체에 풍습을 개혁하는 조치를 맡긴다는 것은 정말 특이한 생각일 것이다![112]

---

111) 자신들의 동류의 성에 관해서 연구하려고 하는 학자가 개인적으로 어떤 종류의 성적 평정심을 갖고 있는 것은 아마 좋을 것이다. 정신분석가가 정신치료를 맡기 전에 의무로서 자기분석을 해야 한다는 것은 마찬가지 이유 때문이다. 그러나 킨제이가 말하듯이 그 평정심은 결혼제도 속에서만 도달할 수 있을 뿐이라고 하는 것은 좀 웃긴다. 그리고 다른 한편 아주 잘 조절된 성생활은 그 은혜를 받고 있는 사람들에게 편협한 관점을 강요한다고 반론할 수 있다. 그러한 사람들은 일정한 성 탈출구의 형식이나 선택한 유일한 대상에 만족한 것에 대해서, 아마 성 일반에 대한 경험이 충분하지 않고 성의 무한한 다형성을 아는 것에 그 정도 호기심을 보이지 않고 정말 개인적으로는 자만하지 않고 금기와 싸우는 것에 그리 열심히 하지 않는다. 킨제이가 협력자에게 구한 조건은 청교도주의에 대한 양보가 아니었는지, 청교도주의를 보강하기 위한 교활한 수단, 즉 미국의 대신문이 좋은 남편이며 가족의 좋은 아버지인 킨제이에 관해서, 그 명랑한 가정에 관해서 행하고 있는 광고와 완전히 마찬가지 교활한 수단이 아니었는지 우리는 자문해 보아야 한다.

112) 부록3 '교회와 육욕' 참조.

* * *

이 소론의 틀에서 나는 킨제이 사상의 한계에 대해서 더 상세하게 기술할 수 없다. 그것을 적절한 형태로 하기 위해 나는 그의 이론과는 대립하는 성과 가족의 진화에 관한 가설을 상세하게 기술해야 한다. 나는 현재 준비하고 있는 성사회학 저서에서 더 있다가 그것을 시도하고 싶다.

마지막으로 말해두자면, 앞서 밝혔던 보류에도 불구하고 내가 킨제이의 지적인 성실함과 학자로서 그가 자유로운 조사권을 강하게 요구한 용기에 경의를 표하고 싶다. 자신들의 시대의 지표가 된 책을 쓴 케플러, 코페르니쿠스, 갈릴레오 같은 연구자의 영혼의 가호를 빌면서, 그는 연구하지 않거나 알지 않으려는 것을 더 좋아하거나 그것에 관한 지식을 각 개인이 이용할 수 없게 되는 물질적 세계의 양상들이라고 하는 생각에 따르는 것을 거부하는, 그런 과학적 성실성이 존재한다고 쓰고 있다. 그리고 성기능의 존재를 알지 못하는 것이 좋으며, 그 물질적인 원인을 이해하려고 하지 않는 것이 좋으며, 법과 형벌과 준엄함 전체를 강화하는 도덕과 풍습 사이에 가로지르는 심연을 더욱 넓히는 것이 좋다고 생각하는 사람들을 그는 고발한다. 현실을 관찰하고 서술하는 학자는 신앙의 적이라고 공격받고 자신의 태도는 과학적 유물론이라고 비난받는다고 그는 말하고 있다. 그러나 이들 저항에도 불구하고 킨제이는 성에 관한 보다 정확한 인식은 결국 인간의 성본능과 사회조직의 요청을 양립시키는 데 기여할 것이라고 확신한다. 이 결론은 성을 억압하는 테러리즘과 우리의 현행 가부장적 부르주아 사회조직 사이에 있는 관계를 분명히 하지 않기 때문에 확실히 불충분하지만, 대담한 결론이기도 하다. 그것은 킨제이가 저 방대한 조사를 잘 완수하는데 필요한 물질적 수단을 주저하지 않고 자신에게 제공한 사람들에게 명예를 가져왔다.

부 록

1) 듀니 드 루즈몽의 『사랑과 서양』[113]에 관해서

이 책을 (45쪽) 인용한 나는, 듀니 드 루즈몽(Denis de Rougemont)처럼 자신의 주제로부터 벗어나 있고 독자의 기대를 배반하는 작가는 드물다는 것을 부가해 두고 싶다. 왜냐하면 그는 커다란 주제에 도전했기 때문이다. 자신의 작업의 시작부분에서 그는 주제를 완전히 밝혀 나가려는 희망을 품을 수 있었다. 그러나 이 가톨릭 신자의 명석함은 신비적인 이상주의의 어둠 속으로 급히 빠져버린다. 그는 한편으로는 기독교적이며 결혼에 관한 침범할 수 없는 교의에 기초하고 있으며, 다른 한편으로는 감상적이며 로마네스크적인 우리의 부르주아 교육의 이원성을 훌륭하게 분석하고, 존재의 최고 목표는 '열정적인 사랑'의 고통을 체험하는 것임을 다양한 방식으로 제시한다. 자신이 12세기에 태어났다고 하는 그 현상에 관해 우리의 저자는 적절히 말하고 있다. 그리고 그 불행과 고통의 독특한 취미, 연인들의 결합을 방해하고 불가능한 행복으로 향하는 저 특이한 호감, 예를 들면

113) Denis de Rougemont, 『사랑과 서양』(*L'Amour et l'Occident*).

트리스탄과 이졸데의 전설[114]이 마주하고 있는 테마는 어디로부터 생겨났는가를 칭찬할 만한 호기심을 가지고 자문하면서 그는 한 순간에만 진리에 가볍게 접촉한다. 즉 그는 '열정적인 사랑'은 결혼에 관한 기독교 교리에 대한 '반동[반향]'이었다는 것을 살짝 엿본다. 부부간의 정절은 자연스런 남성에게는 감당하기 어려운 것이며 그러한 남성은 어떤 간통형태를 찬양함으로써 그것을 '보충'했다. 그러나 기독교 도덕이 승리를 접수하기 위해서는 기독교 규칙에 대한 이 위반은 비극적인 성격을 띠어야 한다는 것이다. 그렇지만 듀니 드 루즈몽은 [그보다 앞서 가스통 파리**Gaston Paris**가 자신의 『중세의 시와 전설』(1900)에서 제출한][115] 그 풍부한 설명을 발전시키지 않고, 반대로 그것에 마주치자마자 몸을 피했다. 그는 '열정적인 사랑'을 저지된 성에 의해서 설명하려고 한 스땅달처럼 '조잡한' 유물론자에 대해서 독설과 비난을 퍼부을 뿐이다. 그는 마지막으로 교회를 아주 잘 변호할 수 있는 정상을 벗어난[기상천외한] 신비적인 가설 속에 빠진다. 즉 '정열적인

---

114) Tristan and Isolde. 켈트족의 전설을 바탕으로 한 유명한 중세의 사랑 이야기에 나오는 2명의 주인공. 젊은 청년 트리스탄은 이졸데 공주의 도움을 얻어 그의 아저씨이자 콘월의 왕인 마크를 도울 목적으로 아일랜드로 모험을 떠난다. 아일랜드에 도착한 그는 그 나라를 괴롭히고 있던 거대한 용을 퇴치함으로써 임무를 성공리에 완수한다. 집으로 돌아오던 중에 트리스탄과 이졸데는 불운하게도 이졸데의 어머니가 자기 딸과 마크 왕을 위해 준비해놓은 사랑의 묘약을 마시고 만다. 그렇게 해서 그들은 어쩔 수 없이 불후의 사랑에 빠지게 되고 그 사랑은 모든 위험에도 굴하지 않고 고난을 이겨내지만 왕에 대한 그들의 충성심만은 변치 않는다는 것이다. 독일의 시인 고트프리트 폰 슈트라스부르크의 시로도 만들어 졌고, 그 시에서 영감을 받아 만들어진 리하르트 바그너의 오페라 <트리스탄과 이졸데>(*Tristan und Isolde*, 1865 초연)로 잘 알려져 있다.—옮긴이 주

115) Gaston Paris, 『중세의 시와 전설』(*Poéme et Légendes du Moyen Age*), 1900, p. 177~178.

사랑'은 자연에 반하는 기독교 도덕의 부산물이 아니라 12세기에 '카타리'파 또는 '알비'파116)의 형식으로 소생했던 마니교, '이단'의 부산물이라는 것이다! 이 실망시키는 책을 읽고 나서 우리는 그것을 열 때보다도 퇴보하고 있다.

2) 프랑스에서 동성애자 박해

'인권' 존중의 관념에 여전히 스며들어 있던 1810년의 프랑스 형법의 편찬자들은 동성애 처벌을 금지시켰다. 우리나라를 명예롭게 하고 외국의 자유주의자들에게 우리를 시기하게 한 그 관용의 전통이 크게 짓밟힌 것은 페탕 아래에서 그리고 드골 아래에서 세속적인 일에 대한 성직자의 간섭의 공격적인 부활 때문이었다. 1942년 8월 6일 '프랑스 원수, 프랑스 국가 주석'은 "자신의 정념을 만족시키기 위해서 21살 이하의 동성의 미성년자와 한번 또는 여러 번 추잡한 또는 자연에 반하는 행위를 한…… 어떤 사람이라도…… 6개월부터 3년의 금고 및 2백 프랑에서 6만 프랑의 벌금에 처한다"고 포고했다. 그리고 해방 후 1945년 2월 8일 공화국 임시정권은 이 조항을, "21살 이하

116) 카타리(Cathari, '순결한'이란 뜻)파. 12, 13세기 서유럽에서 번성한 그리스도교 이단 종파. 카타리파는 신(新)마니교의 이원론(세상에는 선과 악이라는 2가지 원칙이 있으며, 물질세계는 악하다는 이론)을 믿었다. 카타리파의 교리들은 정통 그리스도교와 그리스도교계의 정치제도들을 뿌리째 흔들어 놓았기 때문에 교회와 국가 당국은 연합하여 그들을 공격했다. 알비(Albigenses)파는 카타리파 이단 종파로 그 이름은 알비라는 지명에서 유래하였다. 이들은 로마 가톨릭 교회와 대립하여 반(反)성직자파를 결성하고 당시 성직자들의 부패를 끊임없이 비판했다. 프랑스 남부에서 '선량한 사람들'(bons hommes 또는 bons chrétiens)로 알려진 알비파 신학자들과 금욕주의자들은 언제나 소수파였다.—옮긴이 주

의 동성 미성년의 개인과 추잡한 또는 자연에 반하는 행위를 한 어떤 사람이라도 6개월부터 3년의 금고 및 1000프랑에서 25만 프랑의 벌금에 처한다"고 간단한 수정을 거쳐서 인가했다. 이렇게 1810년 이래 동성의 개인과의 성교가 우리 형법에 기재되고 '자연에 반하는' 행위로서 규정되고 이상과 같이117) 유죄선고 되었다. 동시에 미성년자 사이에서 행해지는 몇 가지 성 비행에 대한 억압도 눈에 띄게 강화되었다. 1945년 6월 28일의 법률은 해당 소녀의 동의에 의해서 행해지는 미성년 소녀의 '유괴'가 벌 받게 되는 대상 연령을 16살 이하에서 18살 이하로 올리고 남성 미성년자에 대한 '범행'의 범위를 확대하고 두 사람의 당사자에 대한 벌로서 5년의 징역에 처할 수 있게 하였다. 1945년 7월 2일 정부 칙령은 남성 내지 여성 미성년자에 대한 폭력을 동반하지 않고 범해지는 강간죄를 금고의 중노동에 의해서 처벌할 수 있는 대상연령을 13살 이하에서 15살로 올렸다.

군인에 관해서 말하자면 그들은 시민 이상의 신념을 가지고 미성년자를 상대로 하든 아니든 '자연에 반하는' 행위를 추구한다. 해군에서는 동성애는 완곡히 '도덕(어느 하나 정의되지 않은 '도덕')에 반하는 잘못된 행동'이라고 불리고 있다. 그리고 문제의 잘못된 행동이 (어떠한

---

117) 제 331조 3항. 동성애에 대한 처벌은 부분적인 것일 뿐이라고 반박할 수 있을 것이다. 미성년자가 21살 이하의 경우에만 '경범죄'이기 때문이다. 그러나 우리는 킨제이에 의해서(49쪽을 보라) 남성의 성능력은 그 나이보다 훨씬 전에 정점에 이른다는 것을 알고 있다. 그리고 다른 한편으로 500개의 사례연구에 기초한 통계에 의해서 동성애자의 70%는 어른이 아닌 남성을 더 좋아한다고 몰(Moll)은 추정하고 있다.(Krafft-Ebing et Moll, 『성심리학』(*Psychopathia sexualis*, 프랑스어판, 730쪽). 따라서 그 연령제한은 얼핏 보이는 것보다 훨씬 금지하는 것이다. 사실 연령제한은 동성애관계의 대부분을 '경범죄'로 바꾸며, 항상 처벌을 가져오는 것은 아니어도 정해진 연령제한에 달하지 않은 상대들을 협박한다.

기준에 의해서인가는 분명치 않지만) '중대한' 또는 '아주 중대한' 것으로 판정되면서, 그것은 최대한 30일~60일 금고로 처벌된다(1937년 11월 26년 법령 제33조 및 41조 ; 1938년 1월 13일의 포고령 벌칙 제263~264항). 육군에서는 더욱 위선적으로 취급되고 있다. 잘못된 행동의 분류 속에는 '도덕에 반하는 잘못된 행동'은 문제조차 되지 않는다. 그러나 '법에 대한 존경을 결여한 것' 혹은 '직업적인 존엄을 몰각한 것'이라는 융통성이 많은 항목에 근거하여 동성애를 징계하기 위해 최대한 60일의 영창처분에 처한다(1933년 4월 1일의 법령, 일반규칙 제 38조 및 46조). 육군에서도 해군에서처럼 동성애 재범자는 '그 소행 불량에 의해서' 그들이 '규율을 어지럽히고 사기를 위협한 것으로 된다'고 하는 구실 아래 장기간에 걸쳐서 공포스러운 '특별소대'로 보낼 수 있다(1937년 11월 26일의 법령 제68조 ; 1933년 4월 1일의 법령 제49조). 장교인 경우 진짜 협박이 가해진다. 저항조차 하지 않으면 대체로 무죄선고로 끝내는 법적인 추적과 '스캔들'을 피하는 명목으로 그들은 사직을 강요당한다. 군에 있는 능력 있는 한 사람이 나에게 고백한 바에 의하면, 동성애를 군이 엄하게 처벌하는 기본적인 이유는 (대체로 밤에 이루어지는) 그 성행위의 실행이 업무의 진행을 방해하기 때문도 또한 규율을 혼란케 하기 때문도 아니다. '자연에 반하는' 행위가 처벌받는 이유는, 단지 사회가 그것을 공격하고 있다고 하는 금기와 엄격한 계율을 인정하지 않는다는 이유로 (상류계층에서 또는 '여론'으로부터) 비난받는다는 생각에 직면하여 사람들이 경험하는 공포 때문이다. 그런데 그 결과를 얻기 위해서 단지 한 가지 방법, 즉 수병 또는 병사가 동성애의 현행범으로 잡히는 공포 속에서 살아갈 정도로 엄격한 처벌을 가하는 것만을 생각할 뿐이다.

다시 '시민'으로 돌아가면, 프랑스에서는 극우로부터 극좌에 이르기까지 정치가들은 적대자를 '손상시키기'를 바라는 경우, 적대자의 성생활의 정통성을 꼭 의심한다는 것을 부가해 두자. 외교관 출신의 어떤 소설가가 행한 풍자에 대해서 각료의 한 사람이 자신의 관할 부서를 옹호하려고 할 때, 직업적인 비밀에 관해서는 어느 하나 문제로 삼지 않고 그가 곳곳에[만인에게] 알리려고 한 것은 해당 작가의 '품행'이었다. 아주 최근에, 어떤 아나키스트 신문의 통신원은 고급관료에 대해서 그 수법을 사용했다.

더욱이 프랑스 경찰은 동성애자에 대한 간접적인 박해에 해당하는 것을 자신의 복무라고 생각하지 않을 때, 사기꾼들과 협박꾼들에게 관용적이다.

혁명투사들은 동성애에 관해서 부르주아 보다 더 관대한 것은 아니다. 그러나 그들에게는 변명의 여지가 있는 것도 사실이다. 그들은 친구들 가운데 동성애자, 밀정이나 경찰의 압력을 받아 상처입기 쉽다고 보이는 따라서 그들 투사의 입장으로는 인간의 개성존중 이상의 가치가 있는 운동에서 '위험한' 동성애자를 경계한다. 그러나 그들은 자신들의 너그럽지 못함조차 그들의 경계심을 만들어낸 사태를 유지하는데 기여한다는 것을 이해하지 못한다. 그들도 또한 동성애자들을 돌로 치면서 범죄화함으로써 도착자들이 밀정이나 경찰의 간교한 먹이로 되는 그 금기의 강화를 돕는다. 이 악순환은 진보적인 노동자들이 동성애에 관해서 과학적이기도 하고 인간적이기도 한 태도를 취하게 되는 날에야 파괴될 것이다.

마지막으로 한마디 하겠다. 동성애는 아마 프랑스에서는 다른 나라에서 만큼 오명을 받지는 않는다. 물론 그것은 한층 우스운 것으로 변하고 있다.(그것은 우리나라에서 죽음에 값하는 평판을 얻고 있는 유일한 것이다.) 그리고 바로 그 때문에 우리나라 청년들은 동성애에 빠진다는 의심에서 벗어나려고 하며, 스스로 자신들의 '남자다움'에 어울리는 자존심의 만족을 위험에 노출시키는 것을 두려워한다. 동성애의 스노비즘[유행추종]은 사람들이 생각하는 것과는 반대로 사소한 예술 서클 속에서만 퍼진다. 쌍 제르망 드 프레[118]에서조차 그 사랑 형식은 자신의 이름을 감히 말하지 않는다.

3) 교회와 육욕[살]

에스나르 박사 같은 대담한 저자가 『죄 없는 도덕』(1954년)[119]을 "죄의 도덕으로부터 종교적 신봉자들을 안심시키는" 제안들을 결론으로 말하는 것을 보는 것은 실로 놀랄 만한 일이며 안타깝다. 그 도덕에 혹독하고 신랄한 공격을 가한 뒤에, 저자는 그것을 고발할 의향이 조금도 없다는 것을 확인한다. 그는 육욕의 일면에 지나지 않는 '육욕의 사악한 함정'에 더 이상 빠지지 않기 위해서 기독교를 믿는 것 같다.

오늘날 교회는 자신이 말하듯이 그렇게 오랫동안 부정하고 억압해온 성을 차지하거나 '신성시 하는' 체한다는 것은 사실이다.(동시에 교

118) Saint-Germain-des-Prés. 파리시 세느강 좌안의 번화가의 하나. 전전의 몽빠르나스를 대신해서 제2차세계대전 이후 실존주의 철학자·문학가들이 모여 토론을 가졌던 곳으로 유명하다.—옮긴이 주

119) Hesnarde, 『죄 없는 도덕』(*Morale sans péché*), 1954.

회는 아주 오랫동안 비난하고 싸워온 뒤에 사회주의를 합병하려고 하였다.)미국 개신교의 한 관료는 『킨제이보고서』에 사로잡혀서 '성은 신의 은혜다'라고 쓰고 있다.[120] 마찬가지로 프랑스의 어떤 가톨릭 작가는, 시몬느 드 보봐르는 종교가 육욕을 저주한다고 단언하면서 '대단한 잘못'을 발설했다고 주장한다. 지극히 기독교적인 분위기가 성을 주제로 다시 '진짜 공황'을 겪는다고 한다면, 그에 따르면 이 '이상한 왜곡'은 얀센파[121]의 영향 탓이라고 한다.[122] '이단'은 결정적으로 비난을 한 몸에 받고 있다! 그러나 저자는 결국 교리에 의해서 인정되는 이외의 다른 성행동은 '악'이 나타난 것이라고 결론짓는다.

여기서 나의 개인적인 증언을 부가하는 것을 독자에게 허용해 달라고 하고 싶다. 나의 군대 동료 가운데 한 사람이며 로마에서 가장 젊고 사람의 의견에 가장 귀를 기울이는 사제 한 사람을 만날 기회가 있어서, 나는 교회가 대중으로부터 고립되지 않기 위해서 성문제에 관해서 지금 채택하고 있는 좀 더 자유로운 태도를 언젠가 사회문제에 대해서도 가지지 않을까에 대해 그에게 들어보기로 했다. 내가 질문한 상대의 답은 완고한 것이었다. "결코, 결코 아니다! 우리는 여기 교리의 영토 위에 있으며 천년 안에 우리는 조금도 움직이지 않을 것이다!"

---

120) Frederick C, Kuether. B. D, 『킨제이보고서를 둘러싸고』, 앞의 책, p. 42.
121) 네델란드의 신학자 포르넬리우스 얀센의 설에 기초해서 17세기 프랑스에서 생겨난 가톨릭교 안의 소수파. 아우구스티누스의 설을 받들어 은총, 자유 의지, 예정 구원설에 대한 엄격한 견해를 발표하여 17~18세기에 프랑스 교회에 큰 논쟁을 일으켰다. 프랑스의 포르루아얄파(Port Royal派) 등의 신봉을 얻었으나 1713년 로마 교황에 의하여 이단 선고를 받고 소멸하였다.—옮긴이 주
122) Marc Oraison, 『기독교적 삶과 성 문제』(*Vie chrétienne et problèmes de la sexualité*), 1952, p. 48, 50.

킨제이 사후

미국의 저명한 성과학자 알프레드 C. 킨제이(Alfred C. Kinsey)는 1957년 8월 26일 심장발작으로 갑자기 죽었다. 향년 62세였다. 그는 피로를 모르게 일했고 인력으로 벅찬 일을 기획했다. 일하는 중에 죽었고 그 일의 과도함 자체가 그를 죽였다. "그가 기획한 일은 엄청나다. 그리고 그는 자신이 그것을 완수하기까지 살아 있는 기회를 가질 것임을 알았다"고 1948년 어떤 미국주간지는 썼다. 킨제이는 자신의 힘을 과신해 왔다. 그에게는 미완의 일이 남겨졌다. 그가 공표한 것은 그가 완수하려고 한 것의 극히 일부에 지나지 않는다. 남성과 여성의 성행동에 대한 저 유명한 보고서에 이어지는 성에 대한 자신의 광대한 조사연구의 많은 권수가 그 자신의 손에 의해서 만들어지지 않았다. 그러나 그 자료는 적어도 부분적으로는 수집되어 있다. 그리고 인디애나대학의 그의 젊은 협력자들인 포메로이(Wardell B. Pomeroy), 마틴(Clyde E. Martin), 겝하드(Paul H. Gebhard)는 그 일을 계속하려고 한다. 사람은 죽어가지만 진실의 탐구는 계속된다. 킨제이는 자신의 죽음을 자각했지만 응당 평온하게 죽어갔다. 그는 개인적으로 이룰 수 있었던 꽤 커다란 목표를 달성하지 못했지만, 자신의 해방의 메세지가 자신이 죽은 뒤에도 여전히 살아남을 것이라는 조용한 확신을 지니고 눈을 감았을 것이라고 나는 생각한다.

아마 그도 알지 못하는 사이에, 물론 그에게 지원을 한 록펠러 재단의 사람들도 알지 못하는 사이에, 이 메세지는 어느 정도 혁명적인 중요성을 띠고 있었다. 킨제이는 프로이트 이후에 천년의 금기로 각인된 애매하고 위선적인 암울함 속에 감금되어 비교적 최근까지 '수치스러운' 것으로 여겨진 인간에 관한 지식의 본질적인 측면들 가운데 하나에 과학적으로 과감하게 접근하였다. 바보취급과 청교도들의 모욕(또는 침묵의 공모)에도 불구하고 그는 인간이라는 존재가 사랑하는 방식을, 곤충학자로서 그가 자신의 경력의 초기에 말벌의 관찰에 적용한 것과 같이 진실하고 성실하게 연구를 기획했다.

그리고 새로운 조사방법을 만들고 성행동을 양적으로 측정하려고 시도했다. 그 이전에는 양적인 자료에 적지 않게 결함이 있었다. 정신분석학은 (다소 그때그때의 행운에 따라) 성의 어두움을 대담하게 탐구했다. 그러나 그것은 특히 첫 번째로는 지그문트 프로이트의 자기분석에 의해서, 이어서 아주 적은 수의 특수한 사례, 즉 임상적 사례의 연구에 기초해 있는 가정과 직관에 의해서 이루어졌고, 어느 정도 취약했으며 취약하다. 킨제이는 그 불충분함을 보충하려 하였고 그 '신화'를 일소하려고 했다. 그는 가능한 한 정확한 측정의 도움으로 (그리고 이 분야에서 측정하는 것은 얼마나 어려운가!) 인간 일반이 성적으로 어떻게 행동하는가를 확증하려고 했다. 성행동의 영과 무한 사이에서 그는 평균치를 계산하려고 했다. 우리는 그의 방법에 대해 토론할 수 있으며 그에게 수정을 제안할 수 있지만, 그럼에도 불구하고 그가 제시하는 숫자는 소중한 지표이며 그 이전에 성학에 통계자료가 거의 전적으로 없었다는 것과 관련하여 현저한 진전을 이루었다는 것은 여전히 남아 있다.

그들 숫자는 우리에게 무엇을 밝혀줄까? 대체로 파악하자면, 킨제이는 성이 놀라운 자연스러운 힘이라는 것을 그것을 알지 못하는 사람들 혹은 끝까지 그것을 인식하려고 하지 않는 사람들에게 밝혀주고, 자기 자신의 내밀한 경험 혹은 그와 유사한 것들에 관한 관찰에 의해 과학적 증명이 없으면 의심하는 사람들에게 그것[성의 놀라운 자연스러운 힘]을 입증해서 보여주었다. 법률과 금지령의 병기창으로 성의 놀라운 자연스런 힘을 억제하려고 해봐도 소용없다. 인간의 실제행동과 사회가 인간에게 부과하고 있는 행동을 가르는 심연이 있다. 그리고 사회가 그 기초적인 힘을 억제하는 데 성공하는 한 또는 사회가 '죄'와 육욕적 오점이라는 강박관념으로 인해 적어도 그 힘을 독살할 수 없을 때, (프랑스의 위대한 성과학자 르네 기용이 말하듯이) '성을 억압하는 테러리즘'이 맹위를 떨치고 고통을 가져온다. 이것에 대해서 누구도 정확히 그리고 평온하고 대담하게 그 무시무시한 폭[영향정도]을 아직 벗겨내지 못하였다.

킨제이는 도덕가의 일을 하지 않고 과학적인 객관성의 구도에 머무르려고 하였음에도 불구하고 사실상 살[육체적 접촉]의 일을 복권시켰다. 이 대학교수, 이 모범적인 가족의 아버지는 성 기능의 수행은 건강의 한 요소라는 것을 강조한다. 그에 의하면 성기능은 생식기관들뿐만 아니라 신체의 모든 부분을 움직이기 때문이다. 거기에서 생기는 신경상의 안도감은 우둔한 격언이 주장하듯이 '비참한 동물'로 만들기는 커녕, 평온·진정·평화·삶만족을 가져온다. 그리고 동시에 청교도에 대한 새로운 일격을 가하는 교수는, 인간은 성상대를 바꾸는 것을 필요로 하며 만약 그것이 사회적 억제에 의해서 보류되지 않으면 인간은 훨씬 더 '취사선택'할 것이라고 난언한다.

킨제이는 유대기독교의 전통이 우리에게 물려준 편견에 대한 공격을 계속하고 성행동을 '정상적인' 행동과 '이상한' 행동으로 나누는 자의적인 분류에 대해 완강하게 거부한다. 자위도 동성애도 자연스러운 것이라고 그는 솔직하게 말한다. 그는 성행위의 몇 가지 형태가 '도착'을 의미한다는 것을 인정하지 않는다. 그에 의하면 그러한 해석은 신학과 신비의 영역에서 보이는 것이다. 인간은—다른 포유동물과 완전히 마찬가지로—어떤 자극물에도 관능적으로 반응할 수 있다.

킨제이의 모든 통계 속에서 아마 가장 인상적인 것(순진한 사람 또는 맹인들에게는 가장 놀랄만한 것, 청교도에게는 가장 충격적인 것)은 남성동성애가 얼마나 널리 퍼져있는가를 드러내는 통계일 것이다. 의심의 여지없이 그 관찰은 그 행위가 특히 광범한 미국만을 대상으로 한 것이지만, 대체로 보편적인 지표의 가치를 지닌다. 그리고 그렇게 높은 비율을 단지 제시하는 것은, 양이 도덕적 가치의 모양을 띠는 미국, 각자가 충분히 광범하게 있다고 한다면 그것으로 각 개인이 어떤 태도나 어떤 여론을 받아들이기 쉬운 미국 같은 나라에서는 그 종류의 성행위에 호의적인 입장을 취하는 것처럼 나타날 수 있다. 만약 킨제이가 숫자를 말하는 것에 만족한다면(어쩔 것인가)! 그러나 그는 숫자에 주석을 달아 그 사례를 풍부화했다. 그는 예를 들면 동성애는 사회가 각인한 금기가 아니라면 아주 널리 퍼질, 근본적으로 자연스러운 현상이라고 두려워하지 않고 주장하였다. 그는 모든 신중함을 버리고, 만약 금지령이 일소된다면 동성애는 이성애를 능가할 수 있다……고 과감히 쓰고 있다.

따라서 킨제이에게는 반-동성애 금기는 자연에의 도전임과 동시에 수백만 명의 인간을 희생자로 삼는 비극이다. 그리고 그는 용감하게도 그러한 성행위 형식을 처벌하는 법률의 폐지를 요구한다. 동성애가 인간이라는 종의 존재와 사회질서를 위험에 빠뜨린다는 것은 진실이 아니라고 그는 단언한다. 현존하는 포유동물의 종들은 그 강렬한 동성애 활동성에도 불구하고 살아남았다. 많은 인간사회가 그 성행동을 억압하는 것을 삼가고 있으며 그렇다고 더 나빠지지는 않는다. 우리 경우의 동성애 단죄는 적어도 개인의 보호나 사회질서의 유지와 전혀 관련이 없다고 그는 평가한다.(이 점에 관해서 나는 부분적으로만 킨제이에 동의한다. 즉 나는 더 크게 드러난 이유들에서 가부장적 · 청교도적 · 부르주아적 사회는 동성애를 몰아댈 필요가 있다고 생각한다).

킨제이는 여성의 성에 관한 기술에서도 역시 대담했다. 그는 무엇보다도 자신의 쾌락을 구하기 위한 노력만 하는 이기적인 배우자와 자위 만큼이나 혼전성교를 비난하는 금지령에 희생된 불감증여성의 비극을 폭로한다. 성절제 그리고 보다 일반적으로는 어린 소녀들에게 부여된 도덕교육은 일단 결혼해도 오르가즘 능력을 위태롭게 할 정도로 그녀들을 억제하고 있다(또는 적어도 그리 오래되지 않은 시기까지 억제하고 있었다)는 것이다. 마찬가지로 대담하게 『킨제이보고서』의 저자는 청춘기 사람들의 보호를 주장한다. 그들의 성활동성은 13살과 19살 사이에 정점에 달하며 그들이 성을 가장 필요로 하는 연령에서 그들에 대해서 사회는 가차없이 성의 문을 잠근다(혹은 잠갔다)고 주장하고 있다.

성적인 피억압자가 해방됨에 따라 심각해지고 있는 저 '성을 억압하는 테러리즘'에 대해 누가 책임있는가? 킨제이는 청교도주의를 정면으로 공격하고 그 3부작인 교회-가족-학교가 개인을 번민하게 하는 심리적인 혼란과 고통의 주요한 원천이라는 것을 단언하는 데 주저하지 않는다. 그 3부작은 예상했던 대로 신랄하게 반격하여 그 미국 성학자[킨제이]에게 욕설을 퍼부었다. 다시 아주 최근에 그 3부작은 세관이 킨제이의 문서수집품을 '외설스러운 것'이라고 하여 압수하도록 했다. 당황하지 않고 그 교수는 학자에게 자유로운 연구의 권리를 정중하게 요구했다. 그리고 반격을 가하면서 그는 성기능의 존재를 계속 부인하는 사람들을 공격했고, 성을 억압하는 형벌을 더 무겁게 함으로써 도덕과 풍습 사이에 파인 구멍을 다시 좀더 넓히려는 사람들을 공격했다.

이 파헤쳐진 묘 앞에서 나는 특히 알프레드 킨제이가 한 작업의 적극적인 기여를 강조하고, 성적인 피억압자의 무수한 집단뿐만 아니라 인류 전체가 그의 해방의 메시지에 빚지고 있다는 것을 보이려고 노력했다. 그러나 그 작업은 물론 약점도 한계도 지니고 있다. 그의 조사의 기술적인 방법에 이의를 품을 수 있다. 더욱이 너무 편협한 행동주의로 인해서 성을 그 정신적인 맥락으로부터 어느 정도 분리시킨 것을 정당하게 비난할 수도 있다. 그는 프로이트주의자에 대해서는 때때로 올바르지만 부당하기도 하고 은혜를 모르기도 하여 그들의 무차별적인 공격을 받았다.

나로서는 『킨제이보고서』에서 찾을 수 있는 주요한 반대[이의]는 느끼는 존재로서 뿐만 아니라 무엇보다도 사회적 존재로서 인간에 관한 그의 과소평가이다. 사실 성에 관한 연구와 사회에 관한 연구를 분리할 수 없다고 나는 생각한다. 나의 이전 연구(『킨제이와 성』)에서 나는 킨제이가 사회가 성에 미치는 작용에 관해서 충분히 고찰하지 않는다는 것, 그리고 아주 종종(그러나 항상은 아니지만) 이 생물학자가 사회학자를 겸하는 것은 부족하다는 것을 보이려고 시도했다. 그의 결론은 그러한 부족함의 영향을 받고 있다. 청교도주의와 교회를 공격한 용기에도 불구하고, 성억압의 진정한 이유는 그의 눈에 띄지 않은 것처럼 보인다. 많은 동국인들과 마찬가지로 그는 관념론자로서 생각하며 유물론자로서 생각하지 않는다. 그가 믿는 바에 의하면 그가 고발한 악을 치유하기에는 개혁의지와 자유주의가 약간 부족하다. 그는 가부장적 · 부르주아적 · 자본주의적 사회와 성억압 사이에 존재하는 연계를 지각하지 못하거나 짐작할 뿐이거나 감히 폭로하려 하지 않았다. 따라서 그는 성혁명은 사회혁명과 분리할 수 없다는 것을 이해하지조차 못했다.

그러나 그 몇 가지 보류에도 불구하고 죽은 사람에게 돌을 던지지는 말자. 반대로 청교도적이고 자본주의적인 미국사회가 그러한 일을 만들고 그럼으로써 스스로를 부정했다는 것에 감탄하자. 그리고 킨제이와 작별하는 순간에 많은 성적 피억압자에게 사는 것에의 흥미를 회복시키고 마찬가지로 인간해방에 현저한 공헌을 해 온 그에게 감사의 뜻을 표하자.

*　　*　　*

한 독자가 킨제이에 대한 이 추모글의 발행 이후에 <프랑스-관찰사> 시에 글을 썼다.[1] 그는 동성애자를 암살자와 동일시하는 데 주저하지 않았다. 그는 이렇게 썼다. "동성애자가 실존한다는 것이 그들이 몽상에서 벗어난 자연스러운 사람들이라는 증거인지 생각해 보라. 세상에 살인자들이 존재한다는 것이 시민에게 세상에서 살인하는 권리를 절대 부여하지 않는다." 그리고 이 독자는 "우리 사회가" 동성애자들을 향해서 "나타내는 무이해에 반대"하려고 전력을 다하면서 "동성애자들에게…… 가장 큰 법률적 능력을 요구하는 것을" 거부함으로써 스스로 모순에 빠진다.

나는 이 독자에게 그 문제를 분명하게 제기한 것에 감사를 표한다. 동성애는 예를 들어 범죄나 도둑질과 같이 사회에 해를 끼치는가? 이 점에 관해서 킨제이는 절대적이다[분명하다]. 그는 동성애가 사회적 위험을 나타낸다는 것에 항의하며 거기서 동성애는 법에 의해서 처벌되어서는 안 된다고 끌어낸다.

1) *France-Observateur*, 30 août et 13 septembre 1957.

문학가와 성

셰익스피어 『소네트』의 진정한 주제

안타깝게도 우리 시대는 시에 등을 돌리고 있다. 오늘날에는 셰익스피어의 『소네트』(14행시집)는 거의 읽지 않는다. 극작품은 『소네트』를 상당히 멀리하고 있다. 사람들은 『햄릿』의 작가에 박수를 보내기 위해서 극장에 가지만 동일한 작가의 시편을 되돌아 보지 않는다. 프랑스에서는 이 무관심, 이 무지가 지적되고 있지 않다는 것은 확실히 정상 참작할 만한 사정이 있다.

『소네트』를 번역하는 것은 어려우며 그다지 번역할 기회도 없다. 몇 가지 프랑스어 번역은 도저히 읽어내기가 어렵다. 특히 양국어를 게재한 벨 레트르(Belles Lettres, 1916년)판, 운문(韻文)식으로 한 샤를르 마리 가르니에(Charles-Marie Garnier)의 부끄러운 번역이 그러하다. 나의 친구인 지로 뒤클(Giraud d'Uccle, 1942년)과 프뤼도모(Prudhommeaux, 1945년)의 최근의 번역은 안타깝지만 그다지 좋지 않다. 왜냐하면 이것들도 또한 운문화하려고 하여 원문으로부터 멀어져 원문을 평범한 것으로 만들어버리고 만다. 산문에 의한 프랑수아 빅토르 위고(François-Victor Hugo)의 번역은 상당히 충실하다고 할 수 있고 19세기 중반에 어울리는 고상한 말을 사용하기조차 한다. 최근의 피에르 장 주브(Pierre-Jean Jouve)의 번역도 그다지 좋다고 할 수는 없으며, 결국 안타깝지만 어떠한 번역도 셰익스피어의 『소네트』 속에 넘쳐나는, 저속한 수다가 아니라 비교할 수 없는 정치한 익살을 활기 띠게 할 수는 없다. 영국에서도 『소네트』는 어떤 부정의의 희생물이다. 그것에 관해서 쓴 책들 가운데 오스카 와일드의 친구로서 크게 고명한 알프레드 더글러스(Alfred Douglas) 경은 어떤 작품인가를 명확히 하지 않은 채 교양 있는 영국인 앞에서 그것의 많은 부분을 음송할 수 없다고 지적한다.[1]

왜 그렇게 불평할까? 그 이유는 많다.

우선 『소네트』는 혼란스러운 것으로 보인다. 해명할 실마리를 찾아내는 것이 쉽지 않다. 사람들은 어떠한 순서로 그것을 읽으면 좋을까를 잘 알지 못한다. 『소네트』의 최초의 출판인, 1609년의 출판인은 불화의 씨를 뿌리고 호기심을 당황케 하는 사악한 기쁨을 느꼈던 것 같다. 그는 그것에서 논리적 통일성을 파괴하고 그것을 종종 이해할 수 없는 것으로 하려고 고의로 혼란스럽게 한 채로 발간했던 것 같다.[2] 우리의 프랑수아 빅토르 위고(1857년)로부터 독일인 보덴스테트[3](Bodenstedt, 1862년), 영국인 사무엘 버틀러[4](Samuel Butler,

---

1) Alfred Douglas, 『셰익스피어의 소네트집의 진정한 역사』(*The True History of Shakespeare's sonnets*), Londres, 1933.

2) 위고가 자신의 『소네트』 번역본에 쓴 입문.

3) Friedrich Martin von Bodenstedt(1819~1892). 독일 작가 · 번역가 · 비평가. 1866~1872년에 여러 사람들과 공동으로 셰익스피어의 작품들을 번역했으며, 1962년에는 자신이 직접 『소네트』를 번역하여 출판하였다.—옮긴이 주

4) Samuel Butler(1835~1902). 영국의 소설가 · 수필가 · 비평가. 풍자소설 『에레혼(*Erewhon*)』(1872)을 써서 영원한 진보라는 빅토리아 시대의 환상이 깨질

1899년)에 이르는 석학들은 『소네트』를 분류하려고 했다. 그러나 그들의 시도는 일치하지 않았다. 그래도 항상 완강하게 금기를 중요시하는 보수적인 영국에 관해서 말하자면, 이 나라는 예전 순서대로 재출판하는 것을 고집하고 근대의 독자를 싫증나게 하고 당황하게 한다. 우리나라에서 현대의 번역자인 피에르 장 주브는 "오늘날에는 시편의 순서가 잘못되어 있다는 것은 일반적으로 받아들여지고 있다"고 인정하고, 셰익스피어의 내밀한 경험을 실제적으로 배치하는 각종 감정의 움직임, 정념, 비탄, 변명, 허용, 질투를 설명하려고 하는 '구성'의 순서를 재건하는 것은 아주 흥미 있을 것이라고 덧붙여 기술하고 있다. 이어서 그는 논리적인 분류를 재발견하는 것은 "불가능해 보인다"고 과도한 체념을 보이며 결론짓고, 『소네트』의 번역을 예전 순서대로 간행하는 것을 만족스럽게 여긴다.[5)]

다음으로 『소네트』는 다종다양한 해석의 원천이 되고 있다. 『소네트』는 문학상의 고증학적 연구의 아주 변화무쌍한 영역의 하나이다.[6)] 신비적인 'W. H. 씨'에게 바치는 헌사와 '검은 여인'(dark lady)의 수수께끼는 각종 설을 쓰게 했고[많은 잉크를 칠하게 했고] 결국은 공허하고 두드러진 성과도 없는 무한히 다양한 확인시도를 불러일으켰다.

마지막으로 셰익스피어의 『소네트』는 독창적인 테마를 전개하는

것을 예견했다. 자전적인 소설 『만인의 길(*The Way of All Flesh*)』(1903)이 대표작으로 꼽힌다. 또한 셰익스피어의 소네트를 새롭게 해석한 『부분적으로 재배열하고 재고해본 셰익스피어 소네트(*Shakespeare's Sonnets Reconsidered, and in Part Rearranged*)』(1899)를 내놓았다.— 옮긴이 주

5) Sagittaire의 『소네트』판 입문.

6) Abel Lefranc, 『셰익스피어의 발견에 대하여』(*A la Decouverte de Shakespeare*), 2 vol., 1945-50, I, p. 586.

것이 아니라 페트라르카[7]풍의 전통과 르네상스기의 시에 "흔해 빠진 이야기[진부한 것]"를 다시 다룬다고 말해진다. 『소네트』는 저자의 감정과는 직접 관계가 없고 "주문에 의한 작품"일 것이라고도 한다. 이 주장은 전적으로 피상적이고 형식적인 견해에 의한 것이지만 확실히 매력을 지니고 있다. 그러나 어떤 진지한 독자가 철저하게 읽은 뒤에 셰익스피어의 『소네트』가 순수하고 단순히 '비개성적'[개성이 없다]이라고 믿을 수 있을까?

그러나 『소네트』가 그렇게 비교적 평판이 안 좋은 주요한 이유는 다른 점에 있다. 『소네트』의 거의 대부분은 아름다운 젊은 남성이 장년의 남성에 대해 품고 있는 열정을 노래하고 있다. 그런데 오, 조용[쉿]! 사람들은 독자에게 『소네트』를 읽지 못하게 하려고 하든가, 그 불후의 시편의 남성동성애를 완화시켜 얼버무리고 혹은 전복시키려고 전력을 다하든가 할 것이다.

『소네트』는 청년기의 작품이다. 그러나 그 대부분은 이미 성숙한 청년의, 이미 자기 자신을 확실히 알고 있는 젊은이인 천재의 작품이다. 그것은 1593년부터 1598년 사이에 엘리자베스기 소네트[시편]의 절정기에 쓰여졌다. 그것의 작가는 30살에 달했든가 30살을 넘었다.

『소네트』의 (전부 153편 가운데) 약 25편은 젊은 여자에게 향해 있다. 프랑수아 빅토르 위고가 한 것처럼 이성애에 관한 것이 『소네트』의 앞에 놓일 경우 순서는 가장 논리적으로 보이며,[8] 그것은 남성적

---

7) Petrarque(1304~1374). 이탈리아의 시인. 순결하고 정신적인 사랑을 하는 것을 페트라르카식이라고 한다.—옮긴이 주

8) 그것은 또한 (실수를 했지만 그것을 따르지는 않은) Pierre-Jean Jouve의 견해이다.

우정을 찬양하는 상당히 다수의 소네트의 우세와 통일성을 더욱 두드러지게 한다.

이성애적인 25편의 소네트는 가장 좋은 것이라고는 할 수 없다. 그것들에는 관용적인 느낌이 있으며 표현하고 있는 감정은 비교적 피상적인 것에 머무르고 있다. 확실히 작가는 개성적인 표현양식을 드러내지 않고 동시대의 서투른 시인을 표절한 시기에 다른 작품들에 앞서 그것을 만들었다고 주장한다. 그래도 그렇게 말하면서 시인이 방향을 바꾸어 자신이 사랑하는 남자를 노래하기 시작할 때 가락이 변했다는 것을 확인하는 것은 피할 수 없다. 그것은 감동적이며 진실한 것으로 되었다. 즉 동성애자 셰익스피어는 보편적 시학의 정상으로 올라갔다.

'검은 여인'에 대해 생각하고 있는 소네트들은 다른 관점에서 보면 사람을 당황하게 한다. 연인은 이 여인을 예리한 화살로 고통을 주고 찌르며 학대하는 특이한 욕구를 느끼고 있다. 그는 어린 남자에 대해서는 전적으로 관대하고 친절하며 애정을 보인다. 피에르 장 주브가 인정하듯이 '가락의 천박성이나 잔인성이 여성에게 향하고 있다'는 것이다. 프랑수아 빅토르 위고의 분류에 따른 7번째 소네트 이후 시인은 악의를 드러내기 시작한다. 그는 협박하며, 애원에서 위협으로 넘어간다. 그는 애인의 몇 가지 육체적 특징을 전적으로 무자비하게 헐뜯는다. 그는 그녀의 변덕스럽고 불충실한 성격을 역설하고 그녀를 '넓은 세상의 공공장소'(wide world's common place)[9]라고 부른다. 그는 몇 가지 시에 걸쳐서 그녀의 다수의 결점을 열거한다. 그는 급

9) 137. (이하에서 숫자는 『소네트』에서 각 소네트 번호임).

속히 부당해 진다. 그는 그녀의 아름다움까지 부인한다. 그리고 이어서 그녀를 사물로 대할 때 그는 이 소유물에 아주 줄어든 기쁨 밖에 느끼지 못하는 것 같다. 치유는 찾을 수 없고, 그는 욕망에 진 것을 부끄러워했다.

이 서막(여전히 위고의 분류에 따른)의 뒤에 갑자기 급격한 드라마가 전개된다. 시인은 친구인 미청년을 어린 소녀에게 소개한다는 경박하기까지 한 짓을 (만약 사람이 채권자 채무자 관계의 용어로부터 빌린 약간 정교한 일련의 은유를 정확하게 해석한다면) 하는 것 같다. 자신의 여주인을 변호하기 위해서 시인은 젊은 남자를 시기한 것 같다.[10] 『경박함』[11]에서 클라우디오(Claudio)가, 친구인 돈 페드로(Don Pedro)가 자신의 소중한 에로(Hero)를 위한 하나의 사명을 맡았다는 것을 받아들이고 친구가 비겁하게 자기 자신을 위한다고 한 순간 상상하듯이.[12]

그러나 이 희극 속에서는 오해에 지나지 않는 것이 결국은 『소네트』 속에서는 고통스런 현실로 확인된다. 아름다운 사자(使者)는 '검은 여인'의 매력에 압도된다. 여기서 시인은 빼돌려지고 그녀와 그에 의해서 이중으로 배반당한다. 여기서 또한 생각하지 못한 일이 생긴다. 셰익스피어는 이 이중의 불충함[배반] 속에서 가장 괴로운 것은 남성상대의 불충이라는 것을 솔직하게 고백하고 있다.

---

10) 134. Georges Connes, 『셰익스피어의 수수께끼』(*Le Mystère shakespearien*), Paris, 1926, p. 87.

11) *Beaucoup de bruit pour rien*. 영어본 *Much Ado About Nothing*은 두 커플에 대한 셰익스피어의 희곡이다. 두 커플은 Benedick와 Beatrice, Claudio와 Hero이다.—옮긴이 주

12) 1막 1장과 2장 ; 2막 1장.

나는 그를 잃었다.[13]

Him have I lost.

그대가 그녀를 손에 넣은 것이 반드시 나로 하여금 비탄에 빠지게 하지는 않소,

그녀가 그대를 손에 넣은 것이 나로 하여금 비탄에 빠져 울게 하오,

그러나 나는 그녀를 진심으로 깊이 사랑했으니 만큼……[14]

That thou hast her, it is not all my grief,

That she hath thee, is of my wailing chief,

A loss in love that touches me more nearly……

그리고 시인은 불충실한 두 사람 가운데 자신이 더 좋아하는 사람을 분명히 말한다.

선한 천사는 이목이 수려한 남자의 모습을 하고,

악한 정령은 용모가 보기 흉한 여자의 모습을 하고 있소![15]

The better angel is a man right fair

The worser spirit a woman colour'd ill!

그리고 '검은 여인'은 『소네트』에서 영원히 사라진다. 그녀는 셰익스피어의 마음에서 잊혀진 것 같다. 즉 전체의 장소는 그가 만나고 만나는 '아름다운 소년'(sweet boy), '나의 사랑의 지배자'(Lord of my love), '사랑에 빠진 신'(god in love), '나의 정념의 남주인-여주

---

13) 134.
14) 42.
15) 144.

인'(masters-mistress of my passion), '나의 군주'(my sovereign)라고 부른 젊은 애인에 의해서 점유되고, 그 때문에 셰익스피어는 보편문학 속에 아마 필적할 리 없는 불타오르는 정열을 경험한다.

그리고 이 사랑은 애매한 것도 청순한 것도 아니다. 시인은 주저하지 않고 정확히 자세한 것까지 말하고, 그가 발표한 세세한 것에서도 사용한 표현에서까지도 주저없이 대담성을 보였다. 이 『소네트』 전체에서 아마도 주요한 소네트[16]는 아주 정확한 말로 유혹자의 남녀양성성(androgynie)을 칭송하고 있다. 그는 육체적으로도 정신적으로도 여성적인 면을 가지고 있지만 위선적인 여성의 결점을 가지고 있지는 않다. 그리고 그는 양성으로부터 요구되고 있다. 즉 그는 남자들의 시선을 끌기도 하고 여자들의 마음을 매료시키기도 한다(steals men's eyes and women's souls amazeth). 다른 소네트[17]에서는 그는 차례로 아도니스(Adonis)와 헬레네(Hélène)[18]에 비교되고 있다. 그러나 우선 여성으로서 만들어진 그는 남성성의 속성도 갖고 있다. 즉 자연은 여성들의 쾌락을 위해서 그에게 남근을 부여하였다(Nature prick'd thee out for women's pleasure). 이 '첨가물'은 시인의 마음을 크게 아프게 할 거 같다. 왜냐하면 그것은 그에게는 필요하지 않은 것을 그의 애인에게 추가하기 때문이다.(By adding one thing to my purpose nothing). 따라서 그는 사랑하는 사람의 사랑밖에 가지고 있지 않을 것이지만, 여성들은 이 유혹자로부터 '사랑의 열매의

---

16) 20.
17) 53.
18) 아도니스와 헬레네는 그리스 신화에 나오는 인물들로 절세의 미남, 미녀로 불린다.—옮긴이 주

보물'을 지니게 될 것이다.

그대의 사랑만이 나의 것이요, 그 사랑의 열매는 여성들의 보물이 되리요.
Mine be thy love, and thy love's use their treasure.

정숙한 몇몇 주석자들은 이 소네트 속에서 셰익스피어의 사랑은 '결백한 우정'일 뿐이었다는 증거를 보이려고 하였다. 그리고 그들은 '조잡한', '비열한', '자연에 반하는'이라고 불리는 해석을 미리 제출하려 한 사람들에 대해서 격렬한 욕을 퍼부었다. 이들 주석학자들 가운데 최근 사람인 미국인 교수 허블러(Hubler)는, 시인은 친구에 대한 '모든 관능적 관심'을 크게 웃으며 부정하고 있다는 것을 단호하게 거기서 읽어내려고 한다. 신중한 펠그레이브(Pelgrave) 판에 관해서 말하면, 그것은 간명하게도 20번째 소네트를 빠뜨리고 있다![19] 그러나 아주 확실한 후회의 뉘앙스는 시인이 자신의 친구가 준 육체의 쾌락에 관해서 여성들을 질투하고 있다는 것을, 저 논란을 일으킨 부분 속에서 확실히 보이려고 하는 것처럼 보인다. 그리고 그가 청년의 남성스러움으로부터 여성들에게 은혜로서 주고 있는 것을 손에 넣는 것을 단념했다면, 그것은 아마 그가 육체적으로 젊은이에게 흥분되지 않았기 때문이 아니라 오히려 그가 **수동적** 동성애자의 기호(嗜好)가 아니라 **능동적인** 동성애자의 기호를 가지고 있었기 때문이다. 이 가정에 의하면 그를 흥분시킨 것은 그 애인의 상대적인 여성성이다. 남

19) Gerald Massey, *Shakespeare's sonnets*, Londres, 1866, p. 103 ; Edward Hubler, *The sense of Shakespeare's sonnets*, Princeton, 1952, p. 97, 99, 117 ; Douglas, op. cit., p. 67 ; Connes, op. cit., p. 92~93.

근은 그의 관심을 불러일으키지 않았다.

다른 소네트 속에서 시인은 젊은이가 여성들에 대해서 거두고 있는 성공에 대한 자신의 변함없는 질투를 감추지 않는다.

그대가 있는 곳에 유혹은 언제나 따르기 마련이니까.
그대는 우아하기 때문에 설득을 당하며 ;
그대는 아름답기 때문에 습격을 받게 되오.
적어도 버젓한 사나이로서, 어느 여인이 구애할 때,
그 여인이 뜻을 이룰 때까지 어떤 사나이가 그녀를 내버려두리요?[20)]
For still temptation follows where thou art.
Gentle thou art, and therefore to be won ;
Beauteous thou art, therefore to be assailed.
And when a women woos, what woman's son
Will sourly leave her till she have prevailed?

(시인은 소년이 마찬가지로 남성들의 기분에 들게 되는 것을 우리에게 알리는 배려를 보이면서), 그 사랑하는 사람의 정복은 단지 여성의 정복만이 아니라고 생각하는 것을 무엇보다 금지하지 않는다. 그리고 셰익스피어는 계속 경계하면서 자신의 사랑스러운 보석을 누군가에게 도둑질당하지 않을까 끊임없이 두려워하였다.

나는 그대를 위해 잠들지 않고 지켜본다오 ;
그대가 나를 멀리 떠나 딴 곳에서 남들과 어울려 있을 때.[21)]

---

20) 41.
21) 61.

For thee watch I whilst thou doth wake elsewhere ;
From me far off, with others all too near.

청년은 '그 어떠한 비열한 도적의 먹이'(the prey of every vulgar thief)가 될 위험이 있었다. 시인은 자기의 가슴속에 부드럽게 품으려고(within the gentle closure of my breast) 했지만, 그 보호 아래 사랑하는 사람은 마음대로 오고 갈 수 있다(from whence at pleasure thou mayst come and part). 따라서 셰익스피어는 청년이 누군가에게 강탈당한다고 하는 생각에 전율하였다(thence thou wilt be stol'n, I fear).[22)]

그러나 이 지속적인 불안은 그의 유일한 고뇌가 아니었다. 그를 젊은이에게 연결시키고 있는 사랑은 (주석자들의 의견과는 반대로) 순수한 우정[동지애]에 머무르고 있지 않았다. 모든 열렬한 연인들과 마찬가지로 그는 끊임없이 갈망과 포만 양자 사이에 끼어 있었다. 그리고 이 비극적인 테마가 그에게 유례없는 아름다운 시구를 노래하게 했다.

그러므로 그대에 대한 내 그리움은 생명의 양식으로 ;
철 따라 대지를 흠뻑 적시는 소낙비와도 흡사하다오 ;
나는 그대가 나에게 준 기쁨으로 인하여 언제나 스스로 괴로워하니,
그것은 마치 수전노가 재산 때문에 괴로워하는 것과 같소.
그는 인생을 향락하는 자로서 지금은 신바람이 나 있지만,
늙으면 도둑이 침입하여 보물을 훔쳐갈까봐 걱정하지요.
그리고 때로는 그대와 단둘이 있게 된 것을 무상의 행복으로 생각하고

22) 48.

때로는 사람들에게 이 기쁨을 즐거운 마음으로 자랑하고 싶소.
때로는 그대의 모습을 바라보고 기뻐서 어쩔 줄 모르고
그대를 보지 못하면 잠깐만이라도 만나고 싶어하오.
나는 그대에게서 이미 받았거나, 앞으로 받을 것 이외에는
가진 것이 없고 또 가지려고도 하지 않소.
　이처럼 나는 날마다 굶주리기도 하고 배부르기도 하니.
　때로는 다 먹어 치우고, 때로는 다 배설해 버린다오.[23)]
So are you to my thoughts as food to life ;
Or as sweet-season'd showers are to the ground ;
And for the peace of you I hold such strife
As twixt a miser an his wealth is found,
Now proud as an enjoyer, and anon
Doubting the filching age will steal his treasure ;
Now counting best to be with you alone,
Then better'd that the world may see my pleasure :
Sometime all full with feasting on your sight,
And by and by clean starved for a look ;
Possessing or pursuing no delight,
Save what is had or must from you be took.
Thus do I pine and surfeit day by day
Or glutoning on all, or all away.

그리고 또 하나의 걸작.

사랑이시여, 그대의 힘을 새롭게 하오. 그대의 칼날이

23) 75.

식욕의 칼끝보다 무디다는 말을 듣지 않게 하오.
식욕은 워낙 충족되면 곧 사그라지게 마련이지만,
이튿날이면 다시 전날 못지않게 날카로워 지나니.
사랑이시여, 그대도 그러하오. 설사 그대의 굶주린 눈이
오늘은 싫도록 보아 스스로 감기려고 하더라도 내일 다시 보시라,
결코 시력을 무디게 하여 사랑이 지닌 바 정기를 죽여 버리지 마오.[24)]
Sweet love, renew thy force ; be it not said
Thy edge should blunter be than appetite
Which but to-day by feeding is allay'd,
To-morrow sharpen'd in his former might :
So love, be thou ; although to-day you fill
The hungry eyes even till they wink with fullness,
To-morrow see again, and do not kill
The spirit of love with a perpetual dulness,

시인은 자신의 친구에 대해서 (정신분석학자 어니스트 존스가 지적했듯이[25)] '검은 여인'에 관한 시편 속에서 이미 보이는) 마조히스트적 굴종을 표명한다. 피에르 장 주브가 기술하고 있듯이 "시 속에는 사랑의 조건에 의한 예속의 부분적 표현의 예가 적지 않다."

그대가 어떤 향락을 누리더라도 나는 탓하지 않으리요.[26)]
……나는 오직 기다릴 뿐, 이것이 지옥살이라 하더라도.

24) 56.
25) Ernest Jones, 『햄릿과 오이디푸스』(*Hamlet and Œdipus*), 1910, éd. anglaise Doubleday 1954, p. 132.
26) 58.

Being your vassal, bound to stay your leisure
……I am to wait, though waiting so be hell……

나는 그대의 노예가 된 이상, 그대가 요구하는 모든 시간을
그대를 위해 시중을 드는 수밖에 없소.
그리하여 그대가 나에게 명령을 내리기 전에는
나에게 소비할 귀한 시간도, 해야 할 일거리도 없소.
나의 왕자시여, 나는 그대를 위해 시계를 들여다 보는 동안은,
끝없이 이어지는 시간을 감히 지리하게 생각할 수 없소.
그리고 신하인 나에게 그대가 작별을 고하여
만날 수 없는 괴로움도 나는 구태여 안타까워하지 않소.
또한 그대에게 의혹을 품고, 그대는 지금 어디 있을까,
무엇을 할까 하고 궁금하게 여기지도 않으리요.
아니 가엾은 노예답게 뒤에 남아 혼자 생각하리요.
그대의 주위 사람들이 그대로 인하여 얼마나 행복한가를.
그대가 무슨 짓을 하건, 조금도 언짢게 생각하지 않으리오.
그것은 그대의 뜻이요, 사랑은 충실한 바보니까.[27)]

Being your slave, what should I do but tend
Upon the hours and times of your desire?
I have no precious time at all to spend,
Nor services to do, till you require.
Nor dare I chide the world-without-end hour,
Whilst, I, my sovereign, watch the clock for you,
Nor think the bitterness of absence sour,
When you have bid your servant once adieu ;

27) 57.

Nor dare I question with my jealous thought
Where you may be, or your affaires suppose,
But, like a sad slave, stay and think of nought
Save where you are how happy you make those.
　So true a fool is love that in your will,
　Though you do any thing, he thinks no ill.

그리고 이 복종, 굴욕의 요구는 자신의 애인을 잃는다는 생각을 겸손하게 받아들이도록 하게까지 한다.

그대의 허락도 없이 내 어찌 그대를 차지할 수 있으리요?
나에게는 그런 보물을 소유할 가치가 없고,
그런 훌륭한 선물을 받을 자격도 없으니,
……당신의 가치를 제대로 평가하지 못했거나, 아니면 당신을 미처 잘 모르고 있었기 때문이오.
……그러므로 내가 그대를 소유한 것은 꿈결과 같나니,
잠들 때에는 왕이요, 눈을 뜨면 그림자도 보이지 않소.[28)]
For how do I hold thee but by thy granting?
And for that riches where is my deserving?
……Thyself thou gavest, thy own worth then not knowing,
……Thus have I had thee, as a dream doth flatter,
In sleep a king, but waking no such matter.

이 인용 이후에 누가 두 상대 사이에는 각자 선물을 주고 받는 일이 없었다고 주장할 수 있을까?

---

28) 87.

*　*　*

그러나 시인은 육체적 존재의 상실을 무서워하는 데 만족하지 않았다. 그는 '이곳저곳을 돌아다니면서'(gone here and there), '귀중한 물건을 헐값으로 팔아넘기며'(sold cheap what is most dear), '새로운 사랑으로 하여금 옛 사랑을 격분하게 했고'(made old offenses of affections new), '더 나쁜 에세이'(worse essays)를 만들고 마지막으로 '나는 결코 옛 친구[애인]를 시험하기 위해서 내 욕정을 불태우지 않을 것이다'(Mine appetite I never more will grind on newer proof to try an older friend)고 하였다.[29)]

그는 '종종 하찮은 사람들과 어울렸고'(I have frequent been with unknown minds), 자신의 애인의 '눈에 보이지 않는 먼 곳에 불어닥치는 바람결에 돛을 달고 실려갔다.'

……나는 불어닥치는 바람결에 돛을 달고
그대 눈에 보이지 않는 먼 곳에 실려 갔소.[30)]
……I have hoisted sail to all the winds
Which should transport me farthest from your sight.

그는 불규칙적인 삶을 살았고 나쁜 평판의 낙인을 지니고 있었고(my name receives a brand)[31)] 추잡한 스캔들은 그의 이마에 그

29) 110.
30) 117.

흔적을 남겨서(the impression…… which vulgar scandal stamp'd upon my brow),[32] 그는 고해를 하고 자신의 애인을 '강력한 전염병'(strong infection)에서 회복되게 하고, 도덕적으로 자신을 갱신하도록 하였다(wish I were renew'd).[33]

어떤 틈? 어떤 과잉? 음탕함에 대해 끔찍해 하는 소네트[34]는 우리에게 다음과 같은 반응을 일으켰다.

음탕함의 실천은 정신을 소모하는 수치스러운 낭비요.
또한 음탕함을 실천에 옮기기까지 그 정욕은
거짓맹세요, 살인행위요, 잔학하고 욕되기 짝이 없소.
그것은 만행이요, 과격하고 난폭하고, 잔인하고 신의도 없으며
그것은 향락이 끝나자마자 곧 모멸을 느끼게 한다오.
이성의 소리에 귀를 막고 추구하여 얻자마자
이성을 너무 혐오하며, 마치 삼킨 쪽을 미치게 하기 위해
장치해 둔 미끼처럼 보여,
그것을 쫓고 있을 동안은 물론, 그것을 간직하고 있을 때에도 그러하오.
가진 뒤에도 갖고 있는 동안도 그리고 가지려고 하는 동안도 도를 지나치는 것이오.
경험하는 동안은 축복이지만, 끝나면 화가 돌아 오나니.
그 전에는 기대에 찬 기쁨이요, 그 후에는 악몽에 시달리는 것이오.
이런 이치는 이 세상 사람들이 모두 알고 있지만,
지옥으로 이끄는 환락을 피할 줄 아는 사람은 없나니.

---

31) 111.
32) 112.
33) 111.
34) 129.

The expense of spirit in a waste of shame
Is lust in action ; and till action, lust
Is perjured, murderous, bloody, full of blame,
Savage, extreme, rude, cruel, not to trust ;
Enjoy'd no sooner but despised straight ;
Past reason hunted ; and no sooner had,
Past reason hated, as a swallowed bait,
On purpose laid to make the taker mad :
Mad in pursuit, and possession so ;
Had, having, and in quest to have, extreme ;
A bliss in proof, and proved, a very woe ;
Before, a joy proposed ; behind, a dream.
All this the world well knows ; yet none knows well
To shun the heaven that leads men to this hell.

실제 어떠한 시인이 그(셰익스피어) 이전에 이 육체의 비극에 다다랐을까? 르네상스기의 모든 시인에 귀중한 '진부한 것'은 아마 다르며, 왜 성을 이렇게 극단적으로 극화할까? 종교적인 편견이 『소네트』의 셰익스피어 속에서 지배적인 것은 아닌 것처럼 보인다. 그는 죄에 관한 기독교의 고정관념을 거의 가지고 있지 않다. 그는 결국 암묵적인 것으로서 이 지옥을 묘사했다고 해도 그것은 다분히 자신의 포효하는 육체의 특질에 끌려가게 되었기 때문이다. 그는 구토하기까지 과도하게 맛봤다. 이 '음탕함', 주석자들은 물론 그것이 시인에게도 엄밀히 정통적인 것이기를 바라고 있다. 그러나 누가 그것을 증명할 수 있을까?

*　　*　　*

『소네트』의 저자에게 그의 연인이 수령 속에서 주색에 빠졌기 때문에 그에게 불충실하며 그로부터 떨어져나가는 일이 일어났다고 하면, 그 경우 연인의 부재는 그에게 참기 어려운 것이다. 일련의 시편이 [애인으로부터] 떨어지는 것에 관해서 놀랄 만한 말로 묘사하고 있다.

여행하는 나의 발걸음은 무겁기 그지없나니,
나는 지리한 여행이 끝나기를 바라고 있지만,
결국은 그 안락과 휴식에게 이렇게 말하리요.
"나는 그대의 애인에게서 이처럼 멀리 떠나왔노라."[35)]
How heavy do I journey on the way
When what I seek, my weary travel's end.
Doth teach that ease and that repose to say
"Thus far the miles are measured from my friend!"

그는 가장 소중한 사람과 만나기 위해서 떨어짐을 단번에 넘어서려고 했을 것이다. 그러나 안타깝게도 공상 속에서 밖에 그것을 할 수 없었고, 그는 '비탄의 소리를 부르짖으면서 시간의 변덕스러움을 기대'(attend time's leisure with my moan)[36)]해야 했다.

떨어져 있는 사람에 대한 생각이 잔혹한 것으로 되는 것은 특히 밤이었다.[37)]

---

35) 50.
36) 44.

……밤은 내 슬픔을 더욱 격렬하게 한다오.

……Night doth… make grief's strength seem stronger.

소중한 이미지는 그에게는 '한밤중에'(through heavy sleep) 나타난다.[38] 그의 삶은 '우울함에 지쳐 사경에 이른다'[39](attend time's leisure with my moan). 부재는 시인에게는 겨울에 비유할 수 있다.

내가 얼마나 추위에 떨었던가![40]

What freezings have I felt!

가는 길에 그가 속도를 늦추고 마지못해 애인에게서 멀어지지 않는다면, 반대로 그는 자신의 말에 박차를 가할 것이다. 왜냐하면 그의 '욕망은 열화같이 날쌔게 달릴 것'(shall neigh …… in his fiery race)이기 때문이다.[41] 암내에 발정난 종마의 거대한 울음소리가 전적으로 '순결'하다고 사람들은 정말 확신하는가?

그러나 그 부재는 '고통'일 뿐이다. 부재는 또한 셰익스피어적인 사랑의 변증법에서는 즐거움의 원천이다.

오, 어떻게 하면 그대의 덕성을 찬미할 수 있으리요?

나의 좋은 부분이 모두 그대의 것일진대

---

37) 28.

38) 43.

39) 45.

40) 97 그리고 또한 98.

41) 51.

내 자신이 스스로 나를 칭찬한들 무슨 이득이 있으며,
내가 그대를 찬미함은, 결국 나를 찬미하는 것이 아니겠소?
그러니 이를 위해 우리는 떨어져 살아야 마땅하리니.
우리의 이 사랑을 어찌 하나라고 부를 수가 있으리요.
이렇게 헤어지면, 나는 그대로 하여금
그대의 가치를 그대만 소유하게 할 수 있나니.
오, 그대가 내 곁에 없다는 것은 나에게 큰 괴로움을 안겨 주겠지만,
만일 그 쓰디쓴 여가가 달콤하게 되어,
사랑의 그리움을 즐기며 살 수 있게 되고
시간의 흐름과 마음을 즐길 수 있나니.
　그리하여 한 사람을 두 사람으로 만드는 방법을 배워,
　여기 없는 사람을 찬미하게 하겠소![42]

O, how thy worth with manners may I sing.
When thou art all the better part of me?
What can mine own praise to mine own self bring?
And what is't but mine own when I praise thee?
Even for this let us divided live,
And our dear love lose name of single one,
That by this separation I may give.
That due to thee which thou deservest alone
O absence, what a torment wouldst thou prove,
Were it not thy sour leisure gave sweet leave
To entertain the time with thoughts of love,
Which time and thoughts so sweetly doth deceive.
　And that thou teachest how to make one twain,

---

42) 39.

By praising him here who doth hence remain!

* * *

셰익스피어가 자신의 '주권자'에게 지닌 엄청난 사랑은 두 가지 측면을 지닌다. 즉 그는 고통스럽지만 또한 즐겁다.

동일성과 공동화(communion)의 즐거움.

친구와 나는 일심동체이니.[43]
My friend and I are one.

나의 좋은 면 모두가 그대의 것일진대.[44]
Thou art all the better part of me.

이 사랑, 시인은 자신의 염세주의와 사람을 꺼려함에도 불구하고, 세상이 자신에게 불러일으킨 혐오와 권태에도 불구하고, 사랑하는 사람을 떠나야 하기 때문에 자신의 삶을 끝내기를 거부한다는 그런 위안을 얻는다.

나는 차라리 죽음의 안식을 구한다오,
이 모든 것에 싫증을 느끼노니.
예컨대 재능이 뛰어난 자가 거지로 태어나고,
무능하고 무지한 자가 화려하게 성장하고,

---

43) 42.
44) 39.

지순(至純)과 지성(至誠)이 기만을 당하고,
빛나는 영광을 수치스럽게도 가당치 않은 자가 차지하고,
처녀의 순결이 무참히도 짓밟히고
완전무결한 것이 부당하게도 더럽혀 지고,
강한 힘을 소유한 자가 절름발이에게 막혀 맥을 못 쓰고,
학문과 예술이 권력 앞에 벙어리가 되고,
바보가 박식한 양 식자(識者)를 지배하고,
성실이 어리석은 일로 간주되는 것을 보고,
선한 포로가 악한 적장을 섬기는 것을 보는 일에,
　나는 이 모든 일에 싫증이 나 죽기를 원하오.
　죽어도 내 연인이 남을 수 있다면.[45]

Tir'd with all these, for restful death I cry:
As, to behold desert a beggar born,
And needy nothing trimm'd in jollity,
And purest faith unhappily forsworn,
And gilded honour shamefully misplaced,
And maiden virtue rudely strumpeted,
And right perfection wrongfully misplaced,
And strength by limping sway disabled,
And art made tongue-tied by authority,
And folly, doctor-like, controlling skill,
And simple truth miscall'd simplicity,
And captive good attending captain ill.
　Tir'd with all these, from these would I be gone,
　Save that, to die, I leave my love alone.

---

45) 66.

사랑하는 사람이 시인의 마음속에 우주의 위치를 점하고 있다.

그대는 나의 전부이니.[46]

In it thou art my all.

그대는 이 세상에서 나의 전부요.[47]

You are my all the world.

그의 혼은

더 이상 아무것도 지니지 않을 정도로 사랑하는 사람[그대]으로 가득 차 있다오.[48]

Incapable of more, replete with you.

모두가 속해 있는 이 세상에서 그의 사랑은 최후의 심판 때까지(to the edge of doom) 계속하도록 운명지어져 있다.[49] 그것은 그에게는 타고난 선량함 보다 더 귀중하다(better than high birth to me).[50] 그것은 가득차서 넘치게 하는 풍부한 정기로 시인을 풍부하게 한다.

---

46) 109.
47) 112.
48) 113.
49) 116.
50) 91.

그대의 천품이 풍부함을 보고 만족해 하오.[51]

…That his shadow doth substance give

That I in thy abundance am sufficed.

그리고 그의 숭배는 거의 종교적인 표현형식을 띤다.

아 복된 그대여, 그대의 진가는 헤아릴 수 없으니,

그대를 소유하면 기쁨이 되고, 그대를 소유하지 못하면 희망이 되는 것이지요.[52]

Blessed are you, whose worthiness gives scope,

Being had, to triumph, being lack'd, to hope.

내 사랑을 가리켜 우상숭배라 하지 마시라,

그리고 내 애인을 우상처럼 생각하지 마시라,

내 노래와 내 찬사는 언제나 한결같이

오직 한 사람을 위해……[53]

Let not my love be call'd idolatry,

Nor my beloved as an idol show,

Since all alike my songs and praises be

To one……

시인은 요정의 자리를 그에게 차지하도록 한 자신의 '남주인-여주인'에게 만족을 표했다. 그리고 그에게 '당신은 나의 모든 것'(Thou

---

51) 37.

52) 52.

53) 105.

art all my art)이어야 했다.[54)]

그가 종종 동성애 관계에 이르렀을 때, 그 젊은이의 자극적인 출현은 두 상대[파트너] 가운데 나이가 많은 사람이 늙었다고 느끼는 것을 막았다.

> 거울은 내가 늙었다는 느낌을 주지 않으리요,
> 그대가 여전히 젊음을 간직하고 있는 한,
> ……내가 어떻게 그대보다 더 늙을 수 있으리요?[55)]
> My glass shall not persuade me I am old,
> So long as youth and thou are of one date,
> ……How can I then be elder than thou art?

그리고 시인은 우리에게 말하듯이 '그대의 아름다운 청춘으로 내 노령을 멋지게 장식함'(painting my age with beauty of thy days)으로써 젊어진다.[56)]

*　　　*　　　*

그러나 그것은 일시적인 실험일 뿐이다. 셰익스피어는 동시에 우주를 변형하고 사회를 침식하고 사랑을 위협하는 변증법적 운동의 예리한 지각작용을 연출할 뿐만 아니라 시를 짓는다.

---

54) 78, 79, 38.
55) 22.
56) 62.

아름다운 벗이여, 그대는 나이 들어도 그 젊음을 그대로 간직할 사람으로 보인다오.[57)]

So your sweet hue, which methinks still doth stand,
Hath motion…

이 세상의 아름다운 모든 것이 조만간에 시들어 버리오.
자연의 변화로 말미암아 그 아름다움이 박탈되고…[58)]
And every fair from fair sometimes declines,
By…… nature's changing course untrimm'd……

값진 아주 호화로운 사치가 포악한 시간의 손에
낡아서 파괴되고 매장된 것을 목격할 때,
하늘 높이 치솟았던 기념탑이 땅에 쓰러지고,
영원히 남을 줄 알고 있던 동상이
죽음의 분노에 희생된 것을 눈으로 볼 때,
바다가 굶주린 듯이 기슭의 왕령(王領)을 침식하고
견고한 땅이 바다를 먹어 들어감으로써,
한 쪽의 손실이 다른 쪽의 이득이 될 때,
이와 같은 변화를 눈으로 바라볼 때,
그리고 영화의 성쇠와 존망을 목격하게 될 때,
그러한 파멸은 나로 하여금 이렇게 생각하게 하노니,
조만간 시간은 내 사랑[연인]도 앗아갈 것이라고.
이런 생각을 하니 잃을까 겁나는 사랑[연인]을 가진 것은
행복이라기보다 오히려 죽음과 같아서 슬퍼해야 할 일 아니겠소.[59)]

---

57) 104.
58) 18.
59) 64.

When I have seen by Time's fell hand defaced
The rich proud cost of outworn buried age ;
When sometime lofty towers I see downrased,
And brass eternal slave to mortal rage ;
When I have seen the hungry ocean gain
Advantage on the kingdom of the shore,
And the firm soil win of the wat'ry main,
Increasing store with loss, and loss with store :
When I have seen such interchange of state,
Or state itself confounded to decay ;
Ruin hath taught me thus to ruminate,
That Time will come and take my love away.
  This thought is as a death, which can not choose
  But weep to have that which it fears to lose.

『소네트』는 (위고의 분류를 받아들이면) 마지막 부분에서 죽음과 그것을 이기는 수단에 관한 생각에 집중하고 있다. 불가피하게 찾아오는 죽음은 '조만간 잃고 말 것을 더욱 사랑하게 한다'(Makes thy love more strong to love that well which thou must leave ere long).[60] 이러한 사랑은 영원하며 '세월의 먼지와 훼손도 느끼지 않는다'(weighs not the dust and injury of age).[61]

가장 확실하게 죽음을 이기기 위해서 시인은 사랑하는 두 가지 방법을 권한다. 첫 번째는 아들을 낳고 자손 속에 살아남는 것이다. 그

60) 73.
61) 108.

는 애인에 대해서 놀랄 정도로 집요하게 부인을 갖도록 재촉한다.[62)]주석자들은 이 희망 속에서 시인의 '결백한 우정'이 동성애적인 어떠한 내용도 가지고 있지 않다는 증거를 보려고 한다. 그러나 셰익스피어는 '통속적인 비너스'(종의 생식)와 '하늘의 비너스'(정신화된 동성사랑)의 차이를 분간하라고 스승인 플라톤으로부터 배웠다. 그리고 아들 속에 자기를 영속시키려는 욕망이 점점 그리스의 사랑에 빠져 있는 사람들을 사로잡고 있다는 것은 이미 아는 바이다. 이 강박관념은 그러한 희망이 제3의 인간의 중개에 의해서만 이루어질 수 있으므로 그들 사이에서는 더욱 더 강하고 고통스러운 것으로 된다.

죽음을 이기는 두 번째 방법은 시가 주는 영원함이다. 마지막 10편의 소네트는 동일한 테마로 호화롭게 채색되어 있다.[63)]

……그대는 영원한 시 속에 살아, 시간과 더불어 살아갈 것이오.
사람들이 숨 쉬고 있는 한, 그리고 그 눈동자가 볼 수 있는 한,
이 시는 살아남아, 그대에게 생명을 안겨줄 것이오.[64)]
……In eternal lines to time thou grow'st :
So long as men can breathe, or eyes can see,
So long lives this, and this gives life to thee.

내가 사랑하는 사람이 지금의 내 몰골과 마찬가지로
시간의 마수에 걸려 시들어 갈 때에 대비해서,
세월이 어느새 그의 청춘의 피를 들이켜서

62) 1-17.
63) 18, 19, 60, 74, 81, 65, 54, 55, 107.
64) 18.

그의 이마를 주름으로 가득 채우고
그의 청춘이 늙어 험상궂은 어둠으로 옮아가기 전에,
그리고 지금은 그가 미의 제왕으로 군림하여
그의 모든 아름다움이 완전히 사라져 버리고
그의 청춘의 보물들이 도둑을 맞아
그가 제왕으로서 차지한 아름다움이 사라지는 때에 대비하여
노령이 잔인한 칼을 휘두를지라도,
나의 사랑하는 사람에 대한 아름다운 기억만은 끊지 못하리요.
설사 그 목숨을 앗아 가는 한이 있어도,
  그의 아름다움은 이 시의 검은 글줄에서 찾아보게 되리니,
  이 시는 영원하며, 그는 그 속에서 청청하리요.[65)]

Against my love shall be as I am now,
With Time's injurious hand crush'd and o'erworn ;
When hours have drain'd his blood, and fill'd his blow
With lines and winkles ; when his youthful morn
Hath travell'd on to age's steepy night ;
And all those beauties whereof now he's king
Are vanishing or vanish'd out of sight,
Stealing away the treasure of his spring
For such a time do I now fortify
Against confounding age's cruel knife,
That he shall never cut from memory
My sweet love's beauty, though my lover's life.
  His beauty shall in these black lines be seen,
  And they shall live, and he in them still green.

---

65) 63.

*　　*　　*

『소네트』의 진정한 주제를 많은 출판인들이나 주석자들은 감추고 얼버무리고 위조하고 부정하려고 한다. 그것은 1609년 이래 그러했다. 그리고 그것은 항의하거나 다시 다루기에 불가능한 남성적인 문법적 형식들에도 불구하고 그러하다. 첫 번째 판에 적용된 어색한 순서는 아마도 '불화의 씨를 뿌리'도록 되어 있었다. 2판(Benson, 1640)은 『소네트』가 완전히 한 여성에게 바쳐졌다는 인상을 주려고 의도되었다. 1709년판, 즉 19세기 초에 다시 콜레리지(Coleridge)가 책임지기를 주저하지 않았던 판본[66]의 서문 페이지에서 『소네트』는 '셰익스피어의 여주인'에 대한 찬가로 전적으로 쓰여진 것으로 제시되었다.

19세기 중반에 셰익스피어의 『소네트』에 대한 '고전적인' 커다란 저서의 저자인 수줍은 빅토리아인 메세이(Gerald Massey)는 그에 앞서 브라운(Charles Armitage Brown)[67]이 다소 단호하게 인정한 증거를 부정하려고 많은 노력을 기울였다. 그리고 그 대신 부조화스럽고 환상적인 가정으로 대체하였다. 즉 시들이 젊은 남자를 유혹하는 초상화를 그린다면, 그 시들은 그 남자의 약혼녀에 의해 읽히기 위해 쓰여졌다고, 더욱이 사람들은 그 시들은 자신의 약혼녀에게 영감을 주는 열정을 또는 어린 소녀에게 알릴 필요가 있다고 느낀 비난

66) Thomas Tyler, Introduction aux facsimilé de l'inquarto de 1609 ; Douglas, op. cit., p. 13, ssq ; Massey, op. cit., p. 8.
67) Charles Armitage Brown, 『셰익스피어의 전기적 시』(*Shakespeare's Autobiographical Poems*), Londres, 1838.

들을 표현하기 위해서 젊은 남자를 위해 작성되었다고 생각했다. 더더욱 사람들은 즐거움을 주제로 삼은 『소네트』에서 폭발한 것은 셰익스피어의 즐거움이 아니라 앞에서 말한 소녀의 즐거움이다!라고 우리에게 믿게 만들었다.[68)]

우리 세기(20세기)의 초에 스트래트포드[셰익스피어의 출생지] 사람인 시드니 리(Sidney Lee)가 쓴 정통 공식적인 전기는 셰익스피어가 자신의 연인을 '나의 열정의 남주인-여주인'이라고 감히 부른 소네트는 단지 귀족 문학후원자에게 보낸 진부한 축하였을 것이라고 제시하였다.[69)] 그리고 다시 우리 시대에 프뤼도모(André Prudhommeaux)는 셰익스피어가 둘로 나뉘어진다는 이상한 가설을 내세웠다. 그저 스스로 더 젊다고 얘기하는 젊은이와 부드러운 독백을 하는 그의 '또 다른 이'로.[70)] 그러나 동성애 성격을 인정한 이 마지막의 프랑스어 번역자들 가운데 적어도 한 사람[71)]과 더불어, 동성애 성격을 인정하는 『소네트』의 앵글로색슨 비판가들이 오늘날 많다고 언급하는 것이 공정하다. 물론 나의 논쟁을 그들에게 돌리려는 것은 아니다.

그러나 열거된 부조리한 가설들은 그것들을 제기한 저자들에게 일관되지 못한 것 같다. 그리고 메이시(Massey)는 시인은 젊은 남성에게 말하며 '그 사람의 은혜'를 찬양한다는 것을 결국 인정하고야 말

68) Massey, op.cit., p. 118, 159, 210.
69) Sir Sidney Lee, 『윌리엄 셰익스피어의 생애』(*A Life of William Shakespeare*), Londres, 1916 cit. par Douglas, op.cit., p. 75.
70) Introduction aux 『셰익스피어의 소네트집』(*Sonnets de Shakespeare*), traduction André Prudhommeaux, Porrentruy, 1945, p. 10.
71) Jierre-Jean Jouve는 그들의 '동성애적 성격은…… 더 이상 감춰질 수 없고 심지어 가려질 수도 없다.'

았다고 한다. 그러나 이 자백의 중대함을 완화시키기 위해서, 우리의 빅토리아인은 셰익스피어 시대에 남성적 아름다움이 오늘날 그러한 것보다 시인들에 의해서 더 우월한 것으로 평가되었다고 제시하면서 벗어난다. "우리는 이 취미를 아주 여성적이라고 생각한다"고 그 유식한 체 하는 사람은 덧붙인다.72) 마찬가지로 허블러(Hubler) 교수는 시인이 채택한 용어는 "우리 시대의 한 남성이 친구에게 이야기 하는 그런 용어가 아니다"라고 시인한다. 그리고 그는 셰익스피어와 그의 동시대인들에게 남성들 사이에서 쓰이는 '사랑'(love)과 '애인'(lover)이라는 말은 실제로는 '우정'(friendship)을 말하려 했다는 특수한 주장 속으로 피신한다. 여전히 그 교수에 따르면 신플라톤적 전통에 충실한 르네상스기는 남성의 남성에 대한 우정이 남성의 여성에 대한 애정보다 우월하다고 믿었다.73) 부당하게 '플라토닉(지적인)'이라고 불린 우정이 르네상스의 모든 작가와 예술가에 의해서 격찬된 이상이라는 것은 사실이다. 그러나 누가 이 태도가 어떠한 성 내용도 즉, 동성애를 숨기지 않는다고 감히 단언할 것인가? 사람들이 플라톤을 보호하자고 내세우므로, 플라톤 자신에게 까지 거슬러 올라가는 것도 무익하지는 않다. 그리스 도덕에 관해 가장 빛나는 전문가의 한 사람인 존 애딩톤 시몬즈74)(John Addington Symonds)는 그것을 다음 말로 정의하고 있다. "남성과 어린 남성의 정열적이고 열광적인 애착이며 사회로부터도 인정되고 여론에서 보호되고 있으며 성욕이 없지

72) Massey, op.cit., p. 117.

73) Hubler, op.cit.. p. 153.

74) John Addington Symonds, 『그리스 윤리의 문제』(*A Problem of Greek Ethics*), Londres, 1908, p. 50.

않음에도 불구하고 단순한 방종으로 떨어지는 것은 아닐 것이다." 그리고 『플라톤파의 사랑이론』이란 학문적인 책의 저자인 레옹 로벵(Léon Robin)75) 교수는 만일 플라톤파에서 젊은이에 대한 사랑이 "여성에 대한 사랑보다도 우월하다"고 여긴다면 "그것은 정확히 그것이 관능적 열정을 끌어들이기 더 쉽기 때문이다"라고 기술하고 있다. 이처럼 이 조예 깊은 교수의 증언에 의하면 플라톤적인 사랑은 육체적인 매혹에 근거하고 있으며 이어서 사람은 그것을 정신적인 것으로 하려고 노력한다. 관능적인 동성애가 고대 그리스에서 광범하게 행해졌다는 것은 잘 알려져 있다. 그것은 아마 아주 멀리 떨어진 시대, 수렵과 전쟁 속에 있던 미개인의 우애[동지애]까지 그리고 아마도 또한 월경중의 피에 대한 미신적인 공포에까지 거슬러 올라가는 것이다. 따라서 소크라테스와 플라톤이 뭔가 하나를 발견했다는 것은 아니다. 그들은 당시 유포되어 있던 성행동을 단지 고상하게 하고 세련되게 하고 프로이트 식으로 말하면 '승화'시켰다. 중세에도 마찬가지로 오히려 조야한 이성애 에로티즘은 기사도적인 사랑으로 이상화되었다.

그러나 정신화된 사랑이 전적으로 성을 벗어났다는 것도 결코 아니라는 것을 반복해두자. 르네상스의 사람들, 몽테뉴, 라 보에띠76)(La Boétie), 미켈란젤로, 레오나르도 다빈치, 그리고 셰익스피어가 플라톤 속에서 모범을 찾았던 사랑스러운 우정은 플라토닉하다고 즉,

---

75) Léon Robin, 『플라톤파의 사랑이론』(*La Théorie platonicienne de l'Amour*), 1908, p. 191.

76) Etienne de La Boetie(1530~1563). 어린 나이에 『자발적 복종』이란 저서를 남겼다. 한글본은 박설호 옮김, 『자발적 복종』, 울력, 2004—옮긴이 주

육체를 완전히 벗어났다고 긍정하는 것은 상당히 잘못이다.

허블러 교수는 만약 『소네트』가 동성애적이라면 동시대인들은 틀림없이 그것을 눈치챘을 것이며 그것에 악평을 가했을 것이라고 말한다.[77] 그런데 그러한 것은 전혀 일어나지 않은 것 같다. 이 논의는 아주 취약했다. 왜냐하면 셰익스피어의 『소네트』가 당시 스캔들로 되지 않았던 것은 정확히 '그리스의 사랑'이 르네상스 사람들에게는 거의 쇼크를 주지 않았기 때문이며, 셰익스피어가 자신의 커다란 사랑의 표현에 아주 정확한 성적 느낌을 결코 부여하지 않으려고 배려한 것은 또한 아마 생각하지 못한 스캔들을 피하려고 했기 때문일 것이다. 현대에서 앙드레 지드처럼 그는 문학에서는 소년들에 대한 사랑을 '플라토닉'한 우정의 미명 아래 숨기는 것이 현명하다는 것을 배웠다. 그리고 이 마음씀씀이는 그의 격렬한 정념 속에서는 실제로 정신적인 것이 상당히 커다란 위치를 점하고 있었으므로 그것만으로는 그에게는 쉬운 것이었다.

좋아하든 싫어하든 관계없이 한번 인정되면 시인의 마음속에 여성의 지위를 빼앗는, 상당히 강하고 우세한 이 '우정'에 관해서 『소네트』의 정숙한 주석자들은 그 이후 그 절대적인 '순수함'을 증명하려고 노력한다. 메이시는 어떠한 시편도 우정이 동성애 관계의 "비천한 면을 가지고 있다는 것을 증명하기 위해서 사용될 수 없다"고 주장한다. 그는 셰익스피어의 남성의 우정 속에 '성스러운 우아함'(sacred sweetness)을 발견하며 목가적으로 열거하는 용어로 모든 청교도적인 덕을 셰익스피어에게 돌리며 셰익스피어를 빅토리아조 부르주아의 전형으로 삼

77) Robin, p. 159 ; Massey, op.cit., pp. 191-192.

는다. 이 품행의 모범, 이 남편, 이 나무랄 데 없는 가정의 아버지가 어떻게 불륜한 사랑의 늪에 빠질까?[78] 셰익스피어가 이어서 아버지로 되는 것이야말로 그렇게 말하고 싶다면 그의 이성애의 '기술적인' 증거가 아닌가 하고 허블러는 목청을 높인다.[79] 그러나 그것이 정말 셰익스피어의 작품을 쓴 스트라트포드[셰익스피어의 출생지]의 남자일까?[80] 그리고 한편으로는 증명하는 많은 예가 있듯이 동시에 부부생활과 소년들에 대한 사랑을 영위할 수도 있지 않을까?

그러나 비평가 허블러는 완전히 확신하지는 못한다. 그는 젊은이에 바쳐진 소네트 가운데 가장 좋은 것은 '깊게 감동시키는' 것이며, 시인의 애착이 그리 일상적이지 않은 방식으로 거기에 표현되고 있다는 것을 인정한다. 그리고 그가 동성애관계에 관한 가설을 최종적으로 물리쳐도, 그것은 이 가설에서 선명한 용어로 표명되고 있는 정념이 그의 눈에는 '지극히 이상하게' 보이기 때문이며, 그래서 셰익스피어, '앵글로색슨 문화 최고의 천재'는 '이상'할 수 없다는 것이다.

그러나 허블러는 적어도 양보의 양보를 거듭해간다. 그는 시인이 젊은 남자의 육체적인 아름다움을 칭송하는 것을 인정한다. 그러나 그것은, 시인은 플라톤의 정통 제자로서 육체적인 아름다움을 비물질적인 영역으로 승화시킨다고 더욱이 지당하게 곧바로 부가하기 위해서이다. 우리 시대의 인물인 교수는 동료인 킨제이를 읽었고, 킨제이를 읽은 것은 아주 비밀스럽게 '부분적인 동성애'의 가능성을 인정케

78) Massey, op. cit., p. 196, 265, 267, 550, 559.
79) Hubler, op. cit., p. 155.
80) 참조. 나의 글, 「Shakespeare à Stratford」, *Les Lettres Nouvelles*, n'67, janvier 1959.

했다. 그는 또한 현대 심리학의 교훈에 관해서도 모르지 않았다. 그는 인간이 동성에 대해서 느끼는 애정은 본질적으로 이성에 대해서 느끼는 애정과 다르지 않다는 것을 승인한다. "애정 그 자체는 남성적이지도 여성적이지도 않다"고 그는 명석한 섬광 속에서 쓰고 있다. 그러나 마치 그는 이미 자신의 대담성을 두려워하듯이, 애정은 상대가 이성이 아니면 성적인 것으로 될 수 없다고 선언하며 정정해버린다. 그리고 현대 정신분석학의 모든 성과를 경멸하는 단순한 가정에서 출발하여 허블러 교수는 셰익스피어의 젊은이에 대한 애정은 성적인 것이 아니었다고 결론짓는다. 굳이 반대를 주장하는 것은 좋은 먹이감이 된다. 『소네트』의 시인을 동성애자라고 생각하려는 사람들은 "모든 소수자 집단의 성원처럼 자신들의 수를 증가시키기를 열망하는 주지의 동성애자들이다!"라고 준엄한 주석자는 격렬하게 비난한다.[81] 다른 말로 하자면 셰익스피어의 『소네트』에 관해서 그와 다른 해석을 하려는 것은 누구에게도 '악습'의 무서운 뻔뻔스러움에 몸을 드러내는 것으로 된다. 실제 정통적인 풍습의 테러리스트적인 파수꾼들은 좋은 쪽에 속한다. 그들의 주장의 반대자들—그중에는 "남성과의 관계"는 "모든 육욕에서 벗어나" 있지는 않다는 것을 증명하는 것 같은 피에르 장 주브—은 사람들이 비난하듯이 '개종권유'를 하려고 노력하지는 않지만, 정말로 너무 완고하게 왜곡된 사실을 복원하려고 했다고 파수꾼들에게 반박할 수 있을 것이다.

* * *

81) Hubler, p. 158, 80~81, 94, 156, 151.

설명을 분명하게 하기 위해서 나는 지금까지 셰익스피어의 『소네트』와 연극[희곡] 사이의 상관관계를 찾아내려고 시도해왔다. 그러나 전체적으로 또는 부분적으로 대시인의 특징을 갖추고 있는 극의 걸작과 논의의 여지없이 같은 연필로 쓰여진 『소네트』 사이에는 긴밀한 관계가 있다. 두 작품은 서로 비추고 있다. 『소네트』를 읽지 않은 사람(또는 대충 읽은 사람)은 예를 들면 어떠한 사랑의 경험 속에서 극작가가 자신의 사랑에 관한 깊은 인식을 끌어냈는지 알지 못한다. 『소네트』의 청교도적인 주석자들은 반드시 극작품에서 구원을 구하고, 모든 셰익스피어의 희곡 속에서 가장 커다란 중요성이 사랑과 성에 부여되어 있지만 동성애는 거기서는 거의 문제로 되지 않는다고 결단코 주장한다. 그러나 허블러 교수의 이 신랄한 단언은 그의 저서의 다른 부분과 모순되는 것이 사실이며, 그는 우정의 테마는 셰익스피어의 작품을 통해서 놀랄 정도로 집요하게 반복하여 나타나고 있다고 인정하고 있다.[82]

언제나 우아함과 격렬함을 띠고 있는 남성적 우정의 어느 정도 많은 예를 구하기 위해서 여기서 셰익스피어의 연극[희곡]을 빠짐없이 탐구할 수는 없다. 적은 수의 극작가만이 이 테마를 마찬가지로 집요하게 배려하면서 집어들었다.[83] 젊은 남성의 육체적인 매혹을 마찬가지로 관능적인 자극으로 칭송하는 극작가들은 아주 드물다. 그리고 『헨리4세』 속에서는 할(Hal) 공과 그의 젊은 친구들이 다음과 같은

---

82) Hubler, p. 152, 108.
83) 참조. 예를 들어 『아네테의 티몬』(*Timon d'Athenes*), 『로미오와 줄리엣』(*Roméo et Juliette*), 『햄릿』(*Hamlet*) 등.

말로 묘사하고 있다.

> 오월의 달처럼 정기에 차 있고,
> 한여름의 태양처럼 빛나며,
> 어린 산양처럼 변덕스럽고 송아지처럼 거칠다.84)
> As full of spirit as the mouth of May,
> And gorgeous as the sun at midsummer,
> Wanton as youthful goats, wild as young bulls.

『트뢰일루스와 크레시다』에서 젊은 그리스인의 매력은 환희에 차서 격찬되고 있다.85)

그럼에도 불구하고 발자크가 뤼시앙 드 뤼방프레(Lucien de Rubempré)와 보트랭(Vautrin, 특히 발자크 소설의 인물)86)을 만났을 때처럼 말하게 하면서, 시인은 『왕의 밤』87) 속에서 동성애 테마를 가볍게 다룬다. 거기서는 기적에 의해서 난파선으로 피해간 젊은 아름다운 세바스찬(Sébastien)이 보이고, 그는 구세주인 선장[안토니오]으로부터 지치지 않고 환심을 사게 된다. 이 선장의 신랄하고 억제된 절망적인 사랑은 『소네트』의 말에 아주 가까운, 정념을 포함한 많은 말 속에 넘쳐나고 있다.

> 위험이 떠다니는 것처럼 보일지라도 나는 당신을 열렬히 사랑한다……. 나는

84) 『헨리 4세』(*Henry IV*), 1부, 4장 1절.
85) 『트뢰일루스와 크레시다』(*Troïlus et Cressida*), 4장 4절.
86) 참조, 나의 연극 각색, 『보드랭』(*Vautrin*), d'apres Balzac, 1960.
87) 『왕의 밤』(*Nuit de Rois*), 2장 1절과 3장 3절.

당신의 그늘에 머물 수 없었다. 뾰족한 칼보다도 예리한 나의 욕망은 당신에게로 나를 몰아세웠다. 내가 여기에 있는 것은 단지 당신을 보려고 하는 사랑의 갈망 때문만은 아니다. (나에게는 더욱 긴 여행을 계획할수록 그 바람이 강해진다고 할 수 있다.) 그래서가 아니라 여행 도중에 당신에게 일어날 수 있을 것에 대한 질투 때문이었다…….

I do adore thee so, that danger shall seem sport……. I could not stay behind you : my desire more sharp than filed steel, did spur me forth ; and not all love to see you — though so much as might have drawn one to a longer voyage — but jealousy what might befall your travel….

확실히 또 한번 엘리자베스 시대에는 똑같은 말이 사랑과 우정을 표현하기 위해서 사용되었다고 이의를 제기할 수 있다.(그것은 아마 반-동성애 금기의 힘이 약하다는 사실에 의해서 두 가지 감정이 그리 구별되지 않았기 때문이다.) 그리고 말의 뜻을 달리 파악하면 세바스찬에 대한 안토니오의 행동이 관능적인 화염을 폭로한 것에는 변함이 없다…….

만약 명백한 형태로는 동성애가 셰익스피어의 연극 속에는 드물게 밖에 나타나지 않는다면, 그것은 아마 시인이 동성애에만 전념하지 않았기 때문이며, 또한 셰익스피어에게는 그의 동시대인에게서와 마찬가지로 주요한 것은 사랑, 정서, 더욱이 쾌락이며, 상대의 성은 이차적인 것이었기 때문이다. 한 사람의 남성의 사랑이 여성에 향해지든 남성에 향해지든, 그것은 언제나 [대문자]사랑이다.

셰익스피어의 연극 속에서 그리고 특히 『햄릿』 속에서 사람들은 반음양(mysognie)[88]의 신기한 징후를 분간해 낸다. 그리고 존스 박사

88) 여성과 관련하여 경멸의 감정, 결국은 적대감을 나타내는 성격특성을 말한다. —옮긴이 주

는 '일반적으로 여성에 대한 그리고 특수하게는 오필리아(Ophélia)[햄릿의 연인]에 대한 햄릿의 반발의 강도'를 강조한다. 그것은 ('검은 여인'이 『소네트』의 시인에게 영감을 준 것에 아주 가까운) 진정한 '육체적인 혐오'의 형태를 띤 반발이며, 덴마크의 젊은 귀공자가 그의 학교친구이며 유일하게 마음속에 둔 친구 호라치오(Horatio)에 대해 품고 있는 깊은 애정과 비교해 볼 때 그 모든 의미를 드러낸다.[89)]

존스 박사는 햄릿은 셰익스피어 자신처럼 양성애적이었다고 결론짓는 것을 거리끼지 않는다. 극작가의 눈에는 남성과 여성은 둘 다 불완전하며 또한 둘 다 이성(異性)의 속성을 결여하고 있다. 『소네트』의 연인이 시인에게 아도니스이자 헬레네인 것처럼 『존 왕』 속에서 셰익스피어는 프랑스의 젊은 황태자와 그의 약혼자에 대해 다음과 같이 말하고 있다.

> 불완전하다면 그는 그녀가 아니기 때문이오 ;
> 그리고 그녀는 다시 아무것도 원하지 않소, 원한다고 말한다면,
> 원하는 것이 있다면, 그것은 그녀가 그가 아니라는 것은 아니오.[90)]
> If not complete of, say he is not she ;
> And she again wants nothing, to name want,
> If want it be not that she is not he.

거기로부터 아마 동시대의 모든 극작가처럼 셰익스피어가 실제로 점차 행한 위험한 놀이가 생겨났다.(그리고 이 전통은 18세기까지 프랑스의 마리보Marivaux[91)]와 이탈리아의 골도니Goldoni[92)]까지 이어졌다.) 그것은

---

89) Jones, op.cit., 96, 98, 129 -130 ; Lefranc, op.cit., 399~400.
90) 『존 왕』(*King John*), 2장 1절.

등장인물들을 가장시키고 남성으로 변장한 여성이 여성들이나 남성들에게 동시에 일으키는 혼란스런 반응을 관찰하는 것이었다. 당시의 무대에서는 그 애매함[이중성]은 훨씬 더 음란함이 가미된 것처럼 보였다. 왜냐하면 사람들도 알듯이 여성역할은 청년에 의해서 연기되었으며 이어서 의상을 바꿔 입어 여성으로부터 남성으로 다시 바뀌었기 때문이다.[93]

마지막으로 시인의 유서인 『폭풍』[94] 속에서 그에게 영감을 준 것, 그의 여신(『소네트』에서 청년 같은 미의 신), 신비적이고 매혹적인 아리엘(Ariel)[에어리얼][95], 이 천사는 남자도 여자도 아니다. 자신의 절충적인 취향을 넘어서 '윌리엄 셰익스피어'라고 사인한, 『폭풍』 속에서 프로스페로(Prospero, 주인공)의 입을 대신하여 말하는 익명의 작가는 양성의 대립을 감수하기에는 상당히 보편적인, 상당히 변증법적인,

---

91) Pierre Marivaux(1688~1763). 프랑스의 극작가. 사랑을 주제로 한 희극을 썼으며, 낭만적인 정경, 미묘한 차이에 대한 날카로운 감각, 섬세한 감정의 음영, 능란하고 재치 있게 주고받는 말솜씨 등은 그의 작품의 전형적인 특징이다. 이러한 언어구사를 마리보풍 언어구사라고 할 정도이다. 프랑스에서 오늘날 그의 희극은 몰리에르의 작품 다음으로 자주 공연된다고 한다.—옮긴이 주

92) Carlo Goldoni(1707~1793). 이탈리아의 극작가. 골도니는 이탈리아 희극의 주류를 이루고 있던 코메디아 델라르테(극의 큰 줄거리만 있고 나머지는 배우의 즉흥적 연기와 대사로 이루어지는 극)에서 작가가 대사와 동작을 모두 연출하는 형식으로 바꾸어 놓았다. 또한 종래의 가면희극을 현실세계에 입각한 성격희극으로 바꾸어 놓았다.—옮긴이 주

93) 다른 점에서는 셰익스피어의 연극을 잘 이해하고 있는 고돈 클레이그(Gordon Craig)와 최근 대화했을 때 그는 나에게는 미치광이 같다고 생각되는 가설을 제기했다. 그것은 『소네트』의 젊은이는 사실 젊은 여성이었으며 그녀는 무대에서 여성의 역할을 연기했기 때문에 끊임없이 청년으로 되어야 했고 시인만이 그 본래의 성을 알았을 것이라고 하는 것이다. 그러나 이 『소네트』를 이성화(異性化)하기 위한 새로운 독특한 시도는 불행히도 어떠한 증명의 단서도 가지고 있지 않다.

94) Shakespeare, 『폭풍』(*Tempête*).

95) 『폭풍』의 주인공 Prospero의 충복인 공기의 요정.—옮긴이 주

상당히 종합적인 천분을 가지고 있었다. 이 대립[분화]은 아마 적어도 부분적으로는 자연 속에 존재하지만 그러나 우리의 눈에 비치는 사회는 과도하게 까지 그것을 과장하지 않을까? 시대를 뛰어넘어 있던 셰익스피어는 양성을 보다 높은 본질, 즉 총체로서의 인간의 본질 속에 융화시키려고 이미 노력하고 있었다.

성혁명은 같은 방향으로 나아가고 있다. 즉 우리는 남녀 양성성의 시대에 들어서고 있다.

안나 드 노아유에게서 육체적 사랑

나는 오늘날 안나 드 노아유(Anna de Noailles)[1]의 시가 패각추방(貝殼追放)의 희생자가 된 것은 대부분 부당하다고 여기서 제안하고 싶다. 의심의 여지없이 그녀의 스타일은 어느 정도 약간 단정치 못하고 전적으로 불규칙하고 종종 심지어 부정확하며 경탄할 만한 순간들에 과실, 부적절한 용법, 부주의가 이어진다. 그러나 그 울부짖음이 잘 터지고 정확하게 소리날 때, 그것은 시대의 증거로 쉽게 살아남고, 문학적 양식의 변덕에도 불구하고 항상 이해된다.

안나 드 노아유의 시집을 구성하는 시귀에 가까운 이 말 많은 잡지의 본질적 주제, 육체적 사랑이라는 주제는 프랑스적인 엄격함, 남성적인 활기, (스노비즘에 그리고 단호하게 입 다물게 하는 분석에서) 격한 지성을 가지고 다뤄진다. 경멸하는 사람들에게 실례지만, 이 이른바 낭만주의의 시대에 뒤진 딸은 낭만적 사랑을 잔인하게 탈신비화한다.

---

1) Anna-Elisabeth Mathieu de Noailles(1876~1933), 프랑스의 시인. 아버지가 루마니아의 왕자이고, 외할아버지는 터키의 파샤이다. 프랑스인 백작과 혼인하기 훨씬 이전부터 프랑스에서 생활하면서 프랑스어로 작품을 썼다. 노아유와 우정을 나눈 문인들 가운데는 소설가 마르셀 프루스트와 콜레트, 시인 폴 발레리와 장 콕토가 있다. 시집으로는 『헤아릴 수 없는 마음(*Le Coeur innombrable*)』(1901), 『나날의 그림자』(1902), 『광채(*Les Éblouissements*)』(1907), 『생자(生者)와 사자(死者)』(1913), 『영원한 힘』(1920), 『고통이라는 명예(*L'Honneur de souffrir*)』(1927) 등이 있는데, 모두 자연에 대한 감각적인 애정의 숨결을 느낄 수 있다. 후기 작품에는 쇠락해갈 수밖에 없는 자신의 육신에 대한 불안감이 짙게 배어 있다. 관능적인 향락과 불안과 우수(憂愁)가 담긴 시를 즐겨 썼다. 소설로는 『놀란 얼굴』(1904), 『지배』(1905) 등이 있다.—옮긴이 주

모든 것이 제 자리를 찾아가게 되어 안나 드 노아유가 성혁명의 선구자들 속에 자리를 차지할 날이 멀지 않다고 나는 믿는다.

첫 시집에서 농촌에 살며 야채를 재배하면서 안나 드 노아유는 남자상대에게 다가가기 위해서 자연에 속해 있다. 그녀를 복종하게 하는 육체적 욕망은 세상의 아름다움을 껴안고 싶어 하게 한다. 그러나 세상의 아름다움은 결코 그녀를 만족시키지 못한다. 그때 그녀는 인간신체를 시험해 본다. 그리고 그것은 우선 영혼적 존재에 투사하고 자신에게 충전하려는 우주에 대한 그녀의 사랑이다.

나는 너에게 어떤 사랑도 흉내내지 못할 사랑을 주었다,
바람과 숲새가 가득한 정원,
그리고 내 마음에 무한히 빛나는 온갖 하늘빛,
　그러나 너에게 좁혀져.
Je te donne un amour qu'aucun amour n'imite,
Des jardins pleins de vent et des oiseaux des bois,
Et tout l'azur qui luit dans mon cœur sans limite,
　Mais resserré sur toi.

그녀의 발걸음은 더 멀리 간다. 이제 영혼적 존재는 우주의 반사물이 아니라 마법들이 그 속에서 상처입는 이 우주에 반대해서 그녀를 지키는 스크린이다.

당신의 뻗은 팔이 놓입니다
나를 압박하는 공간 앞에.
Que vos bras étendus soint mis

Devant l'espace qui m'oppresse.

고통받는 나의 마음에 감추오
투명하고 푸르스름한 심연을.
Dérobez à mon cœur qui souffre
Le limpide et bleuâtre gouffre.

그러나 그녀는 이 피난의 허무함을 표현한다.

인간의 영혼은 어찌해야 할지 모르기 때문에
분위기를 장식하는 부드러운 아름다움에서
믿어, 너에게서 또다른 슬픈 마음을 떼어내면서
동시에 향유하고 행복을 즐긴다
그러나 아! 우리에게 읽어주는 과도한 쾌락
그 달콤한 심연 속으로 끌어들일 수 없어
내가 고통스러워하는 매력적이고 잔인한 우주.
Car l'âme des humains ne sachant pas que faire
De la molle beauté qui pare l'atmosphère
Croit. en prenant sur toi un autre triste cœur
Savourer à la fois et tarir le bonheur.
Mais hélas! l'excessif plaisir qui nous lia
N'a pas pu entraîner dans son suave gouffre
Le charmant et cruel univers don't je souffre.

상대[파트너]를 넘어서 그녀는 우주에 대한 향수를 보존한다.

우리는 하늘을 꿈꾼다
심지어 연인의 품에서
행복하고 달콤하여, 당신은 내가 만족한다고 믿습니다.
당신은 어떻게 무한[절대자]이 나를 유혹하는지 알 수 없을 것입니다.

On rêve du firmament
Même aux bras de son amant.
Etant heureux et doux, vous me croyez contente.
Vous ne pouvez savoir quel infini me tente.

그녀는 그[무한]를 넘어서 뿐만 아니라 그 이전에도 사랑한다.

저는 더욱 심각한 그리고 더욱 낡은 사랑의 파도를 지고 있어요
당신에 앞섰던 그리고 당신을 따라 갈 수 없는 사람들.
Je porte un vague amour, plus grave et plus ancien
Qui t'avait précédé et ne peut pas te suivre.

상상적인 것과 결국 욕망대상인 이 불쌍한 것 사이에 얼마나 거리가 먼가.

아! 이 절제 있는 창조물이 갑자기 우리의 길[앞]에 나타날 수 있고, 그녀는 상상력을 자극하는 순진하게 속이는 이 얼굴을 지녔고 갑자기 우리는 자신의 솔직한, 놀라운 진실 앞에 있었고 사람들은 자신들의 무한한 욕망, 제한 없는 영혼의 증거에 의해 무장해제되었다고 느끼고, 여성의 열정에 대한 얼마나 치명적인 실망!

Ah! que ces créatures modérées puissent soudain surgir sur notre route, qu'elle aient ces visages innocemment trompeurs qui soulèvent l'immagination et que tout à coup l'on se trouve devant leur vérité honnête, stupéfiante, que l'on se sente désarmé par l'évidence de leurs désir limités, de leur âme snas étendue, quelle mortelle déconvenue pour l'ardeur féminine!

그러는 동안 이 사기는 아주 음탕한 문제거리를 획득한다. 그녀의 심장은 영혼적 존재의 궁핍으로 고통받지만 그녀의 신체는 그것을 유약하게 그리고 무장해제 된 듯 느끼며 기뻐한다. 그녀는 그가 여성적이어서 좋아하고 자신을 남용하는 것이 마음에 든다.

그리고 네가 결국 종려나무 사이로 오는 것을 본 이래,
순결한, 확신한, 두려움 없이, 고요한 당신의 눈,
치명적인 운명이 있는 술 취한 내 품으로
당신은 아주 힘들어 하고 아플 거야 ;
그때 당신의 손을 잡는다, 갑자기 염소가
까막 까치밥 나무의 꽃을 뜯고 좁은 도금양[식물]을 부러뜨리고
그리고 감은 눈은 처음으로
당신의 입술 사이에 잠자는 겸손한 따뜻함을 빨아들였다.
Et puis te voir enfin venir entre les palmes,
Innocent, assuré, sans crainte, les yeux calmes,
Vers mes bras envirés oú le destin fatal
Te pliera durement et te fera du mal ;
Alors saisir tes mains, comme la brusque chèvre
Mord la fleur de cassis et rompt le myrte étroit
Et les yeux clos avoir pour la première fois
Bu l'humble tiédeur qui dort entre tes lèvres.

독자가 어떤 목가적인 배경에서 클로에(Chloé)를 읽는 다프니스(Daphnis)[2]로 나타나도록 하기 위해서 그는 순결하고 확신 있게 쓰는 것으로 충분하다.

이 여성-인간은 자신의 연인으로부터 총체적인 수동성을 요구한다.

양치기 아가씨, 결국 달콤한 육감을 받아들입니다.
Cher pâtre, accepte enfin la douce volupté.

……나의 사랑, 애무를 향해서 부드럽게 보여주오.
만약 당신이 원하면, 떠나, 낯선 곳에서, 잠자며 ;
당신의 고요한 눈을, 좀더, 반쯤 감고.
……Mon amour, montre-toi doux envers la caresse
Si tu veux, sois absent, étranger, endormi ;
Ferme tes calmes yeux, davantage, à demi.

……당신은 똑같이 있을 때,
죽어가며 격렬한 전쟁을 승리로 이끌었던.
자랑스럽게 죽은 이들 젊은 전사들에게
당신의 유약한 힘을 잃고.
……Quand tu sera pareil, perdant ta faible force

2) '다프니스와 클로에'는 2세기말에서 3세기 초 무렵 고대 그리스에서 쓰여진 사랑 이야기이다. Daphnis는 헤르메스 신과 시칠리아 요정의 아들이었는데 월계수(그리스어로 '다프네') 숲속에서 목동들에게 발견되었다. 자라서 요정 클로에의 사랑을 받았지만 그녀에게 불성실했다는 사실이 밝혀지자 클로에는 그를 장님으로 만들었다. 다프니스는 플루트를 불고 목동의 노래를 부르면서 자신을 달래려고 애썼지만 얼마 가지 않아 죽었다. 라벨이 발레곡으로 만들기도 하였다.—옮긴이 주

A ces jeunes guerriers, orgueilleux et mourants
Qui gagnaient la bataille ardente en succombant.

이 사랑하는 사람은 끊임없이 욕망이 채워지지 않는다. 신체를 향해서 사랑하는 사람을 버린 우주를 사랑하는, 우주를 향해서 사랑하는 사람을 버린 신체를 사랑하는 사람. 그러나 어느 날 그처럼 많은 잘못된 길[발자취]의 자국을 본뜬 후 사랑하는 사람은 "자신을 위해 준비된" 얼굴을 만났던 것 같다. 결국 만족하여 사랑하는 사람은 우주를 잊어버리고 전도[도착]에서 벗어난다. 사랑하는 사람은 충분히 여성적으로 다시 된다. 사랑하는 사람은 결국 헌신하고, 벌거벗은 젊은 남성의 거대한 구도 외에 더 이상의 영역을 모른다.

나의 멍든 어깨와 너의 무거운 머리.
Mon épaule meurtrie et ta tête pesante.

나의 격한 운명을 돌려주는
너의 이빨 위에 있는 너의 입술.
Ce sont tes lèvres sur tes dents
Qui rendent mon destin hagard.

너의 손의 그 아름다운 혈관의
……생생하고 은밀한 여유.
……La vive et secrète aisance
Des belles veines de tes mains.

시인은 우리에게는 결코 상대의 정확한 이미지를 넘겨주지 않는다. 즉 시인의 사랑은 그 사랑의 대상 보다 훨씬 더 중요하였다. 이제 시인의 사랑은 운동가의[건장한] 실루엣을 불러일으키는 데 만족한다.

매미의 저명한 엘라드(Hellade)[고대 그리스]
거기서, 의심의 여지 없이, 올림픽 경기에서
너의 한결같은 매력이 움직인다.
L'illustre Hellade des cigales
Où, sans doute, aux jeux olympiques
Se mouvaient tes grâces égales.

플라톤, 엠나살크(Mnasalque), 디오티메3)
당신은 주변을 시끄럽게 했다 ;
나 자신은 당신을 사랑하고, 고통받고, 죽을 지경이다.
Platon, Mnasalque, Diotime
T'eussent entouré de clameurs ;
Moi je t'aime, je souffre et meurs.

사랑하는 사람은 "**행복한 파렴치함**"을 좋아하며, 쾌락 속에 빠지지만 결국 평정심을 되찾는다.

격정하지 마십시오, 나의 무감각을,

---

3) 디오티메(Diotme)는 플라톤의 『향연』에서 여사제로 나와 소크라테스의 이야기를 통해 영혼불멸의 욕망을 통한 사랑을 주장한다. Anytè Mnasalque는 그리스의 도시 시키온(Sicyon)의 시인으로, 이 시인은 이선 세기의 귀족 이상을 포기하고 폭 넓은 인간의 문제에 열려 있었다.—옮긴이 주

그 깊은 충격을, 나의 반(半)-죽음을.
Ne t'inquiète pas de mon hébétude,
De ces chocs profonds, de ma demi-mort.

그리고 더욱이,

쾌락, 사태의 끝,
영원히 존재에게 말걸기,
충만, 사막, 폐허, 엄청난 휴식.
Plaisir, terme des choses,
Accostage de l'être avec l'éternité,
Plénitude, désert, ravage, immense pause.

그러한 과잉 이후에 욕망은 잘 유지되고 여기서 한번은 만족한다.

그러나 그 긴 쾌락 이후에
우리 모두는 나태하고 한가롭다.
Portant, après ce long plaisir
Tout nous est paresse et loisir.

……오 나의 귀중한 동료,
사람들은 욕망으로 고통받을 뿐인가?
……O mon cher compagnon, serait-ce
Qu'on ne souffre que de désir?

고통, 그녀의 것 그리고 다시 그 이상 자신의 애인의 고통을 길러

온 그녀는 여기서 그것을 압축하여 니체식 정식으로 만든다.

그리고 아마도 그 고통은
유일하고 암담한 죄이다.
Et peut-être que la souffrance
Est l'unique et sombre péché.

방금 그녀는 과잉되게 자신의 애인을 짓누른다. 이제 그녀는 자신의 자존심과 그의 폭력조차 거부한다. 그녀는 그냥 지나칠 수 없는 것들에 보조를 맞추는 데 동의한다.

나는 마치 상처를 입힐 위험을 지녔다
심지어 오래 전부터, 당신의 무심함에.
나의 손은 균형잡힌 당신의 아름다운 손을
잡는 것을 포기했다.
나는 당신의 삶에 한정되어 있다,
당신의 소원의 한계까지,
부드러움과 평화를 피하는 데
적합한 신을 물리치며.
J'ai si peur meurtrir
Même de loin, ta nonchalance.
Ma main se prive de saisir
Ta belle main qui se balance.
Je me bornerai à ta vie,
Aux limites de tes souhaits,
Repoussant le dieu qui convie

A fuir la tendresse et la paix.

필수불가결한 신체를 보존하기 위하여, 그녀는 몫을 받기까지 한다.

누군가가 당신을 좋아한다면, 그를 사랑하고,
그 새로운 얼굴을 유린한다.
Si quelqu'un te plaît, va l'aimer,
Dévaste ce nouveau visage.

……당신은 똑같이 마음을 품을 수 있습니까
당신을 불러대는 모든 영혼에게?
그들의 부드러운 싸움들을 경멸하며 :
사랑한다는 것은 관대해지는 것입니다.
……Peux-tu nourrir également
Toutes les âmes qui t'appellent?
Dédaigne leurs tendres querelles :
Etre aimé, c'est être clément.

그녀는 변덕스런 애인이 다른 여성을 고통스럽게 할 것이라는 희망 속에서 그리고 애인이 자신에게 되돌아올 것이라는 확신 속에서 보상을 찾는다. 그녀는 가장 강한 것이 아니기 때문에?

그러나 고통에 대한 자신의 거부에도 불구하고 그녀는 이제 또 다른 드라마를, 젊은 여성과 싸우는 성숙의 드라마를 만난다. 경험이 없는 젊은 청년은 삶의 단면에서 축배를 든 한 여성의 마음을 너무 다룰 줄 모른다.

당신은 미인을 가질 수 없습니다,
근면한 노력에도 불구하고,
욕망도 죽음도
당신을 충분히 사로잡고 있지 못하므로.
Tu ne peux avoir de bonté,
Malgré de studieux efforts,
Puisque ni le désir ni la mort
Ne t'ont suffisamment hanté.

육욕적인 삶에 대한 정확하고 쓰라리고 현대적인 자신의 그림 속에서 낭만주의의 나무그늘 이상이다. 그녀는 획득한 육체에, 자신의 '슬픈 현존'에 만족한다. 입을 여는 것조차 무용한.

만약 정말 그 말들이 당신을 당황하게 하면,
아무것도 말하지 마라, 꿈……
Si vraiment les mots t'embarrassent,
Ne dis rien, rêve……

그녀는 그에게 어떠한 비난도 하지 않는다. 즉 그가 아름답다면, 그리고 그녀가 그를 사랑한다면 그것은 그의 잘못이 아니다.

당신은, 비장한 얼굴을 하고는,
당신의 눈[입장]에 책임을 지지 않아요.
Tu n'es pas, face pathétique
Responsable d'avoir tes yeux.

그녀는 그것을 안다. 즉 애초의 벼락으로부터 자신의 열정은 실수였다. 그녀가 다시 그것을 피할 수 있는 순간이 있었다. 그러나 그후부터 그녀는 사로잡혀 있다[포로이다].

확실히, 당신은 나를 위해 창조되지는 않았어요, 소중한 존재,
　그러나 나는 욕망에 의해 그것을 믿어요.
나의 이성은 말해요 : 아니 ; 나의 심장은 말해요 : 아마도 라고,
　그리고 사람들은 죽지 않으려고 노력하죠.
Certes, tu n'étais pas créé pour moi, cher être,
　Mais je le croyais par désir.
Ma raison disait : non ; mon cœur disait : peut-être,
　Et l'on tâche à ne pas mourir.

그녀는 사랑하는 존재에게 절대적으로 의존하며 '살아 있는 아름다운 사람의 노예'이다.

나는 당신을 필요로 할 뿐
사람을 필요로 하지 않는 당신을.
Je n'ai besoin que de toi
Qui n'as besoin de personne.

……나는 삶과 하늘을 본다
당신의 불안이 지나가는
얇은 그림유리창을 통해서만.
……Je ne vois la vie et le ciel

Qu'à travers le vitrail léger
Qu'est ton nuage passager.

오 내가 그것에 의해 살 수 있고 죽을 수 있는 얼굴.
O visage par qui je peux vivre et mourir.

나는 기다린다 ; 그것은 나의 심장에 뭔가를 넣는다
열광적으로 그리고 나약하게.
J'attends ; cela met quelque chose en mon cœur
De frénétique et de débile.

그녀는 그 때문에 발가벗겨져 있다. 즉,

나는 모든 것을 소유했지만 당신을 사랑했다.
이 거지생활에 대해서 반성하며.
Je possédais tout, mais je t'aime.
Songe à cette mendicité.

……고통 없는 옷 없는 존재
그리고 그 부드러운 굴욕 속에서
당신으로부터 동냥을 받으며.
……Etre sans pain, sans vêtement
Et dans un tendre abaissement
En receivoir de toi l'aumône.

이 세상의 재산은 그녀에게는 더 이상 관심을 끌지 못하지만, 그녀는 하나의 존재에 묶여 있다고 느낀다.

신성한 무덤 속에서 나는 죽은 사람으로 있다,
그리고 나의 삶은 살아 있는 사람 속에서 다시 눈물에 젖어 있다.
Dans un tombeau sacré je suis comme une morte,
Et ma vie est encore en pleurs dans un vivant.

이 거만한 사람은 겸손할 정도로 자신을 낮춘다.

겸허하게 받아들인 부끄러움
　하나의 신체가 자신의 매력을 잃지 않도록.
Tant de honte acceptée humblement pour qu'un corps
　Ne vous prive pas de sa grâce.

반대로 종종 그녀는 반란의 항의를 한다.

오 이성, 알고 우리를 비난한다.
갈망하는 가슴을 버린다,
그는 말한다, 그 창조물이
인간적 먹이를 거부한다고.
너무나도 사랑하는 것은 수치스러운 일이다.
O Raison, sache nous blâmer.
Réprouve le cœurs affamés,
Dis-le, pour que la créature
Renonce àl'humaine pâture.
Il est honteux de tant aimer.

『사랑의 시』[4]의 결론은 욕망을 위한 욕망에 대한 일종의 숭배이며, 순수한 죽음으로 소모되는 내부 불꽃에 대한 찬양이다.

사랑하는 행복은 아주 강하다
부정만이 존재하며
일상에서 그리고 죽음에서
나의 정념 속에서 하지 못한 것,
내가 다시 느끼는 이 사랑 속에서,
정말 결코 욕망되지 않는,
참여하지 않고 바라지도 않는
나의 욕망이 흐리게 하는 것 이외에.
Le bonheur d'aimer est si fort
Etant seul la négation
Du quotidien et de la mort
Que je n'ai, dans ma passion,
Dans cet amour que je ressens,
Vraiment jamais rien désiré,
Rien attendu, rien espéré
Que mon désir éblouissant.

그러나 자포자기가 총체적이게 되는 날이 온다. 어떻게 그녀는 다시 삶을 갈망할 수 있을까?

---

4) Anna de Noailles, *Poème de l'Amour*.

창조물이 매일 더욱 시들 때
신체조차 순수하고 빛나고 생기 있을 때
이해하기 어렵게 짜여진 감춰진 게임에서
비밀스럽고 닫히고 모호한 정육점만이 있는가?
Quand la créature est chaque jour plus flétrie
Quand le corps même net, brillant et vigoureux
N'est, dans le jeu voilé des tissus ténébreux
Qu'une secrète, enclose et vague bouchrie?

안나 드 노아유에게서 사랑과 죽음강박은 뗄 수 없다. 그녀는 죽음을 인정할 수 없는 위협으로 물리치고 영원성에 대한 자신의 갈증을 부르짖는다.

사람들이 사라지지 않기를 바라는 그 욕구,
존재의, 항상 존재의, 그리고 존재의 끝 없는, 존재의 [욕구].
Ce besoin que l'on a de ne pas disparaître,
D'être, d'être toujours, et sans fin d'être, d'être.

그녀는 자신의 엘랑 비탈[생명적 도약]의 모든 힘으로 죽음에 도전한다.

나의 재는 당신의 삶보다 더 따듯할 것이기 때문에.
Car ma cendre sera plus chaude que leur vie.

……열정, 죽음에 반대하는 유일한 행동.
……La passion, le seuil acte contre la mort.

영혼적 존재를 껴안으며 그녀는 그것이 소멸하기 쉬운 순간임을 잊지 않는다.

당신이 가서 혼자 살고 있기 때문에.
Car rien qu'en vivant tu t'en vas.

그녀는 엄밀하게 내세 속에서 그것을 뒤따라야 하는 것을 즐긴다.

만약 이 어둠의 빛 속에서 내가 다시 느낀다면,
  나의 무릎의 엉클어짐을.
Si je sentais encore, dans ce lit de ténèbres,
  L'emmêlement de mes genoux.

그리고 그녀는 절망에 빠져, 체념하고 동시에 분노하고, 공손하고 동시에 거만하다.

당신은 보호받는다고 믿는다, 불 자체이면서
모든 것이 검게 타는 거대한 장작불에서.
Tu te crois préservée, étant le feu toi-même
De l'énorme brasier où tout est calciné.

……당신은 당신의 목소리로 말했고 당신의 책 속에서 말했다 ;
그러나 괴로워하지 말고 당신의 가슴을 자랑하지 말고,
어떤 재판관도 그 많은 고통을 접촉하지 않을 것이다 ;
바카스 여신, 당신은 살기를 그만두는 것이 좋을 것이다.

……Tu l'as dit par ta voix, tu l'as dit dans tes livres ;
Mais cesse de gémir et de vanter ton cœur,
Nul juge ne sera touché de tant d'ardeur ;
Bacchante, il faudra bien que tu cesses de vivre.

좀 전이라면, 그녀는 무덤 속에서 영혼적 존재를 재발견한다는 생각에 위안할 수 있었을 것이다. 이 환상도 버렸다.

그러나 나는 당신들이 결합할 거라고 보지 않는가?
나의 명료하고 광적인 정신 속에서
나는 확실성이 나타나는 것을 느낀다
죽음, 그것은 당신 없는 죽음이다.
Mais vais-je jamais vous rejoindre?
Dans mon esprit lucide et fou
Je sens la certitude poindre
Que la mort, c'est la mort sans vous.

형이상학적인 덧없는 침입 이후에, 자신이 빈손으로 돌아오는 곳으로부터 그녀는 자신의 출발점으로 되돌아왔다. 그녀는 관능적인 유일한 가치들에 매달렸다.

인간의 감각과 대지 이외에 아무것도 없습니다.
Il n'est rien que les sens de l'homme et que la terre.

……혈관의 열기를 잃고 살아남는 사람들은 아무도 없습니다.
……Il n'est rien qui survive à la chaleur des veines.

……정신은 살일 뿐이며, 영혼은 뼈일 뿐입니다.
……L'esprit n'est que la chair, l'âme n'est que les os.

……그들은 영혼을 창조했습니다,
꿈과 이성의 유일한 장소인 신체를 깍아 내리기 위해서.
……Ils ont inventé l'âme, afin que l'on abaisse
Le corps, unique lieu de rêve et de raison.

순환은 폐쇄되었다. 이 탈신비화하는 마지막 말은 치유할 수 없고 진정되지 않는 감각의 호소이며, 사람들이 오늘날 말하듯이 실존적 절망이다.

왜곡된 앙드레 지드

장 듀레(Jean Delay) 교수가 쓴 『앙드레 지드의 청춘』[1]이란 대단한 책은 거기에 넘치고 있는 당치도 않은 잡스러운 문학 자료의 산을 정리해 보면서 저 대작가의 동성애 문제를 아주 철저하게 다루고 있는 반면 동시에 그것을 잘못 다룬다는 공과 죄를 함께 지니고 있다. 그는 『한 알의 밀이 죽지 않는다면』[2]의 저자의, 문장을 통한 많은 해명의 이야기에 의해서도 불충분하게 밖에 밝혀지지 않았던, 알려지지 않은 많은 일을 우리에게 가르쳐주고 있지만, 동시에 전적으로 이해력이 부족한 정신으로 주제에 말려들고 있다. 의사이자 교수, 게다가 그 이상으로 지드의 개인적인 친구이기도 한 그는 헤이브록 엘리스, 프로이트[3], 르네 기용, 빌헬름 라이히, 마리 보나파르트, 알프레드 킨제이의 세기에 시대에 뒤진 인물을 연기하고 있다. 그의 동성애

---

1) Jean Delay, 『앙드레 지드의 청춘』(*Jeunesse d'André Gide*), 1956~1957.

2) André Gide, Si le grain ne meurt(앙드레 지드의 고백록). 지드, 이가형 옮김, 『한 알의 밀이 죽지 않는다면』, 상서각, 1982.

3) 『프로이트의 생애』 제2권에서 어니스트 존스 박사는 자신의 아들의 성벽에 놀라고 있는 미국의 어떤 어머니 앞에서 1935년 4월 9일의 프로이트의 편지를 인용하고 있다. 프로이트는 이렇게 쓰고 있다. "동성애는 부끄러워해야 할 일이 아니다. 그것은 악습이 아니다. 타락도 아니다. 그것을 병으로 분류할 수는 없다. 우리는 그것을 성기능의 한 변종으로 본다. 고전시대의 또한 현대의 아주 존경할 만한 많은 사람들이 동성애자였다. 그 가운데에는 누구보다도 가장 위대한 사람들(플라톤, 미켈란젤로, 레오나르도 다빈치 등)도 포함되어 있다. 동성애를 죄로서 박해하는 것은 대단히 부당한 것이다. 그것은 또한 잔혹한 행위이기도 하다." 그리고 프로이트는 대개의 경우 정신분석 치료에 의해서 동성애자를 이성애자로 바꿀 수는 없다고 덧붙이고 있다. 이 말은 듀레 교수의 말과는 얼마나 먼가!

에 관한 견해는 다윈의 저작이 발표된 뒤에도 여전히 종의 불변성을 주장한 유식한 체하는 사람들의 생각처럼 낡아버렸다.

장 듀레의 용어는 그의 의도를 드러내고 있다. 그에게 동성애는 이상(anomalie)이며 일탈이며 도착이며 악습이며 특수한·특이한·음란한 행위이며 한탄할만한 관습이며 신경증이며, 그것을 고백하는 것은 굴욕적이다. 그의 적의는 그것에만 그치지 않고 전투적이게 된다. 이렇게 오스카 와일드4)에 대한 야비한 비난, 와일드의 머리 위를 넘어서 동성애자들에 가해진 경고는, 그에게는 "도착의 지원자를 위협하는" 바랄 만한 효과를 가졌다고 보인다.

듀레는 더욱이 — 우리의 할머니들과 마찬가지로— "보완 결합을 위한 서로 다른 두 성의 만남이라는 본능의 궁극성"을 믿고 있다. 이 지성스런 궁극성을 동반하지 않는 모든 '만남'은 그에게 '억제'를 만들어내는 모든 종류의 환경에 의해서 설명하려 한 병리학적인 우발사건일 뿐이다. 자연으로부터 누구라도 느끼는 매력을 지니고 있는 동성의 성대상이 그 자체로 매력을 발휘하기 쉽다는 생각은 저 우수한 교수의 머릿속에는 한번도 떠오르지 않았다. 동성애자 사이에서 자연스러운 것은 듀레에게는 자연에 반하는 것이며, 거기로부터 (레오나르도 다빈치나 셰익스피어의 동성애를 의심하는 것과 마찬가지로) 지드의 동성

4) Oscar Wilde(Oscar Fingal O'Flahertie Wills Wilde)(1854~1900). 아일랜드의 극작가, 소설가, 시인, 단편 작가이자 프리메이슨 회원이었다. 날카롭고 약삭빠른 재치로 유명하며, 런던의 후기 빅토리아 시대 사람으로 가장 성공한 극작가일 뿐만 아니라, 그 시대의 가장 알려진 유명인 중 하나로 평가된다. 와일드는 퀸즈베리 사건이라는 유명한 재판으로 "막중한 풍기문란(동성애)"으로 감옥에 수감된다. 그는 이 일 때문에 영국에서 영원히 추방되어 평생 돌아가지 못하고 1900년 파리에서 죽었다.—옮긴이 주

애를 축소하고 반대로 그 주인공의 이성애적인 작은 구성요소들을 역설하는 그의 경향이 생긴다. 거기로부터 과연 그 주인공을 저 고명한 '궁극성'에서 벗어나게 하는 다양한 장애물의 당당한 목록을 만드는 데 전념하는 수고까지 한다.

게다가 장 듀레는, 스승과의 관계를 인정하지 않은 채 정신분석학을 거세하고 그 기본적인 내용을 제거하고 라이히가 말하듯이 '빈 껍질'로 만드는 것에 골몰하고 있는 저 프로이트의 후계자들에 속한다. 그에 의하면 지드 유형의 '신경증'은 정신분석학을 적용해도 단지 성에 의해서는 적절히 설명되지 않고, 오히려 그리 속되지 않고 지극히 예민한 '심리적 기질'에 의해서 설명된다고 하지만, 그 심리적 기질을 정의하기 위해서는 이루 말할 수 없을 정도의 현학적인 전문용어에 매달리고 있다. 일례를 들면 듀레는 "결국 자아의 이상적인 이미지인 타자의 이상적인 이미지를 만듦으로써 자신의 죄책감을 중화하고 무력감을 중화한다는 두 가지 면"을 지드에게서 엄숙하게 지적한다. 몰리에르(Molière)[5]는 그러한 종류의 감상적인 표현으로 우리를 충분히 웃겼었다.

지드로 하여금 "정상적인 길에 접근하는 것을 어렵게" 한 억제의 목록은 어쨌든 흥미를 불러일으키지 않는 것은 아니다. 그러나 출발에서부터 잘못된 가정에 의해서 왜곡되고 있다. 즉, 생득적인 자연스러운 동성애적 구성요소를 작가 속에서 인정하는 것을 거부하여, 그 '억제'는 확실히 강화하고 결정화할 수 있지만 그 모든 부분을 만들

5) Molière(1622~1673). 17세기 프랑스의 대표적인 극작가. 본명은 장 바티스트 포클랭(Jean-Baptiste Poquelin). 비극보다 한 단계 낮은 장르라고 인정되던 희극의 지위를 높인 것으로 평가받는다.—옮긴이 주

어낼 수는 없다. 그런데 무엇이 앞서 기록한 장애일까?

무엇보다도 우선 거기서 젊은 지드가 태어나고 자란 아주 '특수한' 개신교적이고 청교도적인 가정환경이다. 장 듀레는 여기서 결코 쓰여지지 않은, 청교도주의에 대항해 절대 물러서지 않는 공격으로 되는 일련의 사실을 우리에게 보여준다. 사람들이 우리에게 말하는 것은 플로베르(Flaubert)[6)]가 말했듯이 가장 조예가 깊은 독자가 오늘날 꿈꾼다고 믿을 정도로 너무 '어쩔 수 없는' 것이다. 그가 확신하듯 지금부터 1세기 간에 그러한 사실은 완전히 믿기 어려운 것으로 될 정도로. 즉 독자들은 거짓말 같게 극단적이고 부조리한 성도덕을 만들어낸 인간사회가 존재할 수 있었다는 것을 인정할 수 없을 것이다. 그리고 그 깜짝 놀랄 일이, 극도로까지 진전된 부르주아적이고 빅토리아적인 그 도덕이 역사상 단기간 밖에 존속하지 않았다는 것, 그것은 (원시 기독교를 제외하면) 빅토리아 이전의 과거에는 거의 그에 상당하는 것을 지니지 않았다는 것만큼 생생할 것이다.

둔감한 광신적인 개신교도였던 지드의 어머니에게 '의무는 자연에 대적하는 것이었다'. 그녀의 청교도주의는 '성에 대한 태도'에 한정되지 않고 '모든 형태의 감각적 쾌락'에 확대 적용되었다. 제1권 92페이지에서 보이는 '코르네이유[7)] 풍의' 어머니의 모습에는 어안이 벙벙

---

6) Gustave Flaubert(1821~1880). 프랑스의 소설가. 그의 문학은 자유로운 공간과 자연의 감정을 중시하는 낭만주의의 기분을 다분히 지니면서, 사물을 있는 그대로 그리는 사실주의 문학의 길을 열었다. 주요 작품으로는 『보봐리 부인』, 『살람보』, 『감정교육』, 『성 앙투안의 유혹』, 『세 가지 이야기』 등이 있다. 대부분 한글로 번역되어 있다.—옮긴이 주

7) Pierre Corneille(1606-84). 프랑스의 극작가로 Racine와 함께 프랑스 고전비극의 쌍벽을 이룬다. 그는 의지의 힘을 찬미한 이상적 영웅적 인간상을 많이 다뤘다. *Le Cid*(1636)—옮긴이 주

하고 가슴이 울컥해진다. 그녀는 '성적으로 음란한 행위를 할 수 있는 사람들은 무엇이든 하게 될 것이라고 청교도로서 확신'했다. 그녀에게는 '순결을 지키지 못한 과오는 특히 큰 죄'였다. 따라서 불행한 단 하나의 자식의 사춘기 이래 그녀는 '일단 엄격하게' 그의 교제를 감시했다.

일찍 돌아가신 아버지를 대신한 백부인 경제학자 샤를르 지드에 관해서 말하면, 그는 유머스러울 정도로 극단적으로까지 육체[살]에 대한 공포를 지니고 있었다. 남자로서 육체에 마음을 빼앗기는 것은 '도덕적인 치부의 최종단계'를 나타낸다고 조카에게 쓰며, 절대적인 금욕을 엄명하고 있다. 육체를 직업으로 하고 있는 여성과 사랑을 나누는 것은 혐오스럽기 때문에, 그리고 '어린 소녀나 결혼한 여성을' 상대하는 것이 아니라면 '젊은이에게 사랑을 하는 다른 방법이 전혀 없으므로', 여전히 가장 중요하게는 '모든 성 결합을 끊어야' 한다고 결론지었다.

이러한 교육이 어린 지드로 하여금 일찍부터 성을 '괴물'로 생각하게 하고 여성 앞에서 진정한 '공포'를 느끼도록 하였다. 이 불안은 일생동안 그를 특징지었으며 그의 속에 내재화되었다. 그가 해방되었을 때조차 그 불안은 듀레에 의하면 사람들이 결코 "와일드 풍의 쾌락주의자나 볼테르 풍의 회의주의자와 그를 혼동"할 수 없는 정도로 그를 항상 따라다녔다. 『지상의 양식』[8)]과 『꼬리동』의 저자의 존재의 반쯤은 청교도주의의 지울 수 없는 각인에 의해서 부식된 채 남아 있었

8) André Gide, *Nourriture terrestres*. 앙드레 지드, 김화영 옮김, 『지상의 양식』, 민음사, 2007.

다. 그는 자신 속에서 '인간의 두 가지 본성, 동물적인 것과 천사적인 것의 분리'를 결코 극복할 수 없었다. 어머니의 이미지와 닮은 모든 여성은 '억제'를 동반하는 금지를 더욱 활성화시켰다. 그는 '성적인 열등감', '아이를 독점하려고 하며 아들의 남성다움과 관련해서는 거세적인 어머니의 독재와 연결된 남성답지 않다는 콤플렉스'로부터 완전히 벗어날 수 없었다.

거세의 위협은 무엇보다 효과적이었다. 그것은 단순히 어머니로부터 나왔을 뿐만 아니라 의사들로부터도 나왔다. 그의 고독한 관습을 '치료하기' 위해서 의과대학교수인 의사 브루아르델(Brouardel)은 투아레그[사하라 사막에 사는 종족] 족의 창의 예리한 끝을 가리키면서 '범죄도구의 철저한 억압으로' 9살의 초범자를 위협했다! 일생 동안 지드는 '신체를 깎이는' 두려움에 시달렸다. 나중에는 교사들이 어머니와 의사의 그 훌륭한 작업을 완성하였다. 그는 자위행위 때문에 알자스 학교에서 퇴학당하였다.

어머니 이후에는 자매가 있었다. 아주 어릴 적부터 지드는 몇 살 연상이며 (아버지쪽 가정이 붕괴하는) 고통스러운 사정으로 함께 교육받고 자란 이종사촌[마들렌]을 사랑했다. 마들렌(Madelaine)과 앙드레 지드는 항상 형제와 자매로 여겨졌다. 그들은 결국 결혼했지만 근친상간 금기가 그 부부생활을 성교 없는 결혼으로 만들었다. 그것은 셰익스피어의 희곡 『끝이 좋으면 다 좋아』[9]의 반복이었지만, 셰익스피어식 결말과는 반대로 근친상간 금기는 결코 일소될 수 없었고 지드

9) Shakespeare, *Tout est bien qui finit bien*(All's well that ends well). 셰익스피어, 송홍한 옮김, 『끝이 좋으면 다 좋다』, 건국대학교출판부, 2004.

의 부부생활은 안 좋게 끝났다.

많은 환경이 여성을 피하게 했지만 이 젊은이는 한편으로는 격렬하고 조숙한 성욕구를 지녔다. 그는 탈출구를 자위 속에서밖에 찾을 수 없었다. 그래서 그 자신의 표현에 의하면 23살까지 '완전히 순결하고 그래서 타락한' 생활을 보냈다. 나중에 동성애를 발견했을 때 그것은 자위의 형태를 띠었고 그는 동성의 상대와 서로의 자위 이외에 어떠한 행위도 결코 하지 않았다. 『한 알의 밀이 죽지 않는다면』에서 고백하고 있지만, 고통이 소년의 팔뚝을 벗어나자 곧바로 그는 다시 고독한 쾌락을 찾아 나서야 했다.

그러나 이 진정하고 아주 폭로적인 묘사로부터 장 듀레는 아주 의심스러운 결론을 끌어낸다. 그는 상당히 일방적이고 구분짓는 방식으로, 지드의 여성에 대한 무관심은 "심리적인 불가능성, 즉 육체적인 원인을 지니는 것이 아니라 도덕적인 원인을 지니기 때문에 치료할 수 있는 억제일 뿐이었다"고 시사한다. 그리고 만약 그 '심리적인 문제'가 정신분석 내지는 정신요법의 조치로 해소되었다면 지드의 부부생활은 변했을 것이라고 상상한다. 특히 결혼이 이루어지면서 "앙드레와 마들렌이 자식을 가졌다면 그들의 공통의 운명은 크게 달라지게 되었을 것이다"라고 추측한다.

이 가설은 깨지기 쉬운 공준에 기초해 있다. 그것은 반대의 가설 즉, 지드의 동성애 구성요소는 자연스럽고 생득적인 성격을 지니고 있다는 가정을 처음부터 제외하고 있다. 지드가 부부간의 의무를 다하는 데 성공했다고 추측해 보아도(그는 다른 곳에서 다른 여성에게 자식 한 명을 만들었다) 그 부부생활이 행복했는지는 확실하지 않다. 왜냐하면 이성의 한 사람과 성교하는 능력은 동성애자가 동성의 사람들에 의해서 더 잘 유혹된다는 사실을 전혀 바꾸지 않기 때문이다.

장 듀레는 이 중요한 점에 관해서 머뭇거리고 스스로 모순에 빠지고 있다. 지드의 동성애는 "그 심리변화의 원인보다 결과를 더 잘 나타낸다"고 쉽게 확신하면서 주장한 뒤에는, 목소리가 쳐지면서 상당히 덜 단정적으로 되고 있다. 그는 지드의 동성애가 원인인지 결과인지 또는 그 2가지인지에 관해서 말하기 어렵다고 인정한다. 그것이 생득적인 것인지 후천적인 것인지, 본성 속에 있는 것인지 반대로 외적인 사정에 의해서 생긴 것인지를 아는 것을 그는 문제로서 스스로에게 제기한다. 그러나 이 다루기 어려운 문제에 대해서 그는 대답하는 것을 꺼려하며 최종적으로는 두 번째 가설을 지지한다는 인상을 독자에게 주고 있다.

그리고 그는 지드의 동성애 취향을 끊임없이 과소평가하려고 노력한다. 지드가 청춘기에 샤워를 하고 있는 동성에 마음이 흔들렸다는 것을 말할 때 장 듀레는 "거기서 괴상망측한 결론을 끌어내는 것"을 거부한다. 지드가 자신의 완전한 '이성에 대한 무관심'을 주장할 때 지드 자신 보다도 잘 알고 있다고 믿는 듀레는 그것에 의문을 품고 있다. 그럼에도 불구하고 그는 이러한 무관심의 많은 증거를 스스로 우리에게 제공한다.

그는 "지드의 여주인공은 거의 육체도 얼굴도 없다"는 것, 그의 여성에 관한 상상은 "전적으로 의심스럽고 마음을 괴롭히는 성격을 지니고 있다"는 것, 『앙드레 왈테르의 수기』[10]의 저자에게 "여성의 육

10) André Gide, *Cahiers d' André Walter*.

체는…… 블랙홀, 모래 가득한 빈 자루, 손이 구멍을 늘리자마자 애처롭게도 공기가 빠진 풍선일 뿐이라는" 것을 강조한다. 그는 또한 젊은 지드와 그의 제자, 꽤 젊은 시절부터 여배우에게 편지를 보내고 끊임없이 이성애적 열정으로 여성을 노래한 피에르 루이스[11](Pierre Louys)와의 근본적인 차이를 강조한다. 그는 지드가 아랍의 젊은 창녀 메리엥(Mériem)과 행위에 성공했을 때 품 안에 정인 모하메드(Mohamed)를 끌어안고 있다고 상상했다는 것을 지적하고, '약한 북소리의 환각'이 '그 성공에 기여하고' 있다는 것을 마지못해 인정한다. 그는 지드를 여성으로부터 멀어지게 한 어떠한 청교도적인 억제도 그 동성관계에는 개입하지 않는다는 것을 인정한다. 그리고 한번, 단지 한번만 그는 거기서 벗어나, 지드의 동성애는 "청교도적이고 모성적인 도덕이 끼어들기 전 죄의식이 없던 즈음의, 자연 상태였던 자기 자신으로의 회귀"였다고 쓰고 있다.

그러나 그는 이 가설을 곧 버리고 아주 가볍게 진실에 등을 돌리고 잘못된 가설에 다시 빠져버린다. 그는 지드가 자신의 소행을 고칠 수 있다고 보는 것을 단념하고, "완전히 도착적인 행위에 파렴치하게 만족"하고, 동성애가 자신의 본성의 '비밀'이라고 스스로 납득하고, 그 초석 위에서 자신의 취향을 정당화하기 위해 모든 이론을 끄집어냈다고 아주 심하게 비난한다.[12] 그리고 앙드레 지드의 특수한 예를 넘어서 일반화하면서, 자신의 '악습'을 정당화하고 "자신의 이상(異常)

11) Pierre Louÿs(1870~1925). 프랑스의 시인이자 작가로, 글들에서 레즈비언 주제로 잘 알려져 있다.—옮긴이 주

12) 『꼬리동』에 대한 자신의 공격 속에서 듀레는 하나의 점에 대해서만은 정확하다. 즉, 지드는 남성동성애를 '지적인 사랑화한다'는 잘못을 감행했다는 점이다. 지드 자신은 확실히 자신의 사생활에서는 적어도 그렇지 않았다.

을 정상이라고 요구하려고 하는 황당한 도착[동성애]자"(pédéraste)에 관해서 아주 무자비한 말을 사용하고 있다.

동성애자의 비극은 듀레를 완전히 피해간다. 그는 저 파렴치한 만족이 실제로는 그 자신에 대한, 금기의 내재화에 대한, 더욱이 또한 사회에 대한, 장기간 억제되고 숨긴 장기간 반성욕적인 테러리즘의 압박에 억눌린 그리고 마지막으로 자신의 입장을 내세우고 죄의식을 버리고 얼굴을 드러내는 용기를 지니게 된 동성애자의 승리를 의미한다는 것을 생각조차 하지 않았을 것 같다. 그리고 그는 적의를 품고 불편함을 느끼면서 지드풍의 '권리요구'의 사회적 사정(射程)을 충분히 강조하지도 않았다. 그는 '성의 비순응주의를 위해서 싸우기로 결의한' 지드가 '다음에 그 투쟁을 다른 모든 순응주의에 대항하는 것으로 확대하는데 전념했다'는 것을 인정하지만, 그것은 지나가면서 잠시 한 관찰에 지나지 않아서 『꼬리동』에 대한 그의 혹평의 엄격함을 완화시키지 않으며, 거기로부터 그는 그것이 가져온 결론, 즉 동성애자 해방은 다른 모든 구도에서 인간에 의해서 억압받는 인간의 해방과 동시에 이루어지는 것이라는 결론을 끌어내는 것을 거부하고 있다.

얼마나 놀라운가?

모든 다른 분야에서와 마찬가지로 성학 분야에서 아카데미 회원에 값 하는 장 듀레[13]는 순응주의자이기를 선택하고 있다.

추 가

13) 그 에세이를 쓰면서 장 듀레 교수는 실제로 프랑스 아카데미에 들어갔다.

에미에 앙리오(Emile Henriot)씨가 듀레 박사의 책에 관해서 1957년 10월 23일자 <르 몽드>지에 심각한 반-동성애 기사를 썼기 때문에 나는 동씨에게 편지를 써야겠다고 생각했다. 동성애를 복권시킨 『월펜덴 보고서』[14]의 공표 직후에 일찍이 "불행한 오스카 와일드에게 가해진 치료"를 "냉혹한 **교훈** 취급하기에는 시기가 나빴다"고 제시한 뒤에, 나는 다음과 같이 덧붙였다. "나에게는 또한 지드가 그의 성적인 호감의 '포로'였다고 주장하는 것도 논의하면 좋을 것 같다. 그 논법으로 가면 모든 인간은 어쨌든 자기의 관능의 포로이다. 『월펜덴 보고서』는 동성애자는 다른 모든 인간보다 더 자신의 관능에 묶여 있지 않다는 것을 정확히 확인하고 있다." 그리고 나는 이렇게 끝냈다. "아마 연필을 들기 전에 남성인구의 무시할 수 없는 비율이 지드와 마찬가지 성적인 호감을 가지고 있다는 것, 그리고 그 결과 그 기사는 상당수 당신의 독자에 의해 모욕으로 느껴질 위험을 감행한다는 것을 당신에게 상기시키는 데 우리는 관심을 가질 것이다."

14) *Wolfenden Report*. 1957년(추정) 영국 내무부로부터 의회에 제출된 보고서로, 존 월펜덴 경을 위원장으로 하는 전문위원회에서 동성애 및 성매매의 조사 결과를 정리한 것.—옮긴이 주

사회주의자와 성

프루동 : 성억압

1.

프루동[1]의 사후 100년을 맞이하여(1965년 1월 16일) 나는 이 대(大)사회개혁가의 가장 알려지지 않은 일면 즉 동성애에 대한 생생하고 비정상적인 호기심에 관해서 고찰해 보고 싶다.[2] 그가 그러한 호기심을 품고 있었다는 것은 당연히 그가 엄격한 소행의 사람으로서 지냈다는 것만으로 또한 유고작 『창부정치』[3]의 저자는 육욕에 의한 일탈을 심하게 비난했던 만큼 더욱 놀랍다.

프루동은 동성애가 그의 시대에는 노동자계급에 의해서 결코 행해

1) 프루동은 근대 아나키즘의 시조의 한 사람이다. 러시아혁명 이후 혁명운동에서 맑스-레닌주의의 압도적인 주도권 아래에서 그는 쁘띠부르주아 사상가로 폄하되어 왔지만, 탈스탈린화 이후 맑스주의의 동요 속에서 그의 사상은 유고슬라비아, 프랑스 등에서 재평가되었다. 무엇보다도 프루동은 게랭이 『현대 아나키즘』에서도 지적하고 있듯이 시종일관하여 아나키스트인 것이 아니라 이 에세이의 후반에서는 비아나키스트적인 일면이 밝혀지고 있다.—옮긴이 주

2) 이어지는 모든 인용은 Froudhon, 『혁명과 교회에서 정의에 관하여』(*De la Justice dans la Révolution et dans l'Eglise*), 1858, édition Rivière, t. Ⅳ) (이하에서 『정의』)에서 한 것이다.

3) Froudhon, 『근대에서 창부정치와 여성』(*La Pornocratie ou les femmes dans les temps modernes*)(이하에서 『창부정치』), 1875년 판.

지지 않는다는 것에 주목하라고 외쳤다. 그에 따르면 그 애호자는 오히려 '세련된 사람들, 예술가들, 문학가들, 행정관들, 성직자들이었다.' 왜일까? 노동자들은 '이상의 숭배에서 그다지 진전하지 않았기' 때문이다. 그에게서는 동성애(amour unisexuel)는 '선과 미의' 추구에 의해서 '이상의 환영에 의해서 생겨난 판단착오'였다. 고대의 풍속에서 동성애를 자립시킨 것은 '대시인들이 그 이상한 열정, 그들에 의하면 신들과 영웅들의 특권이었던 것을 극구 칭찬하는데 이르렀기' 때문이었다. 그는 설명하는 데서 특히 문제는 그 '시학'이라고 덧붙였다. 그리고 이러한 영역에 자신이 대담하게 간섭하는 것에 대해서 미리 사과하면서 그는 감히 다음과 같이 쓰고 있다.

> 나는 증거가 될 문서를 찾아보았다. 나는 시와 철학을 쓸 수 있고 소크라테스 풍의 풍속에서 사는 사회에 관해서 말하면서 전혀 간섭하지 않는 그 고대인들을 탐문해 보았다……. 내가 기술하는 것은 …… 첫 번째로는 그것을 찬미하고 칭송하는 사람들의 죄를 특히 경감하는 이익을 …… 가져올 것이다. …… 우리는 어떤 인물들, 인류의 이름을 높인 가장 위대한 사람들 때문에 그리고 인간정신의 영원한 영예인 그리스의 철학과 시 때문에 동성애의 무해함을 변호하였다.

*　　*　　*

프루동은 '우리를 사로잡은 그 현상을 가짜 신들에 대한 숭배 탓으로 돌렸을 때 모든 것이 말해지고 있다고 믿었던' 성 바울의 설명을 신중히 거부하면서 자신의 연구를 시작한다. 그에게는 '성 바울의 설명은 아무것도 설명하지 못한다.' 기독교에게는 자신이 지상에서 일소하려고 하는 행위를 다신교와 그것에 근거한 사회 때문이라고 하는 것은 상당히 편리할 것이다. '그러나…… 기독교는 그 기획에서 성공하지 못했고' 제자들에 의해서 거부된 정념은 '기독교회 속에 침투했다.'

그리스의 사랑의 기원에까지 거슬러 올라가 프루동은 동성애는 소크라테스보다 훨씬 이전부터 그리스에 존재하고 있었다는 것을 정당하게 시사하고 있다. 그 사랑이 처음부터 '노래불리고 신성화된' 것은 이오니아에서이다. 일찍부터 시리아인, 바빌로니아인, 더욱이 그 이외에 근동 나라 사람들 사이에서 종교는 동성애를 자신의 신비 가운데 하나로 삼았다. 인류의 기원에 관해서 '관능적 범신론'이 군림했고, 프루동이 많은 것을 빚지고 있는 샤를르 푸리에는 그것을 '모든 사람을 대상으로 하는 혼인'(omnigamie, 全婚)이라고 부르고 프루동은 이러한 용어로 그것을 상기하고 있다.

혼돈을 정리하고 모든 존재에 생기를 불어넣는 그 지고의 사랑은 그것을 향락하기 위해서 인간 형상을 필요로 하지 않는다. 그것에는 류(類)도 속도 종도 성도 모두 섞여 있다……. 세니스(Cénis)는 소녀에서 소년으로 변하고 헤르마프로디테(Hermaphrodite)는 남자이기도 하고 동시에 여자이기도 하며 프로테(Protée)는 천번 변화했다. 데오크리테(Théocite)는 가장 멀리 나아갔다. 즉 아도니스(Adonis)의 죽음에 대해 슬퍼하면서 그는 아도니스를 죽인 자는 죄를 짓지 않았다고 주장한다. 그 슬픈 동물은 저 아름다운 젊은 남자에게 키스하기를 원했지만 정열에 휘감긴 나머지 그를 찢어버렸다!

인류가 혼돈으로부터 벗어나서 문명을 맞이했을 때, 그 관능적 범신론은 '관능적 관념론'으로 변했다.

무엇보다도 우선 인간은 사랑 없이는 살 수 없다고 고대인은 생각했다. 사랑이 없으면 삶은 죽음의 예고이다. 고대는 그 관념에 차 있었다. 고대는 사랑을 노래하고 사랑을 칭송했다. 고대는 지고의 선에 대해 논의하듯이 사랑의 본성의 상실에 대해서 논의했다. 그리고 여러 번 그것들을 혼동하는 데까지 이르렀다. 예술가들이 인간의 모습을 이상화한 것과 마찬가지로 철학자들과 시인들은 사랑을 이상화했다……. 그들 사이에서 완전한 사랑이 발견되고 실행되었다……. 그러나 사랑의 그 관념성은 어디에서 발견되었을까? 그것은 어떻게 그리고 어떠한 범위에서 향유되었을까?

결혼 속에서일까? 프루동은 속담에 의해 설명한다.

결혼은 사랑의 무덤이다. 그리고 그것은 우리에게 그러한 것 보다 비교할 수 없을 정도로 더 그리스인들에게는 진실이었다……. 원칙과 형식에서 귀족적인 아내의 존엄은 고대의 여성에게 여성을 별로 사랑할 수 없게 만드는 오만한 겉치레 이외에 아무것도 부여하지 않았다.

프루동은 여기서 아주 간략하지만 그리스 여성을 희생으로 한 사회적 조건(가부장제)을 암시하고 있다.

영웅시대가 끝남과 함께 문명이 만들어내야 했던 배우자는, 그녀에게는 자존심과 직업의 사소함과 (남편의 황망한 거절이나 임신의 권태가 어렵게 억제하고 있는) 귀찮은 음란함이었으며, 사랑은 결혼하는 날 아침에 제거되고 마음은 사막으로 되었다. 부인 방에는 조금의 사랑도 남아 있지 않았다고 플루타르크

(Plutarque)는 역설하고 있다.

만약 부부결합이 그렇게 '이상을, 따라서 사랑을 탈취당'했다고 한다면, 누구에게 사랑을 요구할 수 있을까? 창부에게? 첩에게, 고급 성매매여성에게? 그러나 프루동은 그러한 종류의 '돈으로 사는 사랑'은 결국 '감각의 만족', '유기체의 분비', '소굴'로 축소된다고 매도한다. "내가 그것을 좋아했다고 당신은 말한다. 그렇다, 내가 포도주나 고기나 쾌락을 주는 모든 것을 좋아하듯이."

마찬가지로 창부와 고급 성매매여성은 더 이상 아무것도 제공하지 않고 사랑의 즐거움에 관해서 말한다면 본처 이하이며 인간의 영혼이 바라고 있는 그러한 사랑, 이상화된 사랑은 이성간에는 불가능한 것으로 된다……. 고대인들은 이 분석을 너무 잘 따랐을 뿐이었다. 그들은 도덕에서와 마찬가지로 육체에서 아름다움은 비물질적이라는 것, 그 아름다움이 고취하는 사랑은 전적으로 정신 속에만 있다는 것을 놀랄 정도로 이해했다……. 따라서 없이는 살 수 없는 사랑, 그리고 아내 · 정부 · 노예와의 사이에서도 얻을 수 없는 사랑을 어디에서 찾을 수 있을까? 고대인은 자문하였다. 이 사랑, 사람들을 속이기 위해서만 모습을 드러내는 도깨비불은 어디에 있을까? 나는 죽음보다도 감당하기 힘든 여성을 보았다고 솔로몬은 외치고 있다. 그는 분명하게 어떤 여성을 말하는 것이 아니라 여성 일반을 지목하고 있다. 어디에서나 허무하고 사랑은 조금도 보이지 않는다.

그리고 프루동은 '그 본성으로부터 볼 때 사랑에 낯선 것으로서 결혼을 배척한 뒤에' 동성애의 '환각'에 이르는 '이 관념적인 유혹의 발걸음'을 주의깊게 추적한다.

따라서 고대인이 부부의 사랑을 그리고 그것과 함께 여성과의 모든 육체관계를 경멸하는 데 이른 것은 우아한 세련됨에 의한 것이며 동시에 아름다움과 정직함의 전형적인 탐구에 의한 것이다. 그리스인이 사랑에 관해서 사색하고 사랑을 육욕의 저속한 행위로부터 구하려 하고 극도의 행위에 도달한 것은 그 일련의 관념에 의해서였다. 그것은 불가사의한 것처럼 보일 수 있지만 그러나 실제로 있던 것이며 역사가 그것을 온전히 증언하고 있다.

* * *

프루동은 특별히 만족하면서 이제 이론을 버리고 증거를 들어본다.

엘리엥(Elien)에 의하면 아나크레온(Anacréon)은 사모스의 전제군주 폴리크라테(Polycrate)의 궁정에 있던 스메르디아스(Smerdias)라는 젊은이에 대한 격렬한 애정을 지니고 있다. 그는 젊은이를 그 육체 때문에가 아니라 그 정신 때문에 귀하게 여겼다고 역사가들은 말한다. 한편 그 젊은이는 시인에 대해 존경과 애정을 지니고 있었다.

그리고 프루동은 목소리를 높인다.

아름다운 청년 스메르디아스가 거기서 문제인 것은 그가 전제군주 폴리크라테로부터도 사랑받았기 때문이다.

프루동은 드디어 신중함과 억제를 버리고 확고하게 그리스의 사랑을 칭찬하는데 적극적으로 나선다.

우리가 고대에서 가장 덕이 높고 그것을 공공연히 주장하는 가장 의심스럽지 않은 사람들을 보았을 때, 그 놀랄 만한 이론은 풍습 속에 어느 정도까지 들어갔다는 것을 잘 생각해야 한다. 플라톤보다도 앞서 자신의 이름을 완전한 사랑에 부여한 소크라테스는 그 자신의 것을 플라톤에게 물려주었으며 그는 거리의 사람이 알아보았듯이 알시비아드(Alcibiade)를 사랑했다. 그는 그 젊은이에게 철학을 가르치고 교만함을 훈계하고 창부들의 유혹에 끌리지 않도록 금욕을 가르쳤다. 그리고 그의 모범과 담화에 의해서 아테네인들에게 젊은이를 사랑하고 존경하도록 가르쳤다. 그의 아름다운 훈계가 플라톤의 『테아이테토스』(*Théétète*)[4]라고 불리는 대화 속에 보인다. 테아이테토스는 안스럽게도 코가 찌부러지고 눈이 작은, 소크라테스를 빼닮은 청년이었지만, 추한 소년과 사랑했다는 아주 고통스럽게도 날카로운 비난을 친구들로부터 받았던 아테네의 한 시민에 의해 철학자에게 소개되었다. 소크라테스는 『테아이테토스』에서 질문했다. 질문에 대답하는 능력은 그의 지성을 보이고 그의 즐거운 천성을 두드러지게 했다. 소크라테스는 마지막으로 모든 사람 앞에서 그에게 말했다. "아름다운 당신 테아이테토스여. 당신은 육체의 아름다움보다도 1,000배도 더 귀한 정신의 아름다움을 가지고 있소." 이 복음서의 가치 있는 말은 강하게 아테네인들의 마음을 울렸다. 그리고 플라톤은 그것이 잊혀지지 않도록 배려했다.

코르넬리우스 네포스(Cornélius Népos)는 (『에파미논다스의 생애』에서) 페르시아의 왕이 그를 매수하려고 의도하여 그 사명을 맡은 시지크의 디오메돈(Diomédon)은 에파미논다스(Epaminondas)가 마음으로부터 사랑하고 있던 미시투스(Micythus)라는 젊은 소년에 대해 관심 갖게 되었다고 말하였다. 테베의 영웅은 어떠했을까? 위대한 왕의 중계자를 엄하게 질책한 뒤에 그는 젊은 연인에게 말했다. 당신 미시투스여, 빨리 돈을 반환하시오. 그렇지 않으면 나는 당

4) Theaetetus(dialogue). Theaetetus(Greek : Θεαίτητος)는 지식의 본성에 관한 플라톤의 대화록 가운데 하나이다.

신을 사법관에게 고발하겠소!……. 남성동성애자[페데]들로서는 말과 모범에 의해서 자신들의 미동[정부]들에게 절제와 청렴과 정절 즉, 모든 종류의 미덕을 설교하는 것은 그리고 처벌에 의해서 그들을 협박하여 그들로부터 멀어지는 것은 이상한 일이었다!

샬시스의 사람들이 이웃 나라와 계속했던 전쟁에서 승리를 거둔 것은 동료의 한 사람인 클레오마크(Cléomarque)의 용기 덕택이었는데, 그는 …… 전체군 앞에서 비로소 애인의 키스를 받고 그가 보고 있는 앞에서 죽는다는 유일한 조건으로 …… 몸을 바쳤다. 이 사실을 말하고 있는 것은 플루타르크이다. 나는 기사도가 그 행위 보다 더 아름답고 순결한 것을 전혀 만들어내지 못했는지 알고 싶다.

세로네에서 전멸한 테베의 존경할만한 부대가 애국심과 함께 사랑에 의해서 훈육된 3천 명의 젊은이들, 150조의 사람들에 의해서 편성되었다는 것은 모두가 안다.

그리스 문학으로부터 라틴 시로 옮겨가서 프루동은 동일한 경향을 탐색한다.

로마의 메시아 신앙과 그 보편적 재흥을 노래한 베르길리우스, 플라톤의 제자인 베르길리우스는 남성간의 동성애 사랑의 이러한 정결함을 잊지 않았다. 니수스(Nisus)와 에우리알루스[5](Euryale)에 대한 그의 삽화는 그리스의 사랑

---

5) 니수스와 에우리알루스 ; 로마의 건국 서사시 『아이네이스』에 나오는 젊은 영웅으로, 서로 사랑하는 사이였던 두 남자는 적의 포위망을 뚫고 원군을 청하러 가는 위험한 일을 맡았다. 깊은 밤 적진을 돌파하던 중 에우리알루스가 붙잡혔다. 니수스는 혼자 빠져나갈 수 있었지만 적진 한가운데로 돌아왔고 사랑하는 에우리알루스와 함께 죽었다. 베르길리우스는 이 연인들을 불멸의 존재로 드높

에서 영감을 얻었으며, 거기서 사랑은 전사의 열정과 결합되었다.

> 동일한 사랑이 두 사람을 결합하고 두 사람은 함께 싸움에 나갔다.[6]

그는 젊은 영웅들을 말하고 있다. 즉 에우리알루스, 그는 빛나는 젊음과 고결한 매력을 지니고 있고 전 군으로부터 사랑받고 존경받았다.

> 그 아름다움과 그 꽃 같은 젊음으로 주목할 만한 에우리알루스,[7]
> 아름다운 체구에서 나오는 매우 유혹하는 그 매력.[8]

그리고 니수스는 그의 순수하고 경건한 애인이었다. 이 사랑의 마음을 울리는 이야기를 『아이네이스(*Enéide*)』[9]의 제 5권과 제 9권에서 읽어보라. 테베의 신성한 부대의 삽화가 얘기되고 있다. 그리고 그들의 죽음을 말한 뒤에 시인은 외친다. 행복한 커플이여! 나의 시구에 힘이 있다면 당신들에 대한 추억은 로마가 세계의 패자인 한 주피터 신전만큼 오래 남아 있을 것이다!

> 그리고 아무도 [그에 대해] 더 이상 놀라지 않고 아무도 더 이상 구애받지 않는 프루동은 감탄의 소리를 외친다.

였다.—옮긴이 주

6) *Enéide*, Ⅸ, 188.

7) 앞의 책, Ⅴ, 295.

8) 앞의 책, Ⅴ, 344.

9) Aineis. 고대 로마시인 베르길리우스(Publius Vergilius Maro, 70~19 BC)가 쓴 트로이의 장군 아이네이스의 방황과 로마건국의 전설을 주세로 한 대서사시, 버질, 김명복 옮김, 『아이네이드』, 문학과의식, 2004.—옮긴이 주

요약하자면 자연 자신 속에 뿌리내리고 있는 애정에 왜 우리는 특히 강하게 경탄할까? 우리는 젊은이와 어른 남자 사이에 다양한 감정으로부터 생기는 상호 애정이 존재하며 그 결과는 단순한 우정의 영역을 넘어선다는 것을 알지 않는가? 페넬론(Fénelon)의 부르고뉴(Bourgogne) 공에 대한 애정, 말하자면 그가 자신의 텔레마크(Télémarque, 아들)를 창조하듯이 창조하고 양육한 (성서가 말하듯 낳은) 그의 마음과 재능의 아들 부르고뉴 공에 대한 사랑은 어떠했을까? 그것은 그리스인이 사랑에 부여한 가장 순수한 가장 고귀한 의미에서의 사랑이며, 부르고뉴 공을 교육한 페넬론은 청중에게 테오데토(Théétète)의 아름다움을 가르친 소크라테스이며 미시투스를 질책한 에파미논다스였다. 부드러운 페넬론은 저 스스로의 혈육을 나눈 아들 때문에 어느 정도 죽는 것을 원했을 것이다!

나는 더욱이 앞으로 나아갈 것이다. 제자들 속에 가장 젊은 사람에게 그리스도가 어느 정도 표시한 편애는 무엇이었을까?[10] 나로서는 니수스와 에우리알루스의 삽화에서와 마찬가지로 거기에서 그리스 사랑의 기독교풍의 모방을 본다. 제4복음서의 저자가 그러한 종류의 매혹이 없는 예루살렘의 유대인이 아니라 알렉산드리아의 그리스화한 유대인이며, 대중을 알고 있고 그리스도의 신성함을 찬양하기 위해서는 소크라테스 유파의 방식으로 그의 애인으로 되는 것 이상으로 적절한 것은 전혀 없다고 생각했다는 것은 나에게는 전적으로 근거 없는 것은 아니다. 우리는 고대인을 중상하지만, 필요한 절도를 지니고 있던 그들의 사상이 인간다운 마음의 원천으로부터 생겨났다는 것, 그것이 우리의 종교 속에까지 흐르고 있다는 것을 안다.

몇 가지 사랑의 구별과 사랑의 성격의 차이는 그리스인 사이에는 아주 잘 정립되어 있었고, 우리는 그것들을 대립시키기도 하고 어긋나게 하기도 하는 것

10) Jean, XIII, 23; XIX, 26, 27; XXI, 20.

없이 동일시하고 있다. 아킬레스(Archille)는 침실의 반려로서는 아름다운 여노예, 창부 브리제이스(Briséis)를, 마음의 친구로서는 남첩인 파트로클(Patrocle)을 지니고 있었다. 그리고 그들을 잃고 그가 보인 애석한 마음은 무엇과 달랐을까? 브리제이스 때문에 그는 울고 드디어 싸우지 않고 테세리아로 돌아올 것을 맹세했다. 파트로클 때문에 서약을 파기하고 헥토르를 토벌하고 그 노예들을 학살하고 트로이의 침략을 결정했다.

두 가지 면을 지닌 사랑을 노래한 그리스의 시인들은 모두 호머의 모범에 따랐다. 나는 아나클레온(Anacreon)[11]의 바디르(Bathylle)가 의심스럽다고 본다. 애인을 묘사한 초상 속의 시인의 불건전함은 애초의 이미지의 순수함 위에 음란한 그림자를 떨구고 있기 때문이다. 그러나 바디르가 그에게 가져온 감정은 그의 정부들에 관한 일체의 몽상보다도 훨씬 우월했을 것이다! 어느 것이 역마차의 처녀에 관한 노래 이상으로 매혹적이었을까! 그리고 그 두 가지 구절에는 어떤 생각이 끼어있을까? 그것을 프랑스어 번역자들은 다음과 같이 두 가지 서정단시(抒情短詩)처럼 나누어버리고 있다.

오 여성들, 포도의 즙으로 나의 마른 목을 소생시켜라. 신선한 바라의 꽃들로 태양에 불태워진 나의 머리를 소생시켜라. 그러나 누가 사랑에 불타오른 나의 가슴을 소생시킬까?

나는 녹색의 수염을 지닌 어린나무, 바디르의 나무 그늘에서 쉴 것이다. 원을 돌면서 공상의 샘이 솟아나고 있다. 피곤한 여행객인 나는 거기서 새로운 힘을 회복할 것이다.

그런데 이제 프루동이 호기심을 보이는 것은 그리스의 사랑이 아

---

11) 나중에 오페라로도 만들어진 내용으로, 늙은 시인 Anacreon은 자신의 피보호자 Cloë와 결혼하려고 한다. 그러나 그녀는 아나크레온의 보호 아래 있는 젊은이 Bathylle과 사랑하고 있다. 결국 시인은 두 연인과 함께 결혼할 계획이었다고 밝힌다. 옮긴이 주

니라 그 순결함이다.

그들의 모든 소크라테스적인 플라톤적인 아나클레온적인 또는 그렇게 불리는 것을 사람들이 바라듯이 사포적인 시 속에 나를 놀라게 하는 것은 말에서와 함께 사상에서의 이상한 깨끗함, 정념의 격렬함과만 필적하는 깨끗함이다. 나는 감동적인 어조와 아름다운 영상이라고 할 수 없는 조화에 의해서 관능이 집중된 가장 잔학한 것을 주고 받으며 부도덕한 사랑이라는 설정 속에서 가장 고양된 우아함, 가장 엄격한 사상, 가장 숭고한 시가 제시하는 모든 것의 상상도 할 수 없는 혼합이 가능하다는 것을 이해한다. 그래도 나에 관해서 말하면 같은 마음 속에 천국과 지옥의 마찬가지 결합이 나에게는 받아들일 수 없다고 생각되며, 나는 누군가가 거기서 무언가 전율을 느낀다고 한다면 그것은 어쨌든 우리의 것이라고 확신한다.

고대인의 '동성'애는 정말 순결한 것이었을까? 프루동은 그것을 단언했지만 그리 확신하는 것은 아니다. 그러나 적어도 그들의 이상은 그에 의하면 순결이었다.

동일한 문제에 관해서 지식을 갖춘 신사에게 어울리는 지식 이상의 것을 구하지 않는 우리로서는 우리가 분명히 한 의견, 즉 동성 간의 사랑은 오늘날 우리가 동성애에 관해서 생각하는 것과는 다르며 고대 그리스인에게는 필연적으로 육체관계를 동반하는 것은 아니었다. 정반대로 그 사랑은 순결성을 지키라는 요구를 지닌 것이며 그처럼 소크라테스나 에파미논다스나 그 이외의 사람들은 그것을 실행했다고 한다. 우리가 플루타르크로부터 플라톤으로부터 베길리우스로부터 성 요한에 의한 복음서로부터 인용한 각 구절은 움직이기 어려운 증거이다. 결국 우리는 아나클레온이나 사포(Sapho)가 노래한 것은 그 순결한 사랑이며, 공정한 것을 바란다면 고대인의 정념에 관한 이론과 그들이 실행했던 것을 나누어 보는 것이 중요하며, 증오할 만한 소행 때문에 시인들 가운데 가장 위대한 사람들을 비난하기 전에 그들의 감정과 사상을 이해하는 것부터 시작해야 한다고 주장한다. 따라서 아나클레온이 바디르와, 사포가 그 애인과 비밀리에 행하고 있던 것, 우리가 절대로 알지 못하는 것은 앞으로도 결코 어느 하나 이해되지 않으며, 다음 일만이 확실하게 증명되고 분명하게 된다. 즉 …… 고대인들은 우리와는 다른 이상을 지니고 있었으며 그것은 여기에서 시시비비를 논할 수 있는 이상이 아니지만……, 그러나 그들의 사상 속에는 나무랄 데 없는 그리고 시에서 노래된 이상이 있었다.

그러나 프루동은 개인적인 경험에 의해서 '감각의 열광'에 관해서 소박한 착각으로 자신을 달래기에는 아무래도 예리한 감각을 지니고 있었다. 그는 지적 사랑과 육욕[살]을 완전히 구분할 수 없다는 것을 알 수 있었다. '원칙적으로 어떤 정신적인' 종류의 사랑이 신체적이지 않은 채 머물지는 않는다.

플루타르크가 말하는 상대의 양성구유적인 사랑 또는 양성적인 사랑의 동기를 변호한 사람은 완전한 사랑의 신봉자의 이름에서 자신들에게 쏟아진 비난에 항의한 반대자에 대해서 다음과 같이 반박했다. 당신들은 당신들의 사랑은 모든 육체의 접촉점에서 순결하다는 것, 결합은 정신에서만 행해졌다고 주장한다. 그러나 점유가 없는 곳에 어떻게 사랑이 있을까? 당신들은 마치 신에게 술을 주면서 자신이 취한다는 것 또는 희생의 제물로 자신의 배고픔을 푼다는 것을 말하고 있는 것 같다. 이 반박에 대해서 대답은 없다. 사람이 육체와 정신의 구별에 관해서 어떠한 의견을 지니든, 정신은 항상 육체의 접촉 없이는 결합하지 못한다.

그리고 프루동은 자기 자신의 마음속 깊이 천사와 짐승의 싸움에 견뎌낸 한 남자로서 결론을 내린다.

모든 사랑은 예를 들면 수녀의 그리스도에 대한 사랑처럼 수도사의 성모에 대한 사랑처럼 아무리 그 대상이 이상적인 것이라고 해도, 살아 있고 접촉할 수 있는 존재[대상]에 대한 사랑은 필연적으로 생리에 반향하고 성욕을 불러일으킨다. 숫비둘기를 애무하는 젊은 처녀에게도 사랑의 쾌락이 있다. 잘 알 수 있는 것이지만 열광은 그 탕진하는 감각 속에 무언가 신비주의자 풍의 상상력을 몰아댄다! 생각하며 추구한 육체적인 아름다움에서 생긴 천상의 사랑은 천국의 정점에 도달하고 그로부터 심연으로 떨어진다. 악마가 보고 있는 것만으로 몸을 멸했다고 하는 것은, 그 사랑하는 사람, 아름다운 대천사 엘로아(Eloa)였다. 이와 같은 것이 모든 정념과 동성애를 관통하고 있는 모순이다. 사랑은 이상 없이는 이루어질 수 없는 것과 마찬가지로 또한 점유 없이는 이루어질 수 없다. 이상이 사랑을 반드시 점유로 향하게 한다.

이상에서 기술한 것에 충분한 의의를 부여하기 위해서 우리는 이제 프루동의 사생활에 관해서, 그의 강요된 금욕에 관해서, 그 어이없는 성욕망에 관해서, 그 광신적인 여성혐오에 관해서 베일을 벗겨야 한다. 그것은 아래에서의 연구 대상이다.

2.

지금까지의 연구에서 나는 성학자로서보다는 분명히 사회개혁가로서 알려져 있는 프루동이 동성애에 관해서 지니고 있던 특별한 관심을 드러냈다. 나는 더욱이 그의 생활이나 인격 속에 수수께끼의 열쇠를 탐구해야 했다. 그의 주석자들 대부분은 그러한 무례한 조사로부터 몸을 피해 왔다. 겨우 그들 가운데 한 사람인 쥘르 페시(Jules L. Puech)가 프루동의 억압의 원천은 '의심의 여지 없이' 정신분석에 의해서 밝혀질 것이라고 보는 데 머무르고 있다.[12]

또한 꽤 젊은 열일곱 살 때 프루동은 스스로 말하듯이 '지적 사랑'을 경험하고 '크게 변하여 꿈 속에서 크게 가슴이 아팠다.' 그는 기독교도의 방법으로 즉 '절대자에 맹세'하고 있는 어떤 어린 소녀에 열중했다.[13] 보다 구체적인 만족을 요구하는 자신의 '젊은 패기'에도 불구하고 그는 소녀의 순결의 '호위자', '협력자'가 되었다. 그 결과 '어린 소녀는 오래 기다리다가 다른 남자와 결혼해 버렸다.'

그 5년에 걸쳐서 계속된 독특한 사랑행위는 무엇에서 유래할까? 프루동이 자신의 '정신적 애정'을 '모든 가족의 금서로 해야 하는 책, 불순하지 않다고 칭하는 목가', 베르나르뎅 드 상피에르(Bernardin de Saint-Pierre)의 『바울과 동정녀』[14]를 읽었을 때이다. 그리고 프루동은 '무의미한 문학이 미덕으로서 보이는 지적 사랑의 위험'을 고발한다. 그는 또한 『일기』에서 다음과 같이 쓸 때 또 하나의 해석을 우리에게 시사하고 있다. "언젠가 결혼하면 어머니를 사랑하듯이 나는 아내를 사랑하고 싶다."[15] 아마 그는 다른 많은 사람들과 마찬가

---

12) 『프루동 전집』(*Œuvres Complètes de p.J. Proudhon*)의 권두서문이 포함하고 있는 Jules L. Puech, *Du Principe de l'Art, La Pornocratie ou les femmes dans les temps modernes*, 1939, p. 304.

13) Daniel Halévy, 『프루동의 젊은 시절』(*La Jeunesse de Proudhon*), 1913, p. 36.

14) Bernardin de Saint-Pierre, *Paul et Virginie*.

15) Proudhon, *Philosophie de la Misère*, 1867, t, II, p. 384; 『일기』(*Carnets*), 1960-1961, t, I, p. 320; t. II, p. 340.

지로 저 유명한 오이디푸스 콤플렉스에 스스로 묶여 있었다. 어쨌든 사춘기 이후 10년간이나 그가 동정이었다는 것은 저 불행한 사랑 때문이었다.

프루동은 말한다.

이상의 정열에 일찍부터 사로잡혀서 어른보다도 훨씬 전에 그것에 이끌린 것은 그 이상주의 자체에 의해 성에 관해서 부자연스럽게 되고 사용하지 않게 되어, 자신이 접근하지 못하는 여성에게 환심사는 것을 깔보고 사랑스러운 사람에 대해서 냉담하게 조롱하게 되며 일단 이유가 있어서 스스로 배덕적이라고 말하는 저 애매한 입장에 강하게 정을 두게 된다. 요약하자면 그는 자신의 욕망과 능력에도 불구하고 사자처럼 그를 자극하고 기분 나게 하는 사랑에 반항한다……. 그는 상궤를 벗어난 어처구니 없는 자신을 자각한다……. 그는 사랑을, 결혼을, 여성을 혐오한다.

오랜 세월에 걸쳐서 '금욕의 아픈 순교자가 된' 프루동은 성 바울을 애태운 악마에 시달려 고뇌한다.

저렇게 오랜 기간 심장 쪽으로부터 나에게 속삭이는 악마는 이번에는 일도 독서도 산보도 하지 않고 나를 냉정하게 하는 어떠한 종류의 냉각기도 없이 나를 간장 쪽으로부터 불로 데웠다……. 나는 의지와 본능의 감당하기 어려운 분열에 고뇌했다. 육욕은 나는 바라고 있다고 속삭였고 양심은 나는 바라지 않는다고 대답했다.

프루동은 여기서 마음 깊은 곳을 반은 우리에게 열어 보인다. 그가 그 '위험'을 애매한 형태로 고발해 보인 '지적 사랑[프라토니즘]'[16] 그것을 그는 이제 명백히 한다. "오오, 완전한 사랑을 꿈꾸고 있는 청년이나 어린 소녀들이여, 당신들은 모두 당신들의 지적 사랑은 소돔으로 곧바로 나아가는 길이라는 것을 잘 이해하시오."[17]

*　　*　　*

프루동의 청춘을 구석구석 탐색해 봐도 저 순결한 정념을 제외하고 어떠한 여성과의 사건도 보이지 않는다. 그의 전기작가 다니엘 알레비(Daniel Halévy)는 "여성과 농하는 것은 그의 취미가 아니었다"[18]고 인정하고 있다. 그 자신 또한 시골에 머물면서 양과 소에게 손으로 격렬하게 쾌감을 주고 있는 소녀들을 보았을 때 그는 그 대담한 소녀들에 결코 어떠한 느낌도 없었다고 고백하고 있다.[19]

반대로 우리는 그의 남성과의 관계를 발견한다. 22살 때 일하던 인쇄소에서 그는 브장송의 젊은 대학생과 알았다. 사회계층이 다른 출신이었음에도 불구하고 그들 두 사람의 젊은이는 끊을래야 끊을 수 없는 친구로 되었다. "나는 너를 알며 나는 너를 사랑했다"고 나중에 귀스타프 파로(Gustave Fallot)는 피에르 조셉 프루동에게 쓰고 있다.[20] 그는 어쨌든 친구를 압박하여 파리에 오도록 했다. 프루동은

---

16) 『정의』, Ⅳ, p. 131-132.
17) 앞의 책, p. 69.
18) Daniel Halévy, 앞의 책, p. 102.
19) 『창부정치』, p. 84.
20) 1831년 12월 5일의 편지, Gustave Fallot, *Correspondance*, 1875, t, Ⅰ, p. ⅩⅤ. (Gustave Fallot, 1807~1836, 프랑스의 문헌학자. 프루동의 친구였고 그의 친구인 언어학자 Paul Ackermann이 그의 책을 간행하였다.—옮긴이 주)

주저없이 그 초청에 따랐다. 방도 침대도 사물함도 상자도 돈도 모두 두 사람 공통의 것이었다. 두 사람도 '지적' 사랑을 했다. 그러나 1836년의 콜레라가 공포스러울 정도로 유행하여 파로를 습격했다. 친구는 밤낮으로 그를 간호했다. 사랑하는 사람을 구하기 위해서 피곤에 지쳤다. 그래도 죽음으로부터 그를 지켜내지 못했다. 그 고통은 공포스러운 것이었다.

"나는 나의 생명과 정신의 반이 내 자신으로부터 떨어져 나갔다고 느꼈다. 나는 세상에 혼자 있었다." 파로에 대한 추억은 '고정관념처럼 정말 편집광처럼' 프루동의 마음을 갈라놓았다. 그는 페르 라세즈(Père-Lachaise)의 묘지에 가서 파로의 묘에서 한 시간이나 생각에 잠겨 보냈다.21)

생애를 통해서 프루동은 남자친구들과의 우정에 후했다. 죽은 뒤에 발표된 문장 속에서 그는 "모든 남성은 친구에게는 울림을 주지만 아내에게는 말하지 않는 비밀을 가지고 있다"고 지적하고 있다.22)

한 부인에게 빼앗겨 버린 예전의 어떤 친구에 관해서 그는 고통스럽게 쓰고 있다. "결혼은 기묘한 형태로 아내를 가진 사람들, 당신들에 작용한다. …… 부부생활 속에 단단히 갇혀가는 당신들은 드디어 친구들을 가지고 있다는 것을 잊어버릴 것이다. 나는 사랑이나 아버지라는 것은 남성 사이의 우정을 증대시키는 것이라고 믿었다. 그것이 착각일 뿐이었다는 것을 나는 이제 깨닫는다." 그리고 자신이 고대의 우정에 부여한 가치를 이미 알고 있는 독자에 대해서 프루동은

---

21) Daniel Halévy, 앞의 책, p. 122, 133.
22) 『창부정치』, p. 193.

다음의 의미 깊은 고찰을 부가하고 있다. "만약 오레스토(Oreste)가 헤르미오네스(Hermione)와 결혼했다면 그날부터 그는 빌라도(Pylade)의 사랑을 잊어버렸을 것이다."[23]

다른 장소에서 프루동은 그가 호의를 보이고 있는 저 사랑하는 남자에게 자신의 자유를 지키려고 절망하고 있다. "젊은이여! 당신에게 부여되고 있는 키스는 당신이 떠맡고 있는 유대이며, 당신이 느끼지 못하는 사이에 여성을 달콤한 연인에서 폭군으로 만드는 데 4순절의 3일간으로 충분하다는 것을 생각해 보라."[24] 프루동은 여성의 해로운 영향으로부터 친구들을 지키고 싶어 했다. "여성들의 수다나 교제는 남성들의 정신을 비천하고 작게 만들며 남성들을 유약하게 하고 둔하게 만든다."[25]

* * *

그의 필체가 아름다운 남성을 상기시키는 데 이르렀을 때 프루동은 마음의 동요를 억제하지 못했다. 흥미 깊은 비유 속에서 그는 하층 출신의 어떤 인물을 묘사하고 있다. 그의 "정열적인 에너지, 그의 융성한 근육, 그의 목소리의 울림은 …… 알 수 없는 매력을 지니고 있고," 그의 숭배자의 한 사람인 젊은 과부는 "그 앞에서는 쾌락에 떨지 않고는 있을 수 없을 정도였다."[26] 그것에 반해서 유약함은 그

---

23) 1844년 10월 4일 Ackermann에게 보낸 편지, *Correspondance*, t, II, p. 158-159.

24) 『창부정치』, p. 264.

25) *Carnets*, 1961, II, p. 12.

26) *Contradictions Politiques*, 1864, 유고본, Rivière, p. 297. 이 사진을 헤라클

를 움츠러들게 만들었다. "여성적인 아름다움을 특히 좋아하는 아이는 역겹다." 남성이 '예쁘게 되고 친절하게 되고 사랑스럽게 되고' 드디어 '남자도 여자도' 아니게 되는 사회의 전망은 그를 전율시킨다.[27] 프루동은 다른 곳에서 자신의 남성의 체구에 대한 편애를 어쩔 수 없이 드러내고 있다. 남성의 육체에 비해서 여성의 육체는 그의 의견으로는 '비천하고 작은 것, 가치가 낮은 것'이다. "근육은 없어져버리고 남자다운 어깨는 둥글게 되며 강렬하고 두드러진 선은 부드럽고 연약하게 된다."[28]

프루동은 유약한 성[여성]에 대해서 부드럽지 않았다. 그는 사랑에 매혹되고 있는 여성을 낙인찍기 위해 아주 품격 없는 말을 생각했다. 여성은 시끄럽다. 여성은 짐승으로, 미치광이로, 창부로, 여우로 돌아간다. 여성은 이해하기 어려운 음탕함에 빠져 있다. 여성은 극히 성격적으로 악하다. "여성은 남성을 유혹하고 도발한다. 여성은 남성에게 혐오감을 불러일으키고 따분하게 만든다. 더욱이 또, 또, 또."[29]

프루동에게는 여성은 하등하고 '열등한' 창조물이다. 여성은 결코 '강한 정신'이 되지 못한다. 그는 철저하게 여성의 재능을 부정한다. "여성은 그 정신이, 상상력이, 마음이 정치·사회·문학 일에 빠져 있을 때는 자식들을 만들 수 없다." 여성의 진정한 천직은 가정이다. "우리 남성, 우리는 여성이 우리의 속옷을 수선하고 비프스테이크를

레스의 사진, 즉 프루동이 라틴어로 쓴 학술적인 자료(*La Guerre et la Paix*, 1861, Rivière)에 즐겁게 실은 "길고 강인한 넓적다리를 가진" 운동선수에 비교할 수 있다.

27) 『창부정치』, p. 33, 59~63.

28) *Carnets*, 1961, Ⅱ, p. 11.

29) 『창부정치』, p. 30, 92, 198, 235, 265; *Contradictions Politiques*, p. 298.

만들 때 상당히 정교하다는 것을 느낀다."[30] 여성에게 선거권을 부여하는 것은 '가족의 수치심에 상처낼' 것이다. 그리고 결국 아내를 가정부로 보는 프루동은 다음과 같은 바보 같은 협박을 입에 담고 있다. "입법자가 여성에게 선거권을 부여하는 날은 나의 이혼일이 될 것이다."[31]

그는 여성을 곤봉으로 다스려 남성에게 따르도록 하자는 데까지 이른다. "여성은 순치되기를 바라며 그것을 즐겁게 생각한다. …… 남성은 힘을 가지고 있다. 그것은 사용하기 위한 것이다. 여성은 힘이 없으면 남성을 경멸한다. …… 여성은 약간 강제되는 것도, 침해[강간]당하는 것조차도 싫어하지 않는다."[32]

프루동이 아주 싫어하는 것은 남성적 방법을 흉내내는 '지적 색정광'에 이른 해방된 여성, '남성 못지않은 여성'(virago)이며, 그의 견해에서는 조르주 상드[33](George Sand)가 구제할 수 없는 전형적인 여성작가이다.[34] 그러나 이 반(反)여성적인 광란은 용서할 수 없는

---

30) 『창부정치』, p. 33, 225, 170; 『정의』, t, Ⅳ, p. 304; *Carnets*, 1961, Ⅱ, p. 12.

31) 『창부정치』, p. 59; *Contradictions Politiques*, p. 274.

32) 『창부정치』, p. 191, 194, 267.

33) George Sand(1804~1876). 자유분방한 연애로도 유명하며 여성해방운동의 선각자로 재평가 되기도 하는 프랑스의 소설가이다. 본명은 오로르 뒤팽(Aurore Dupin). 자서전적인 작품으로 『앵디아나(*Indiana*, 1832)』, 『렐리아(*Lélia*, 1833)』가 있으며, 인도주의와 사회주의적인 작품으로는 『프랑스 여행의 길동무』, 『안지보의 방앗간지기』, 『콩쉬엘로(*Consuelo*, 1842)』, 『사생아 프랑수아(*François le Champi*, 1848)』, 『어린 파데트(*La Petite Fadette*, 1849) 등이 있다. 또한 전원 소설로 『악마의 늪(*La Mare au diable*, 1846)』, 『사랑의 요정(1849)』 등이 있고, 후기에는 『내 삶의 이야기(*Histoire de ma vie*, 1854~1855)』가 있다. 그의 작품에는 인도적인 이상주의와 자연에 대한 깊은 사랑이 넘쳐 있는데 특히 인습과 계급의 장애를 뛰어넘는 사랑을 그렸으며, 유럽 여성 문학의 창시자라고 할 수 있다. ―옮긴이 주

반격을 그에게 가져왔다. 열여덟 살의 저 젊은 여류작가가 프루동에 대한 강경한 팜플렛을 발표하고 드디어 동업자도 가세했다.[35] 그들의 공격에 격노한 프루동은 혼란해졌고 미완의 응답을 썼지만 그에게는 다행스럽게도 그것은 죽은 뒤에야 공표되었다.[36]

* * *

프루동에게 분노를 불러일으킨 것은 여성뿐만 아니라 성해방의 도상에 있는 근대사회 자체였다. 그는 '자신의 세대를 괴롭히는 사랑의 광기'를, '30년 이래 프랑스에서 공중의 수치심을 퇴보시킨 창부정치'를, '민주정치의 전염병'인 '음탕함과 방탕한 정신'을, '프랑스 민족의 암, …… 사랑과 관능적 쾌락의 숭배'를 고발한다. 동시대인을 질책하며 그는 말해 버린다. "여러분들은 육욕을 바라고 있다! 화가 치밀기까지 육욕에 빠질 것이다."[37] 그 잘못은 과도한 자극을 주는 예술과 문학에 있다.[38] 연애소설을 읽으면 반드시 사창가를 방문하는 느낌

---

34) 『창부정치』, p. 28 ; *Carnets*, t, Ⅰ, p. 227, 321, 342~343, 354 ; t, Ⅱ, p. 202, 363.

35) Juliette La Messine(Juliette Lamber라는 이름으로 문학에서 알려진 미래의 Madame Aadam), *Idées antiproudhoniennes*, 1858; Jenny d'Héricourt, *La femme affranchie*, 1860; Jules L. Puech의 『창부정치』 서문(Rivière, 1939, p. 315)을 참조.

36) 『창부정치』

37) *Philosophie de la Misère*, 1867, t, Ⅱ, p. 376; 마찬가지로 다음을 참조. *Carnets*, 1960, t, Ⅰ, p. 242: "모두가 키스할 때 만큼은 행복하다(……) 우리는 개를 사랑했다".

38) 『정의』, t, Ⅳ, p. 71 ; *Philosophie de la Misère*, t, Ⅱ, p. 384 ; Sainte-Beuve(p.J. Proudhon, 1872, p. 105)가 인용한 1844년 2월 23일에 Joseph Gardier에게 보낸 프루동의 편지.

으로 되지 않을까? 거기에는 '혐오와 불쾌와 회한만이' 있다.[39] 그리고 프루동은 자신의 선구자들을, 육욕의 복권을 바란 공상적 사회주의자들을, 그가 "당신은 여성과 방탕자의 동료다"[40]라고 비난한 '생시몽교'의 두령 대부(代父) 앙팡텡[41](Père Enfantin)을, 그리고 정념의 자유로운 충족을 역설하고 정념을 개혁된 사회를 위해서 사용하자고 주장한 샤를르 푸리에를 공격했다.[42]

그러나 프루동의 광분한 두뇌에 끊임없이 영향을 미친 것은 음탕에 관해서 보다도 오히려 동성애에 관해서이다. 공산주의는 양성을 혼동하는 것으로 계속 향하면서 '사랑의 관계의 관점에서 볼 때 숙명적으로 동성애화'할 것이다.[43] 그는 푸리에의 '모든 것을 대상으로 하는 혼인'과 전적으로 마찬가지로 생시몽주의자의 '성직자풍의 양성구유'를 저속하게 생각하고 있다. 그는 '관습의 담을 넘어서 사랑관계'를 크게 확대시킨 것, '동성의 성교까지 신성화'하는 것에서 푸리에를 종교재판에 회부하자며 압박을 가하고 있다.[44] 그에 의하면 감

39) 『창부정치』, p. 250; 『정의』, t, Ⅳ, p. 132.
40) 『창부정치』, p. 166 그리고 23, 31, 108, 113.
41) Barthélemy-Prosper Enfantin(1796~1864). 프랑스의 정치·사회·경제 이론가. 생시몽 운동의 주도급 인물로 괴짜이긴 했으나 19세기 프랑스의 경제적·기술적 혁신에 심대한 영향을 미쳤다. 생 시몽이 죽은 뒤(1825), 생 타망 바자르와 함께 종교적 성격을 띠기 시작한 그 운동의 두 '대부'로 등장했다. 두 사람은 1831년에 결별했는데, 그 이유는 바자르가 정치운동을 선호한 반면에 앙팡탱은 정치와 무관한 도덕혁명과 사회혁명을 추구했기 때문이었다. 종종 '대부 앙팡탱'(Père Enfantin)이라 불렸으며 추종자들과 함께 메닐몽탕에 시범공동체를 건설하기도 했다(1832). 『생 시몽의 교리(*Doctrine de St. Simon*, 1829)』, 『생 시몽의 종교, 정치경제학과 정치학(*Religion Saint-Simonienne, Économie politique et politique*, 1831)』과 여러 저서들을 냈다.—옮긴이 주
42) 『창부정치』, p. 229.
43) 『정의』, t, Ⅳ, p. 71.
44) *Avertissement aux Propriétaires*, 1842, Rivière, 1939, p. 222.

각의 열광은 필연적으로 '자연에 반하는' 향락에까지, '비역질[소도미]'에까지 도달한다.[45] "우리는 난혼의 한가운데 있다. 그리고 일시적인 즐거움은 만인 공통의 것으로 된다. …… 우리는 이제 동성애에 도달한다."[46] 쾌락에 젖은 모든 민족은 "남성동성애의 흔적과 남성동성애자 도당에 멸종될 민족이다."[47] 남성동성애는 "아무것도 만족시켜줄 수 없는 격렬한 관능적 쾌락의 실행"[48]일 것이다. 그리고 그는 기묘한 즐거운 어조로 묻는다. "두 사람의 남성의 마찰 속에 모든 다른 향연에 지겨워하는 육욕으로서, 무감각해진 감각을 자각시키는 강렬한 향락이 …… 있을까?"[49]

* * *

프루동의 최후의 말은 성을 억압하는[반-성적인] 테러리즘이었다. 자신에게 탐닉하는 육욕의 정념은 그에게는 구제수단이 없는 것이라고 생각되었다. "육욕을 일에 의해서, 단식에 의해서, 철야노동에 의해서, 고독에 의해서 억제하려는 것은 베르나르(Bernard) 같은 인물에게 제롬(Jérôme) 같은 인물에게 오리젠(Origène) 같은 인물에게 아무 도움이 될 수 없었다." 억압된 정념은 한층 더 광포하게 폭발한다. 육욕은 쇠약해지는 대신 능숙하게 재생하고 새로운 대상을 추구한다. "향락하고 또한 향락하고 끝없이 향락한다."[50]

45) 『창부정치』, p. 164, 247, 261.
46) 『정의』, t, Ⅳ, p. 131.
47) 『정의』, t, Ⅳ, p. 71.
48) 『정의』, t, Ⅳ, p. 54.
49) 『정의』, t, Ⅳ, pp. 54-55.

따라서 프루동은 구조를 위해서 입법자를, 헌병을, 재판관을 부르는 것을 주저하지 않았다. 이혼은 금지해야 한다. 남성 동성애는 강간죄와 동일시할 수 있으며 20년의 징역으로 벌해야 한다.[51] 더욱이 현행범으로 잡힌 '남성동성애자'를 발견자가 살해하는 것을 법률상 허용한다고 공표할 수 있다.[52] 프루동은 푸리에파를 '배덕' 때문에 기소하기 위해서 검찰총장에게 고발하는 것을 진지하게 생각한다. 그는 득의만만하게 말한다. "그런데 사람들은 푸리에주의자들에 대해서 '당신들은 동성애자[페데]들이다' …… 라고 말할 권리가 있다. …… 만약 푸리에주의자가 배덕적이라고 증명되면 그것을 금지해야 한다. …… 그것은 박해가 아니라 정당방위이다."[53]

프루동은 음탕함을 분쇄하기 위해서는 가장 가치없는 우생학을 역설한다. "영국인들이 소나 양이나 돼지의 품종개량을 행하듯이 품행이 나쁜 인물들을 제거함으로서 모든 불륜적인 성향을 몰아내고 성을 일신해야 한다."[54] 그가 생각하는 사회주의는 위대한 수단들을 사용할 것이다. 그에 의하면 기독교의 잘못은 정당한 결혼 이외의 모든 성관계를 단죄하려고 한 것이 아니라 그것을 할 수 없었던 것이다. 혁명, 혁명이야말로 그것을 할 것이다.[55]

그런데 여기서 우리는 예고를 받는다. "모두는 엄격한 품행을 위해

---

50) *Philosophie de la Misère*, t, Ⅱ, p. 376, 385.
51) 『정의』, t, Ⅳ, p. 52, 298.
52) *Carnets*, 1960, t, Ⅰ, p. 232.
53) *La Justice poursuive par l'Eglise*, 1961, Rivière, 1946, p. 237; *Carnets*, 1960, t, Ⅰ, p. 168, 275, 288-289; t, Ⅱ, p. 376, 385.
54) 『창부정치』, p. 252.
55) 『정의』, t, Ⅳ, p. 155.

준비되어 있다." 미래사회에는 "끝없는 전쟁"이 "관능적인 성욕에 대항해서" 행해지고 "싸움은 점차 유리하게 될 것이다." 사람들은 우리에게 "육욕에 대한 혐오"를 가르칠 것이다.[56]

이렇게 그를 불지른 '혈담'(血痰)[57]을 제거하기 위해서 사회조직에 관해서는 아나키스트인 프루동은 청교도주의의 가장 권위주의적인 것 속으로 전락한다.

프루동이 자신의 종의 희생자들에게 성혁명을 가져오기 위해 했던 것이 이처럼 어처구니 없는 것으로 증명되었다.

---

56) *Carnets*, 1960, t, Ⅰ, p. 135, 190.
57) *Philosophie de la Misère*, t, Ⅱ, p. 379.

푸리에의 『사랑의 신세계』

19세기 초의 위대한 유토피안, 샤를르 푸리에[1](Charles Fourier)가 '동성'(unisexuel)애를 '신성한 것으로서 숭상'했다며 증거도 대지 않은 프루동의 추측에 대해 나는 <아르카디>[2]지에 기고했던 적이 있다. 당시 나는 그 추측에 대한 근거자료를 가지고 있지 않았다. 최근 한 출판사가 푸리에의 주요한 미간저작 『사랑의 신세계』[3]를 출간하여 푸리에의 부족한 점을 보완하였다. 팔랑스테르주의자들[4]인 푸리에의 제자들조차 대담하고 시대를 앞선 그 책을 인쇄하는 것을 주저하고 있었다. 그 책에는 에로티즘이 푸리에식 전망의 열쇠의 하나라는 확증이 있다. 사랑은 조화세계(Harmonie)의 이름 아래 묘사된 미래 사회의 중심이 된다. 다른 논문들에서는 그것은 행간에서 읽혀지든가 흩어져 있는 암시에 불과했지만, 그 미간저작에 의해서 모든 것이 분명해졌다.

---

1) 푸리에(1772년~1836년). 프랑스의 대표적인 공상적 사회주의자로, 시민사회의 법제적인 평등과 자유의 배후에 자본주의 사회의 비합리성과 그 과도적인 성격이 있다고 보았으며 사회주의 사상의 발전에 기여하였다.—옮긴이 주

2) 「프루동과 '동성'애」, *Arcadie*, 1965년 2월호.

3) *Le Nouveau Monde amoureaux*, Editions Anthropos, 15, rue Racine, Paris, 6e. 이 출판사는 동시에 『샤를르 푸리에 전집』(*Œuvres complètes de Charles Fourier*)을 재출간하였으며, 우리는 거기서 약간 인용할 것이다. 또한 Pauvert 사로부터 포켓북으로 간행된 『정념의 매력』(*L'attraction passionnée*)이란 제목의 푸리에 선집, 그리고 Pauvert사의 『네 가지 운동의 이론』(*Théorie des quatre mouvements*)을 참조할 수도 있다. 마지막 책은 『사랑의 신세계』의 발췌로 증보되었다.

4) 팔랑스테르주의자들(phalanstériens)이란 푸리에가 자신의 저작 속에서 상세하게 묘사한 공동생활집단의 이름 '팔랑스테르'(phalanstère)에서 유래한다.

사회개혁가 푸리에는 당시에는 그 명칭이 없었지만 지금 보면 성학자였다. 그는 킨제이의 방법으로 조사를 했다. 그는 도덕가들이 각 '악덕'에 대해 체계적인 분석도 분류도 하지 않았다고 비난한다. 그리고 "그[악덕에 대한] 검토결과는 모든 정념에서와 마찬가지로 사랑에서도 쓸데없는 것을 제거할 필요를 느끼게 할 것이다"라고 덧붙인다. 그는 "많은 애인을 가지고 있는 여성들과 많은 정부를 가지고 있는 남성들"에게 묻고, "그들의 말에 따라 기벽, 즉 마니아는 무한히 다양하다는 것을" 알았다. 스탕달에 수년 앞서서5) 그는 자신이 '육체적 실패'라고 이름 붙인 대실패를 분석한다. 남성이 쇠약해지는 것은 '감정적 남용' 탓이라고 생각하게 되었다. 그리고 이처럼 노골적인 주제에 접근하는 것을 변호하면서, 그는 "이 책은 의사나 고백 사제를 위한 것에서 이외에는 금지되어 있는 주제를 취급하는 책에 비견할 수 있다"고 주석을 달고 있다.

푸리에가 시도한 정념 연구는 당시에는 '정말 암흑의 분야'였다. "우리는 정념 연구에서 초심자이다." 그는 '정념 전체에 대한 학자의 심각한 무지'를 개탄한다. 철학자들은 '자연이 부여한 메커니즘에 관해 약간의 지식도 가지지 않은 채' 정념을 억제하려 하고 삼천년 이래 그들은 '웅변적인 헛소리'[쓸데없는 이야기]만을 주제로 선택하였다고 본다.

푸리에는 원시사회에 관한 어떤 직관을 지니고 있었다. 그에 의하면 원시사회의 정념은 "오늘날보다 한층 격렬하며, 시인들의 글 속에

---

5) 스탕달(Stendhal)의 『사랑에 관해서』(*De l'Amour*)는 1822년에 간행되었지만, 『사랑의 신세계』는 1816년과 1818년 사이에 쓴 것으로 추정된다. 스탕달, 권지현 옮김, 『스탕달의 연애론』, 삼성출판사, 2007.

서나 존재하는 목가적인 단순성을 지니고 있지 않았다. 그들은 용감하고 관능적이며 자신들의 환상[생각]에 따르며 편견에서 벗어나 있었다." 그들은 "사랑의 자유가 죄라는 생각을 꿈에도 하지 않았다." 그들은 "대향연[통음난무], 근친성관계, 그리고 가장 음란한 관습에" 빠져있었다. 소년들과 소녀들은 "집단적인 형태의 정사"를 했다. "단순하고 야성적인 사랑의 자유의 몇몇 흔적이 타히티에서 보인다." '사랑의 자유를 제한해야 하는 상황', '사랑에 관한 강제적인 규칙'이 나타나는 데는 '수많은 시일'이 필요했다. 오늘날 빌헬름 라이히가 확인하고 있듯이, 사랑의 자유를 금지한 기원은 '가부장제 또는 남성독재의 성립'과 '아버지 각자가 수장이 되고 가족에게 불쾌한 압제를 행하는 질서'에까지 거슬러 올라간다.

푸리에가 경멸의 뜻으로 문명세계(Civilisation)라고 부른 현행과 같은 사태의 도래에 의해 자연은 온갖 방식으로 억압받지만 어느 정도 자신의 권리를 보존하고 있다. 일부다처제는 "방해 받고 비밀에 쌓여 있음에도 불구하고 모든 청소년들 사이에서는 이미 일반화되어 있다." "후궁과 일부다처가 금지되어 있는 우리 사이에서는 젊은 남성은 무엇을 할까? 그들은 비밀스런 후궁을 만들고 미녀로부터 미녀로 날아다니는 것을 배우고 있다." 각 남성은 천 명의 여성을 지니는 것을 좋아하며 각 여성도 "마찬가지 남성배합을 바랄 듯하다." 유희에서 남녀 두 사람 씩의 2조는 집단적인 교차를, 조화세계라는 미래사회의 '카드리유'[남녀 4쌍이 추는 프랑스의 스퀘어댄스]를 예고하고 있다. 그리고 푸리에는 '육체클럽'이라고 불리는 모스크바 시민모임을 예로 들고 있다. 그 회원들은 화장실에서 옷을 벗고 나서 어두운 방에 들어가 "거기서 각자 만지고 찾고 누구를 상대로 하는 것인지도 알지 못한 채 우연에 맡겨 행동한다." 이 어두운 모임의 발명은 푸리에의 눈에는 '대단히 아름다운 생각'으로 비쳤다. 왜냐하면 그것은 "향연에 대한 자연스러운 성향과 문명화된 의심과 질투가 가져오는 장애물을 화해시키기 때문이었다."

*　　*　　*

푸리에는 자신이 물질[관능]적(matériel)이라고 부른 육체적 사랑의 우위를 선언한다. 감상적인 사랑에 관해서는 빈정거린다. "감상(sentiment)이라고 칭하는 이 순수한 사랑은 거의 환상에 지나지 않거나 관능이 만족되지 않는 사람들 사이에서의 속임수에 지나지 않는다." "어떤 여성이 사랑에 필요한 것 모두를 충분히 준비한" 때야말로 그 여성은 운동선수나 힘센 남자뿐만 아니라 병사나 수병들과 "잘 어울리"며, "여성이 마음속에 감상적인 환상, 지극히 세련된 관계를 위한 광대한 여지를 찾고 관능적 즐거움에 필적할 수 있는" 것은 단지 그녀가 육체의 향연과 떠들썩한 술잔치에 빠져 있을 때뿐이다. 해로운 것은 쾌락이 아니라 "단지 쾌락이 희소하다는 것이며 그럼으로써 과도하게 된다는 것이다." 왜냐하면 "관능의 결핍은 음란함을 과도하게까지 높인다"고 그는 예리하게 지적하고 있다. 그리고 '억제하는 것, 압박하는 것, 금지하는 것'밖에 말하지 않으며 '감각적 열정을 꺼버리고' '자연의 원망과 양립할 수 없다면 변심하지 말라는 것과 정절을 널리 퍼트리고' 싶어 하는 우스꽝스러운 도덕가들과 싸운다. "그러한

[도덕적] 생활방식에 붙어 있는 권태에 대한 불만이 어디에서나 커지고 있다."

그러나 조화세계는 자유가 충만한 체제이므로 거기서는 순결도 금지되지 않을 것이다. 정숙한 사랑을 지키는 것을 선호하는 사람들은 적절한(ad hoc) 집단에 들어갈 것이다. 완전한 순결을 지니려고 하는 사람들은 젊은 처녀 또는 동정녀(vestales) 집단으로 들어갈 것이다. 그 집단은 동정남(vestels) 집단이라는 남성 쪽 대응물을 갖게 될 것이다. 반대로 어느 정도 정절을 동반한 육체적인 사랑의 형태를 바라며 금욕을 단념하기로 결정한 사람들은 아가씨들(daimoiselles, 또는 도련님들daimoiseaux)의 집단에, 여성 음유시인(troubadoures, 또는 남성 음유시인troubadours) 집단에 배속될 수 있다. 마지막으로 정조관념이 적은 사람들로 이루어진 일련의 집단, 여성노예들(odalisques, 또는 남성노예들odaliscs), 여성고행자들(faquiresses, 또는 남성고행자들 faquirs), 음탕한 여자들(bacchantes, 또는 음탕한 남자들bacchants)의 집단이 있다. 음탕한 여자[성매매여성]들은 불행한 사랑의 희생자를 구하러 가는, 돈으로 좌우되지 않는 '성스러운' '새로운 자선자매'가 될 것이다.

푸리에는 분명히 집단적인 사랑을 선호한다. 그는 '현행 방식에 따른' 사랑의 근본적인 이기주의를 호되게 비난한다. 오늘날의 사랑의 커플은 '행복을 자신들에게만 한정하려고 하는 개인들이다.' 그는 그것을 "세계에서 가장 좋은 포도주를 지하실에 저장하고 친구에게도 부모에게도 이웃에게도 결코 권하지 않고 자신들만 마시는 사람"에 비유한다. 문명세계(즉, 현행 결점투성이 사회)는 사랑에 의해서 '보편적인 이기주의의 싹'을 만들며 '각 가족에 의해서 나튼 모든 가족을 비밀스런 적'으로 만든다. '가정의 고립'은 삐딱한 요소이다. 그런데 정념의 목적은 '무수한 연대'를 형성하는 것이어야 한다. '사랑은 사회적 유대를 무한히 증식시켜야 한다.' 사랑은 전반적인 화목을 만들어내야 한다. 사랑은 생활환경을 접근시켜야 한다. 사랑의 억압은 조화세계에서는 반(反)사회적인 것으로 될 것이다. 쾌락은 거기서는 '국가의[공적인] 일'로 되며 '사회정치적인 특수한 목적'으로 될 것이다. 쾌락은 주요한 일로 될 것이다. 사회기계를 운영하기 위해서 '사람들이 열심히 쾌락에 빠지는 것이 필요하다.'

푸리에는 경건한 영혼[사람]들의 빈축을 살 위험을 무릅쓰고 더욱 멀리 나아간다. 종교적 숭배는 '신에 대한 사랑을 쾌락에 대한 사랑과 결합'시켜야 할 것이다. 그러나 그는 모독의 취미가 있는 것은 아니다. 그의 제안은 결코 감정을 상하게 하지 않는다. 우리 유토피안은 18세기의 냉소적이고 신을 믿지 않는 유물론적 자유사상가들과는 대조적이다. 그는 확고하게 유신론자이며 범신론자이다. 그는 삼라만상 어디에서나 신을 본다. 그러나 그의 신은 금욕의 신도 억압의 신도 아니다. 죄의식은 고대의 이교도의 자식에게는 낯설다. 그의 눈에는 성스러운 것과 관능적인 것은 굳게 결합되어 있다.

그것은 푸리에가 '천사 같은 결합'(angélicat)이라고 부른 것을 다룰 때 분명히 보인다. 그는 오늘날 영화스타의 인기에서 확인되는 사실을 지적하고 있다. "아름다운 커플에 대한 공중의 취향보다 더 세계적으로 공통된 취향은 없다." 따라서 그는 '각국에 다수의 아름다운 커플이 연인들 대중을 잠시 좋아[사랑]하도록 하는 풍습'을 열심히 역설한다. "사랑하는 두 사람은 두 사람으로 결합하기 전에 그들에게 열렬한 욕망을 표명하는 모든 사람과 육체적으로 결합할 것이다." 그러나 이 '박애'적 행동, 이 '고도한 우애에 의한 봉사'는 단지 관능적인 것에 머무르지 않는다. 거기로부터 '종교적인 존경'에 기초한 '애정과 일반적인 찬미의 유대'가 생겨날 것이다. "천사 같은 커플의 애정행위는 그들 모든 연인에게 성덕의 위안이며 사랑의 화합의 도장이며 인간의 질투를 신의 정신 속으로 흡수하는 것이다." '나라 안에 어떤 [타고난] 불구자가 있다면' 그는 매정하게 거절되지 않고 두 사람의 천사 각자의 침상에 성자처럼 받아들여진다.

집단적인 사랑의 실천은 더욱 일반적인 방식으로 장려될 것이다. 야만적인 사회와 문명사회에서 '욕정의 오물'인 다부다처제(polygamie)[폴리개미]는 조화세계에서는 '활달한 유대'의 원천이 될 것이다. "결혼에서 영구적인 의무적 유대를 유지하는 어떠한 동기도 남아 있지 않을 것이다." 그러나 "그러한 유대는 그것을 바라는 커플에게는 항상 바라는 대로일 것이다." 커플들은 '남녀 두 사람씩 2조'로, '카드리유'나 '정념의 오케스트라'의 형태로 교차[난혼]할 것이다. 또한 한 사람의 남자가 두 사람의 여자와 결합할 것이며 한 사람의 여자가 두 사람의 남자와 결합할 것이다. '그 유대의 효과에 의해서 세 사람 모두 애정은 배가'될 것이다.

가장 많은 상대를 모으는 것은 향연(orgie), '자유로운 사랑의 고귀한 비상'일 것이다. 그것은 '문명인들의 추한 향연', '단지 관능에 집착하는 사람들의 모임'과는 전혀 다를 것이다. 그것은 (고대에서처럼) 예배의 집행자에 의해서 관리될 것이고 서로의 공감을 강화시킬 것이다. 그것은 참가자들에게 '정직하고 정규적인 유대에 근거한 오랫동안 남을 추억'을 줄 것이다.

푸리에는 육체의 아름다움을 복권시켰고, 조화세계의 사람들은 그 것을 "우리 사이에 지닌 것 이상의 분별력을 가지고 평가할 것이다" 라고 말한다. '예술작품이 제시하는 이상적인 아름다움에 우리가 많은 가치를 부여한다면, 아폴론 또는 비너스 같은 조각이 찬미할 마음을 돋운다면,' 사람들이 단순히 조각만을 미술관에 진열하지 않고 '아름다운 정신을 아름다운 육체와 결합하는 기쁨'을 가져오는, 진정한 인간의 벗은 몸을 진열하는 날이 오지 않을까? 각각의 여자, 남자는 자신이 지니고 있는 가장 주목할 만한 것을 과시할 것이다. 어떤 사람은 신체의 상부만을 노출할 것이고 어떤 사람은 허리만 자신 있다면 그것만을 보일 것이다. 모든 것이 아름답다고 생각하는 사람은 완전히 벗게 될 것이다. "미술관에서 사람들은 눈길을 끄는 아름다움을 충분히 향유하기 위한 향연을 다음 날에 다시 열자고 협상할 수도 있을 것이다."

그러나 배타적인 사랑을 좋아하는 사람에게는 공중에게 자신의 몸을 보이도록 조금도 강제하지 않을 것이다. '조화세계에서는 어떠한 강제도 없다.' 그러나 사람들은 '이기적인 사랑과 질투 때문에 모습을 보이는 것을 자제하는 이들이 미술관에 나타나지 않는 것'을 안타까워 할 것이라며 푸리에는 한숨짓는다.

우리 유토피안은 앞에서 불구자의 사랑을 고찰했는데, 이번에는 '나이든 사람들'이 사랑의 매혹을 손에 넣는 데도 마음을 쓴다. 그들을 위해서 '사랑의 봉사대를 조직할 것'을 제안한다. 문명세계에서 노인은 '젊은 사람과 관계하고 교류하는 곳 어디에서나 매정하게 배척당하고 조롱당하고' '추악한 것'으로 취급된다. "조화세계에서는 노인 각자는 그의 경험 때문에 귀중한 동료가 될 것이다." 그리고 푸리에는 아름다운 비유로 자신의 생각을 묘사한다. "노인은 미숙함을 느끼는 젊은 어부들이 도움을 구하는 폭풍우 속의 노련한 선장 같다." 노인은 자신이 주는 것 대신에 젊은이들로부터 '지극히 다양한 쾌락'뿐만 아니라 '우정 이상의 애정, 이상적인 부성적[아버지] 유대'를 받을 것이다.

* * *

푸리에의 이론은 뉴턴의 만류인력에 관한 이론의 '계승과 적용'이다. 저 유명한 천문학자는 천체의 인력에만 마음을 둔다. 따라서 인력의 다른 부분, 즉, 푸리에가 발견한 '사회적 기계학'에 관한 논의는 남겨두고 있다. 푸리에에게 '인력은 신성한 계시자이다.'

이 위대한 유토피안은 어떠한 인력도 억제하려 하지 않는다. 왜냐하면 프로이트의 선조인 그는 본능의 압박이 미치는 심리적인 폐해와 우리가 우리 자신과 싸우는 것이 얼마나 고통스러운지 잘 알기 때문이다. 개인적인 고뇌보다도 훨씬 중대한 것은 억압된 정념의 사회적 효과이다. 고통스럽든 아니든 푸리에가 회귀(récurrent)라고 부른 해로운 형태로 다시 나타나는 것이 있다. 정념이 장해를 만들어 내는 것은 그 때이며 그 때일 뿐이다. "모든 억압된 정념은 자연스러운 정념이 유익한 것만큼 해로운 반대-정념(contre-passion)을 만들어 낸다."

이 정념들을 개혁가 푸리에는 모두 사용하려 한다. "신은 자신이 만드는 모든 것을 잘 만든다. 만약 신이 우리의 정념이 해로운 것이며 전반적인 균형을 파괴한다고 생각한다면 정념을 창조하지 않았을 것이다." 정념의 성질을 변화시키기는커녕, 푸리에는 그것을 '역전'시켜 즉 기존의 사용법과는 반대의 방향에서 적용하려고 했다. 그는 거기에 자신의 가장 위대한 발견이 있다고 느낀다. "나의 영예는 인간의 본성을 변화시키려는, 신이 인간을 이끌기 위해 우리 인간의 정신 속에 둔 활력을 바꾸려는 당신들 입법 사기꾼들의 길과는 반대의 길을 추구했다는 것이다. 나는 그 활력을 전혀 바꾸지 않은 채 유용하게 쓰는 방법을 탐구하고 발견하려 한 최초의, 유일한 사람이다."

그러나 푸리에는 정념을 날것 그대로 무정부적인 상태에서 사용하지 않는다. 그를 중상하는 사람들의 험담과는 반대로 그는 '정념을 방임하는 것'을 권장하지 않는다. 그는 정념은 '평형점'을 필요로 한다는 것을 인정한다. 정념은 '접목'되어야 한다. 그것은 정념을 '선(善)으로 이끌기' 위해서 없어서는 안 될 조건이다. 푸리에는 다시 한 번 자신의 사상에 대해 비유를 사용해서 분명히 말한다. "자유 속에서 정념은 고삐도 기수도 없이 풀어놓은 말이다. 말이 정확히 마구를 갖추고 마차를 끌고 정교한 편자에 의해서 조종될 때, 사람들은 말을 억누르려는 관심을 전혀 갖지 않는다. 방탕[과도함]을 막으려는 보증이나 접목[결합]과 같은 지지 정념에 대해서도 마찬가지일 것이다." 그리고 예언자의 어조로 "나는 빈번한 변덕에 의한 쾌락의 모든 남용을 피하고 모든 향락 속에서 균형을 유지할 수 있으며 향락의 풍부함 자체에서 그 과도함을 막을 수 있는 신, 조화를 이룬 기계기사, 궁핍 및 부절제의 적을 예고한다"고 쓰고 있다.

이렇게 균형 잡힌 정념은 오늘날의 정념의 9/10처럼 생산에서 벗어나지는 않을 것이다. 그래서 노동을 보호한다는 구실 아래 프루동이 에로스에 대해서 하는 저주의 말은 다시 반박된다. 조화세계에서는 각자의 기호가 만족되면 만족될수록 각자는 공동체에 한층 기여할 것이다. 정념은 '모든 면에서 산업의 완성으로 향할 것이다.'

*　　*　　*

그런데 우리는 푸리에의 조화세계 속에서 '모호한'(ambiguë, 중간적인) 정념에 할당된 위상을 봐야한다. 이 미묘한 주제에 관한 푸리에의 생각을 이해하기 위해서는 혹성세계와 사회세계의 대응, 천체 기구와 인간적 정념의 대응이라는 생각에 매달린 이 천재적인 유토피안이 뉴턴 뿐만 아니라 케플러의 후계자이기를 바라고 있다[6]는 것을 알 필요가 있다. 그의 조화세계는 대개 『세계의 조화』(1819년)에서 유래한다. 이 책에서 케플러는 우주의 운행을 천체의 이심율(離心率) 또는 광행차(光行差)조차 협력하는 성스러운 합주로서 묘사하고 있다. 그 이심율 또는 광행차는 전반적인 조화를 깨트리기는커녕 전체의 메커니즘에 다양성을 가져온다. 마찬가지로 음악에서 협화음은 조화에 공헌하며 반면 불협화음은 대비, 차이, 이행(transition, 중간과정)의 가치를 지닌다.

---

6) 푸리에에 대한 케플러의 영향에 대한 부분에 관해서는 시몬느 드 비 오레스키비치(Simone Debout-Oleskiewicz) 부인에게 빚지고 있다. 나는 우선 그것을 『푸리에 전집』 1권의 설명이 약간 되어있는(『푸리에 전집』 1권의) 그녀의 서문에서 알았고, 이어서 나의 요구에 따라서 그녀가 상세하게 보충해준 편지에 의해서 알았다. 나는 그녀가 준비 중인 푸리에에 관한 책을 기대하고 있다.

푸리에가 보기에 이행은 학자들에 의해서 너무 무시되어 왔다. 자연과학자들은 '이행의 종류 또는 계열관계를 분류하는 것을 결코 생각하지' 않았으며, 한편 철학자들도 '또한 성격 · 정념 · 본능과 관련하여 이행의 종[종류]을 구별할 생각을 하지 않았다.'

천체를 사회에 옮겨놓은 푸리에의 조화세계에서는, 모든 정념은 '거대한 오케스트라의 요소이다.' '모호한'이라고 불리는 기호(嗜好)는 '이행'을 이루며, '모든 세계를 묶는'다. 그것들을 비난하고 배척하려는 것이 아니다. 반대로 전혀 그것들은 '한 없이 귀중하'며, '조화세계의 골조의 볼트나 이음새와 같'다. "아무것도 모호한 것 없이는 결합하지 못한다."

"자연은 쾌락 속에 무한한 변화를 주고 싶어 한다." 조화세계에는 '비열한', '진기한,' '퇴폐적인,' '불순한,' '사악한,' '비천한,' '추잡한,' '도덕적으로 비난 받는,' '우리 사이에서 경멸되는' 기호를 포함하는 '모든 종류의 기호'가 필요할 것이다. 사회체제 속에서 그것들은 '귀중한 미덕이 될 것이다.' 조화세계에는 예외도 규칙과 마찬가지로 유익하다. '모호한 것들을 활용해'야 한다.

우리 유토피안은 피타고라스 및 케플러로부터 차용한 수학을 실제로 사용한다. 그는 고정수 속에 차이가 있다고 생각한다. 그는 어떤 예외들이 규칙의 불변적 비율을 이룰 수 있음을 보여준다. 그런데 이것은 현대의 성과학이 배타적인 동성애에 관해서 확인하는 바이다. 그는 그 기호를 지닌 사람들이 아주 한정된 소수자 사이에서만 보인다는 사실에 대해 결코 거북해 하지 않는다. 그것을 실행하는 사람이 전 지구상에 40명밖에 없어도 정말 '사람들은 그들 40명의 애호가들을 만나려고 노력할 것이다.' 푸리에는 여기에서 놀랄 만한 비교를 한다. "그 모임은 그들에게는 마호메트 교도가 성지로 가는 것과 마찬가지로 성스러운 순례이며, 그 수가 적을수록 그들은 지정된 모임에 더욱 열심히 참여하게 될 것이다."

따라서 소수적 기호는 관대하게 취급될 뿐만 아니라 '존중된다.' '가장 알려지지 않은, 가장 무시되는' 환상을 탐색할 필요가 있으며, 그것은 '그 기호를 끌어내서 전지구상의 애호가들을 조직하고 그러한 종류의 쾌락을 지지하기 위해서 그들을 단결시키기' 위한 것이다. 푸리에는 가슴에 감추고 있던 사실을 무심코 드러내면서 자신처럼 여성 동성애자(레즈비언)에 애정을 품고 있는, 그리고 함께 **조화세계**에서 조합을 만들어낼 수 있는 지구상의 자신의 '동료들'의 수를 2만 6천 명으로 추산하고 있다.

여기서 이 사회개혁가의 목적은 시몬느 드보-오레스키위츠(Simone Debout-Oleskiewicz)가 『사랑의 신세계』의 흥미로운 서문에서 주장하듯이, '개인의 온전함과 단일성을 존중하는 것'이 아니라는 것을 지적해 두자. 그녀 같은 개인주의적이고 아나키스트적인 배려는 푸리에의 정신에는 분명히 없다고 나는 생각한다. 개인이 그의 주요 관심사는 아니다. 스스로 진전시키려는 새로운 질서를 보이기 위해서, 그는 **조화세계**나 '**사회체제**'라는 용어를 구별하지 않고 사용한다. 그는 '**자아**라고 이름 붙여진 동물적이고 거친 충동, 날것 그대로의 이기주의'에 대해서 격노한다. 이 비인간적인 **자아**에 그는 '일반 이익과 결합한 인간적인 **자아**, **우리**, 개인의 이익과 대중의 이익을 동일시하는 **온전한**[intégral] 인간을' 대립시킨다. (지나는 김에 말하자면, 슈티르너 같은 인물이 사회체제 속에서 독특한 자아가 추상적인 인간에 종속되는 것에 분노하는 어떤 이유가 있을 것이다.) 푸리에가 '모호한'이라는 이름 아래 분류한 다양한 정념은, 그것들을 숙명으로 받아들이는 소수자들의 행복을 위해서 필요한 것이 아니라, 다른 모든 정념처럼 조화세계의 배치에, 사회의 합주의 순조로운 진전에 기여한다.

마찬가지로 사디즘과 마조히즘은 다른 모호한 기호처럼 존재이유를 가진다. 『발코니』의 장 주네,[7] 『메꽃』의 조셉 케셀[8]의 선구자인 푸리에는 그것들이 자연스러운 것임을 보인다. 그의 말을 들어보자.

---

7) Jean Genet. 『도둑일기』로 유명한 프랑스의 소설가. 『발코니』는 성매매 여성과 다양한 사람들의 관계를 그린 그의 희곡이다.—옮긴이 주

8) Joseph Kessel(1898~1979). 프랑스의 소설가. 아르헨티나에서 출생한 유대계 러시아인으로 러시아·프랑스에서 교육을 받고 저널리스트가 되었다. 제1차 세계대전 중에는 항공사관을 지냈고 그 뒤에는 시베리아 답사 등에 참가하였으며 세계 각지의 큰 사건을 르포르타주(기록문학)화하였다. 그 체험을 바탕으로 『붉은 초원』(1922), 『탑승원』(1923)을 써서 인정받았고, 또한 스페인내란과 항독(抗獨) 레지스탕스 체험을 통해서 『그림자군대』(1946), 제1·2차 세계대전을 배경으로 한 소설 『행복 뒤에 오는 것』(1950), 이스라엘 건국이야기인 『사랑과 불의 대지』(1961), 아프가니스탄 전사(戰士)의 모험인 『기병』(1968) 등을 썼다. 항상 격동하는 역사의 현장을 직접 체험하며 세계를 사실적으로 묘사하였다. 그 밖에 유부녀의 이상심리를 그린 『한낮의 아름다움(메꽃)』(1928), 사람과 동물의 우정을 그린 『사자』(1958) 등 많은 작품이 있다. 그의 작품들은 기록성과 강렬한 원색적 묘사가 특색이며, 모험 속에서 생명의 연소(燃燒)를 추구하는 그의 문학은, 현대 행동주의문학의 선구라고 할 수도 있다. 모험적 세계에 심리를 엮어 넣고, 심리 속에 모험적 요소를 삽입하는 점이 특색이다. http://kwank99.blog.me/30130287097. 『한낮의 아름다움(메꽃)』은 남편을 '가진' 여자, 즉 유부녀인 세브린느의 또 다른 이름으로 낮 2시부터 5시까지 성매매업소에서 불리는 이름이다. 세베린느는 마조히즘 욕망이 있는데 남편과 그것을 채우는데 어려움을 지닌다. 세베린느는 성매매에서 만난 갱인 마르셀과 얽혀들게 되고 마르셀은 남편을 죽이려다 경찰에 사살된다. 크게 다친 남편에게 세베린느의 기둥서방이 그녀의 진실을 말해준다. 고다르의 영화로 만들어 졌으며, 우리나라에서는 세베린느라는 이름으로 상영되었다. 죠셉 케셀, 양원달 옮김, 동서문화사, 1977.; 문공사, 1982. 그리고 죠셉 케셀 외 저, 홍미숙 역, 『사랑의 충격』, 함께, 1991에 번역 수록되었다.—옮긴이 주

이미 현 사회에서 “어떤 사람들은 말이나 행동에서 위협받거나 맞고, 두려울 정도로 학대받는 것을 좋아한다. 다른 사람들은 때리는 것을 좋아한다. 어떤 노인은 어린이옷을 입고 어린이로 취급받는 것을 좋아한다. 그리고 사람들은 바보 같은 짓을 했다고 60살의 갓난아기를 벌한다. 노인은 헛되이 용서를 구하지만 실제로는 벌 받는 것을 필요로 한다. 사람들은 그 가장의 엉덩이를 부드럽게 때리며 이어서 그로 하여금 용서를 구하고 그리고 얌전하게 있겠다는 약속으로 구두에 키스하도록 한다.” 조화세계에서는 사디스트와 마조히스트는 우스꽝스럽게 되지 않고 격려를 받으며 집단으로 결합될 것이다.

그러나 푸리에는 정신분석학에 앞서 몇 가지 사디스트적인 경향은 ‘동성애’ 성벽에 대한 무의식적 억압 때문이라고 암시한다. 자신의 젊은 아름다운 여자노예 한 사람을 고문에 처하게 한 러시아의 여왕은 ‘여성 동성애[사피즘]를 꿈꾸지 않고’ ‘향락할 대상을 괴롭혔다.’ 조화세계에서는 그 귀부인은 사디스트들보다는 오히려 여성동성애자들 속에 들어갈[분류될] 것이다.

근친성관계[근친상간]는 ‘자연에 의해서 아주 일반적으로 권장되고 있다.’ 문명사회는 그것을 공적으로는 금지하면서도 비밀리에 관대하게 취급하고 있다. 사회체제에서 그것은 ‘어떤 사람에게도 해를 끼치지 않으며 사람들의 유대를 다양화시키는 것’이라는 바로 그 이유 때문이다. 그것은 아주 크게 찬성할 만한 이행의 기능, ‘사랑과 가족애의 혼합물’로서의 기능을 훌륭하게 수행할 것이다.

여성동성애 또는 남성동성애에 관계하는 동성적(unisexuel) 사랑에 관해서 말하자면, 그것은 또한 중간과정이 귀중한 역할을 한다. ‘(성적인 그리고 정신적인) 사랑의 두 가지 원동력은 우정의 정념 또는 동성에 대한 애정 속에 맞물려 들어' 간다. 동성애는 우정과 사랑 사이의 유익한 '이행', 양자의 결합이다.

푸리에는 소년에 대한 기호[소년애]가 자신에게 불러일으키는 관용[만족]을 거의 감추지 않는다. 그것은 '수려한 고대에서는 커다란 명예를 이루는 것'이었다. 그리스의 좋은 시대에는 그것은 시인들의 노래 속에 영예로 빛나고 있다. 미덕의 모델인 그리스에서는 모두 그것을 실행하였다. 성스러운 메노스, 성스러운 소크라테스, 성스러운 솔론은 그것이 미덕에의 길이라고 가르쳤다. 리쿠르구스 법전은 젊은이들을 그것으로 향하게 했다. 도덕의 통솔자들은 모두 그것을 자랑했다. 플루타르크에 의하면 테베인들은 사랑하는 사람들의 군대를 편성하였고, 거기에서는 사랑하는 사람이 사랑받는 사람 쪽에 배치되었다고 한다. 이 풍속은 철학자들로부터 만장일치 지지를 받았다. 저 섬세한 아나크레온은 자신의 시에서 여성을 버리고 남성을 택할 것을 장려하고 있다. 아버지들은 자녀들에게 이 도덕적인 완성을 행하도록 고무하였다.

푸리에는 기뻐하며 플루타르크의 1절을 인용하고 있다. "그 남성들의 사랑이 어느 사이에 공공연히 행해지게 된 것은 어린 소년들이 육체적 훈련을 위해서 옷을 벗고 나체가 되기 시작한 이후이다." 그리고 푸리에는 역사상의 인물(크니데스 왕국을 스파르타로 가져간) 스파르타의 왕 아게시라오스(Agésilas)와 '가니메데스(Ganymède) 같이 아름다운' 가공의 인물 제리스카르(Zéliscar)와 닮은 소년의 만남을 실제로 즐겁게 상상하고 있다. '사랑스러운 소년의 가슴에서 나오는 빛에 매혹되어' 아게시라오스는 '갑자기 소년에 대한 격렬한 생각에' 사로잡힌다. 그는 소년을 위해서 열심히 시를 읊는다. 그는 '열정에 넘쳐서 쉽게 그 사랑스러운 소년이 아게시라오스의 애정에 복종하는' 그 순간까지 '멈추지 않고 간청한다.'

일반적으로 남성해방의, 특수하게는 여성해방의 열렬한 전사인 푸리에는 고대의 풍속에 관해서는 소년에 대한 사랑과 병존하고 있던 두 가지 제도, 노예제와 여성종속을 비난할 때에만 약간 준엄한 태도를 보였다. 고대는 '공포스러운 태형에 처해 죽이는 것을 즐기기 위한 노예를 지녔다.' 아테네에는 '반은 중노동 죄수인 아내들이 있었다.' 조화세계의 체제에서는 그 두 가지 잔학무도한 그리스의 사랑은 더 이상 없을 것이다.

우리 유토피안은 '줄리어스 시저의 유쾌한 기벽, 모든 남편의 부인이 되는 것', 앙리 3세의 모호한 행위를 보고하고 있다. 그는 여성동성애자들 무리에 둘러싸여 있는 중국의 황제를 어떤 가구(家具)에 따라 묘사하며, 여성뿐만 아니라 소년들과의 향연에 빠져 있는 어떤 터키 고관을 묘사하고 있다. 몇 번 반복해서 그는 '모호한 사람들의 카드리유'나 '동성애' 향연을 암시하고 있다. 문명세계는 비난하지만 그는 이성애 향연의 한복판에 포함되어 있는 그 향연들이 조화세계에서라면 실행될 수 있을 것이라고 언외로 드러내고 있다.

조화세계에는 '수많은 시동들 속에서 친밀한 애인을 찾아내는 것', '깊은 애정을 지닌 채 자신을 위해 일하는 50명 한도의 정열적인 봉사자를' 공급하는 것은 남성에게 매력적인 것이 될 것이다. 미래의 팔랑스테르에서 우정 또는 '동성애적 애정'은 명예로 될 것이다. "모든 봉사부문에서 각자는 자신을 위해서 자신이 귀여워하는 남자시동이나 여자시녀를 찾기 바쁘다." 그 서로의 봉사는 동성의 사람들 사이에서 '특별한 매혹'을 창조한다.

푸리에는 35살이 되어서는 자신의 여성동성애자[레즈비언]에 대한 기호와 '그녀들에게 은혜를 베푸는 모든 일에 대한 열의'를 발견했다고 쓰고 있다. '모호한 사람들'의 특수한 부류로는 사실 남성동성애자들에게 마음을 품고 있는 여성들이 있는 것과 마찬가지로 '여성동성애자들에 봉사하며 그녀들의 쾌락을 돕기 위해서 나서는' 남성들도 있다. 오늘날 '극도로 이상한 것'으로 여겨지는 그 기호는 '조화세계에서는 이상한 것으로 보이지 않을 것이다.'

* * *

우리 위대한 유토피안은 자신의 '조화세계의 사랑정책'이 자신이 구상중인 가장 대담한 것이라는 것, 따라서 가장 상처받기 쉽고 가장 비방당하기 쉽다는 것을 모르지 않았다. 사실 그 정책으로 인해 팔랑스테르파는 '광포한 공격'을 당하였다. 그것은 그의 제자 빅토르 콩시데랑[9](Victor Considérant)의 격분한 표현에 의하면 관례적인 '위선

9) Victor Prosper Considérant(1808~1893). 프랑스의 유토피아 사상가로 푸리에의 제자이다. 그는 푸리에주의자들의 잡지 *La Phalanstère*와 *La Phalange*를 편집하였다. 푸리에를 지지하는 많은 저서들을 냈는데, 그 가운데 가장 중요한 것이 『사회적 목적(*La Destinée Sociale*)』이다. 그는 맑스와 엥겔스의 공산주의자선언(Communist Manifesto) 5년 전에 민주주의 선언(Democracy Manifesto)을 썼다. 콩시데랑은 1861년에 제1 인터내셔널 성원이었고 1871년에는 파리코뮨에 참여하였다.—옮긴이 주

자들', '도덕과 종교의 사이비 신도들' 뿐만 아니라 공산주의자 카베[10](Cabet), 모독자로서의 죄를 짊어진 종교적 사회주의자 피에르 르루[11](Pierre Leroux), 푸리에주의자를 '난혼'과 '남성동성애' 때문에 검찰총장에게 고발하려고까지 했던 프루동의 공격도 포함하고 있다. 푸리에가 은폐와 침묵과 신중함에 매달리려 한 것은 당연하다.

은폐. 성에 관해서 완강하게 뿌리 내리고 있는 편견에 정면으로 충돌하지 않기 위해서 푸리에는 자신의 분석을 나눔으로써 위장한다. 그가 정확히 목적으로 삼고 있는 것을 이해하기 위해서는 아주 쓸데없고 착잡한 작업을 통한 종합과 검증의 노력이 필요하다. 하나의 예를 들어보자. 그가 모호한 정념, '비열한 기호'에 대해서 암시할 때 그는 그 증거로서 살아 있는 거미를 삼키는 천문학자 라랑드[12](Lalande)의

---

10) Étienne Cabet(1788~1856). 정부의 공무원으로 일하다가 정부를 비판하여 물러났고 나중에는 영국으로 망명하였다. 오언의 영향을 받아 Icaria라는 허구의 나라에 관해 책을 썼고 나중에는(1848년 이후) 그러한 나라를 만들려고 미국으로 건너가 실험하기도 하였다. 1839년 프랑스로 돌아와 공산주의적 사회운동을 하였으며 공산주의라는 말을 만들었다. 또한 원시 기독교를 강조하고 예수의 사회평등 사명을 묘사한 『예수에 따른 진정한 기독교(*Le vrai christianisme suivant Jésus Christ*)』를 썼다.—옮긴이 주

11) Pierre Leroux(1797~1871). 프랑스의 범신론(汎神論) 철학자, 경제학자, 평화주의자, 정부관리. 자신이 참여하여 만든 여러 신문과 평론잡지를 통해 사회주의를 주창했다. 그의 주장에 따르면 인간을 구성하는 3요소는 감각·감정·지성이며, 사회의 조화는 이 3요소의 협동으로 이루어진다. 또 3요소는 신(神) 안에서도 권능·사랑·지혜의 형태로 식별할 수 있다. 르루는 임금체계·가족제도·사유재산제 등과 "백만장자와 자본가들이 우리 시대의 귀족이 되어 있는" 경제체제를 비판하면서, 참된 민주주의를 향해 나아갈 때 비로소 "우리는 신에게 이끌린다"고 선언했다. 사회주의에 관한 분석도 발전시켰는데, 사회의 역할이 "사회 구성원 모두에게 각자의 필요·능력·성과에 따라 사상이든 예술작품이든 물질적 부든 공동 노동의 생산물을 향유하게 하는 것"이라고 하였다. 1848년 2월 파리혁명이 일어난 뒤, 르루는 부사크 시장(市長)으로 선출되어 극좌 사회주의자 편에 섰다가, 1851년 루이 나폴레옹이 주도한 구네나도 입법의회가 해산되자 1869년까지 망명생활을 하다가 총사면으로 파리에 돌아왔다.—옮긴이 주

'추잡한 식성'의 기벽을 받침대로서 인용하면서 시작한다. 그가 목적으로 하는 것, '동성적' 식성을 밝혀나가는 위험을 보이는 것은 아주 뒤에, 다른 장소에서이다. 그리고 그때조차 어떤 용의주도함을 보인다. 그리스의 사랑에 대한 그의 평가의 몇 가지는 얼핏 보면 경멸적인 것처럼 보인다. 그래서 그가 '아름다운 고대'를 얘기할 때 사람들은 우선 그가 농담한다고 믿는 경향이 있다. 그리고 그가 고대에 대한 향수가 있다는 것을 신중하게 이해시키는 것은 몇 번이나 고대에 대해 언급함으로써 이다. 그 점에 관해서 최근의 『사랑의 신세계』의 발간은 푸리에주의적 작업의 속셈을 해명하는 데 크게 기여하였다.

침묵. 푸리에는 자신이 동성애에 관해서 알고 있는 것을 모두 말하지는 않는다. 그는 '모호한 기호를 지닌 사람들에 관한 이론을 기술하는 것은 불가능하다'고 생각하는 것 같다. 그는 '커튼을 들어 올리는 것이 필요하다'고 생각하면서 '바닥으로 미끄러져야 한다'고 생각한다. 스스로 보증하고 있는 것이지만 '만약 그 상세함이 사랑에 적대하는 우리의 편견과 양립할 수 있다면' 그는 자신이 본 쾌락들을 극히 상세하게 묘사하는 것을 좋아할 것이다. 그러나 실제로는 사람들도 알듯이 『사랑의 신세계』는 그와 그의 제자들의 의지에 따라서 1967년까지 원고 상태로 남아 있었다.

신중함. 한편 푸리에는 아주 나중에서야 자유로운 사랑의 도래를 상정하면서 장애물을 피하는 것을 더 좋아한다. "수습하기에는 오래 걸릴 다양한 혼란이 3세대에 걸쳐서 사랑에 대한 구속을 유지하도록

12) Joseph Jérôme Lefrançois de Lalande(1732~1807). 프랑스의 천문학자.—옮긴이 주

강제할 것이다. 그중에서도 여성해방은 아주 서서히 일어날 것이다. 조화세계의 30년, 50년, 60년의 세월이 흐른 뒤에야 구제할 수 없는 문명사회에 의해서 길러진 현 세대가 완전히 소멸할 것임을 사람들은 알 것이다. 마찬가지로 (어머니의 노예화와 동시에 인구과잉을 피하기 위해서) 여성의 2/3가 불임이 될 수 있고, 성병이 사라지기를 기대해야 한다. 그때에야 새로운 세대는 다르게 길러지고 필수불가결한 평형추가 정비되고 사랑은 자유로이 이루어질 수 있을 것이다." 그리고 그때, 다시 성의 혁신은 조금씩만 있을 것이며, 이후 언제든 '남편들과 아버지들에 의해' 만장일치로 가결될 것이다. 푸리에가 가부장제로부터 전승된 감정을 어떻게 배려하고 취급했는가가 여기서 엿보인다.

이러한 용의주도함은 저 이른바 유토피안의 뇌리에 현실에 관한 예리한 감각이 있다는 것을 확실히 보여준다. 그러나 푸리에는 자신에게 용기를 주었던 제자들이 자신의 메시지를 배반할지도 모른다는 위험을 느꼈다. 그러나 제자들은 그를 저버리지는 않았다. 빅토르 콩시데랑은 '자유로운 사랑의 권리'를 전적으로 부정하지 않은 채 푸리에의 구상의 '순수하게 경제적인'13) 부분, 팔랑스테르의 운영에 관한 부분만을 드러내는데 만족하였다. 19세기에 실제로 창립된 실험공동체는 성 구도에서의 혁신을 경계했다. 『전집』의 1841년 서문에서 편집자들은 "푸리에도 그 제자들도 (사랑에 관한) 혁신을 제시하지 않는데, 그것은 '사회적인 불편' 때문"이라는 배려를 잊지 않고 있다. 원고 상태로 남아 있던 『사랑의 신세계』에서 그들은 몇 가지 단편만을

---

13) Victor Considérant, 『샤를르 푸리에의 주장의 배덕성』(*L'Immoralité de la doctrine de Charles Fourier,* 1841)과 『구(舊) 세계 이전의 사회주의』(*Le socilaisme devant le vieux monde,* 1849).

나중에 출간하였고[14] 다시 그 뒤에 그것들을 삭제하였다.

푸리에주의자의 보급자인 가티 드 가몽(Gatti de Gamond) 부인은 더욱 멀리 나아갔다. 그녀는 '조화세계의 풍속을 다루고 있는 이 부분에 대해서' 격렬한 이의를 제기한다. 그녀의 주장에 논리가 없는 것은 아니다. "현 정념을 부추기고 애무하는 주장을 전체적으로 받아들이는 사람들은 그 주장이 최종적인 결과를 가져오도록 즉각 실천 속에서 추구해야 한다"고 그녀는 말한다. 어쨌든 푸리에 자신과 사람들은 조화세계의 풍속은 전적으로 미래를 위한 것이라고 말한다. 그러나 "만약 그 풍속에 대한 묘사가 현실에서 욕망을 부여한다면 사람들은 곧 사랑에서 자유의 원칙을 수립할 것이다. 온갖 혼란이 그 방임으로부터 생길 것이다"라고 그녀는 주장한다. 그리고 이 보급자는 사회주의적인 청교도들에게 익숙한 논의에 호소한다. "노동은 필연적으로 그것을 불쾌하게 느끼게 할 것이다." 성혁명을 선언하는 것은 푸리에에게 맡기자. 그러나 현재 조화세계의 초기에서와 마찬가지로 "우리의 의무는 기독교적이고 시민적인 법의 엄격한 준수이다"라고 가티 드 가몽 부인은 결론짓고 있다.[15]

이처럼 『사랑의 신세계』의 천재적인 예측은 부르주아적인 빅토리아조의 수줍음에 침식당한 19세기 반경에 중지되었다. 그러나 오늘날 푸리에의 온갖 대담성을 알게 된 우리에게 그것은 어떠한 계시일까!

---

14) 그들의 잡지 *La Phalange*(1849)에서.

15) Gatti de Gamond, 『푸리에 이론에 따른 사회적 코뮨의 실현』(*Réalisation d'une commune sociétaire d'après la théorie de Fourier*)(1841~1842).

동성애 정치

반-동성애 차별

영국의 동성애억압에 대한 『월펜덴보고서』(1957)의 부록으로 간행된 관찰들에서, 제임스 아데르(James Adair)라는 이름의 검사는 사회학자들에게서 특히 '동성애자와 관련한 현저한 정도의 감상주의'를 '탐지'하였고, 이 고려사항들이 적지 않게 유효한 다른 고려사항들을 흐리게 하였다고 후회하였다.

나는 이 행정관리가 적어도 부분적으로 과학적 관념들에 근거하지 않은 '감상주의'(sentimentalisme)에 반대하여 우리를 보호할 이유를 가지고 있다고 믿는다.

동성애자들은 희생자들일 뿐만이 아니며, 모두 작은 성인(saint)인 것은 아니다. 사랑을 실천하는 그들의 특수한 방식에서 그들은 (여성을 흉내내는 그들 사이의 소수의 통탄할만한 방식을 별도로 하고) 이성애자들과 동일한 결점들을 드러낸다. 그들은 종종 이기주의자들이고 자기중심적인 사람들이다. 그들은 무엇보다도 자신들의 쾌락을 추구한다. 그들은 너무 자신들의 파트너[상대]들을 말의 충만한 의미에서 인간으로서가 아니라 단순한 성대상으로 여기는 경향이 있다. 마지막으로 그들은 이성애자들처럼 자신들이 처분할 수 있는 돈이나 권력을 자신들의 열정에 바치는 경향이 있다.

더욱이 모든 동성애자의 탓으로 돌리는 것을 삼가야 하지만, 이 행동들은 청교도적인 태도가 순전히 퇴조하고 있는 오늘날의 사회에서 많은 젊은이들이 모욕적인 말(독일인boche이나 유태인youpin이라는 말처럼)에 대해 자신들이 나타내는 것들에 종종 엄격하다는 것을 적어도 부분적으로는 설명한다. 그리고 이러한 엄격함은 동성애자들의 취향에 호소하기 보다는 그들이 자신들의 노획물을 대우하는 어떤 방식에 호소한다. 이미 30년 전에 『젊은이』[1]라는 작은 책에서 프랑수아 모리악(François Mauriac)은 다음과 같이 지적하였다. "젊은이의 고통, 젊은이가 자신의 희생자에게 보이는 냉혹함, 그것은 우리가 그에게서 사랑하는 것은 그의 존재가 영원히 그리고 영구히 은닉하는 것이 아니라 그의 젊음이라는 생각을 확신하는 것에서 생겨난다."

돈의 위험한 남용에 대해서, 라틴 시인들은 생-제르맹-데-프레 앞에서 2천년 전에 비난하였다. 유베날리스[2](Juvénal)는 '현재의 효과에서 확실한 …… 타락자의 방탕한 도착'이라고 딱지 부쳤고, 마르티알리스[3](Martial)는 자신들의 부 덕분에 '입을 더럽히는' 사람들에게 부드럽지 않았으며, 페트로니우스[4](Pétrone)는 '자신의 소유물을 티켓

---

1) François Mauriac, *Le Jeune Homme*.

2) 데키무스 유니우스 유베날리스(라틴어: Decimus Iunius Iuvenalis). 1세기 후반에서 2세기 초반에 활동한 고대 로마의 풍자시인. 수많은 황제들과 로마의 귀족들, 당시의 사회상에 대한 통렬하지만 유쾌한 풍자시로 유명하며 당시의 라틴 문학은 물론 후대의 풍자작가들에 많은 영향을 끼쳤다.—옮긴이 주

3) 마르티알리스(Marcus Valerius Martialis, 40년~102년?). 고대 로마의 풍자시인. 그는 온갖 인물과 사건에 관한 시사적 풍속적 재료를 종횡으로 구사하여 그 당시 사람들의 생활 자체를 묘사했다.—옮긴이 주

과 바꾸는 청소년' 때문에 괴로워하였다. 아아! 파렴치한 소득불평등이 계속됨에도 라틴 시인들이 이미 쓴 사태는 꽃피웠다. 그리고 내가 말할 수 있다면 아나키스트들이 '개인적 복구'라고 부른 것을 자신의 방식으로 실천하는 젊은 상속권박탈자나, 종종 부끄러워하는 화폐잉여를 쌓아놓고 있는 동성애자를 가차 없이 쉽게 비난할 수 있을까?

젊은이의 권리와 동성애자의 권리 사이에 갈등이 이론의 여지없이 있다. 젊은이의 권리는 동성애자의 권리의 궁극적 남용에 대항하여 보호되어야 한다. 그러나 동성애자들을 묶어서 박해하고 그들에게 모든 성적 배출구를 금지하는 것은 이른바 '젊은이의 방어[옹호]라는 이름으로는 부당할 것이며 잔인하기조차(이 두 가지 형용사는 프로이트가 사용하였다) 할 것이다.' 그리고 이러한 잔인한 부당함에 반대해서 동성애자들을 방어하는 것 이외에 개종권유를 할 수 없다. 엄밀하게 객관적인 관점에서 젊은이의 권리와 동성애자의 권리가 항상 갈등하며 동성애자들은 젊은이와 관련하여 해로울 뿐이라고 주장하는 것도 마찬가지로 부정확할 것이다. 그들 가운데 일정 수는 내가 방금 말한 (그리고 더욱이 정상을 참작케 하는 사정이 있는) 자기중심주의를 극복할 수 있었다. 그리고 그들은 젊은이들에게 진지하고 포괄적인 우정, 종종 사심 없는 헌신을 증명한다. 이러한 것에 대해서 이성애자들은 여성에게 배타적으로 고착되어서 항상 능력있는 모습을 보이지는 못한다.

---

4) 가이우스 페트로니우스 아르비테르(Gaius Petronius Arbiter, ?~66). 로마의 정치가, 소설가. 장편소설 『사티리콘』, 『트리말키오의 향연』 등이 있다. 네로 황제 치하의 이탈리아 생활을 드라마틱하게 묘사하였으며, 하층계급의 생생한 회화를 재현하여 속어 및 일상어를 자유롭게 구사하고 있나. 그의 작품은 기지가 넘치는 소탈한 풍자 정신으로 일관되고 있다.—옮긴이 주

사람들이 그들에게 그 이름을 부여한 이래 '전도자들'(invertis)[도착자들]의 고통의 주요 원인은 자신들이 언제나 얻어맞는다고 느끼는 비합리적인 금기의 엄청난 힘에서 나온다. 그들의 상황은 인종이나 피부색을 이유로 박해받는 소수자들의 상황에, 유태인들의 상황에, 흑인들의 상황에 매우 유사하다. 만약 당신이 백인의 인종적 편견에 표적의 대상이 된 흑인의 영원한 증오에 대해 프란츠 파농이 한 경탄할만한 분석을 그의 『검은 피부, 하얀 가면』[5]에서 읽는다면, 당신은 동성애자의 고난이 유색인의 고난을 얼마나 닮았는가를 알 것이다.[6] 영국인 웨스트우드(Gordon Westwood)가 자신의 책 『사회와 동성애자』[7]에서 쓴 것처럼, "동성애라는 말만으로도 온갖 종류의 맹목적인 편견과 극단적인 감정적 반응을 불러일으킨다." 이러한 행동은 "너무 증오스러워서 자신의 존재 자체가 혐오스러운 경멸이나 포르노그래피적인 유머의 형식 아래에서만 인정되는 어떤 것으로 여겨진다. 주체를 둘러싼 침묵과 신비는 …… 그러해서 ……, 그들이 그것을 생각하게 되기까지 대부분의 사람들은 사실에 의해서 보다는 오히려 무식한 미신에 의해서 안내된다. 이러한 사람들에게 동성애자는 의도적으로 도착성을 지니고 자신의 의지로 방탕하게 살기 위해서 신성하고 인간적인 모든 법에 도전하는 어떤 사람이다." 웨스트우드는 계속한다. "그의 성적인 배출구—그의 유일한 성 배출구—는 범죄적, 도덕적,

---

5) Franz Fanon, *Peau noire masques blancs*. 한글 본, 이석호 옮김, 『검은 피부 하얀 가면』, 인간사랑, 1998.

6) 동성애자는 아니지만 나의 애석한 친구이자 미국 흑인작가인 리차드 라이트(Richard Wright)는 흑인, 유태인 그리고 동성애자의 비슷한 상황에 종종 동정하였다.

7) Gordon Westwood, *La société et l'homosexuel*.

종교적 그리고 사회적 공격으로 여겨진다……. 그는 비밀과 수치의 세계에 살도록 강요된다."

사람들은 정치적으로나 사회적으로 적을 없애려 할 때, 더 너그럽게 되고 '품행'(mœurs) 문제를 제기한다. 이처럼 우리의 예전의 평의회 의장 가운데 한 사람은 전 외교관인 소설가가 그에게 한 비난에 대항하여 자신의 장관(특히 그의 배우자)에게 복수를 가하면서, 이른바 저자의 성적인 이단(hétérodoxie)을 우리의 헌법에 의해 보장된 직업적 비밀에 대해 어떠한 고려도 없이 널리[만인에게] 알게 하였다.

적어도 만장일치의 외관을 지닌 이 비난에 짓눌려, 동성애자는 숨고 말하지 않는다. 금기의 힘은 그러해서 동성애자가 오늘날 다시 자유주의적이고 관용적이며 지적인 서클에서조차 자신의 성행동을 솔직히 드러내는 것은 불가능하거나 아주 어렵다. 마르셀 프루스트는 천재와 병의 이중적 성벽 뒤에 숨어서 이 '저주받은 종족'[8)][동성애자]의 대변자가 되는 드문 용기를 지녔다.

그에 앞서 프로이트는 『'문명화된' 성도덕』[9)]이란 1907년의 경탄할 만한 에세이에서 "동성애자에게는 어떤 한계가 있는데, 그것을 넘어서 동성애자들의 본성이 더 이상 사회의 요구에 복종할 수 없다. 자신들의 본성이 자신들에게 허용하는 것보다 더 귀중한 가치를 지니는 모든 사람은 신경증의 희생물이 된다"고 관찰하였다. 그리고 정신분석의 창시자는 과감하게 덧붙인다. "그들에게 나빠지도록 허용했다면 그들은 더 좋았을 것이다." 마찬가지로 강한 충동에 대항한 투쟁은

---

8) 이 책 106~107쪽을 보라.
9) Freud, *Morale sexuelle "civilisée"*.

투쟁하며 살아가는 사람들을 '단련시킨다'는 것은 진실이 아니라고 덧붙인다. 절제는 오히려 처분가능한 자신의 에너지를 소모하고 그 에너지를 무엇보다도 자위로 이끈다.

19살의 나이인 나의 앙케트[조사]의 독자는, 그가 다음과 같이 썼을 때 모르고 프로이트에게 반향을 일으켰다. "다른 젊은 사람을 타락시킬 용기를 가지지 못해서, 흔히 욕망이 관용할 수 없는 폭력으로 나를 압박했을지라도 나는 동성애자에서 자위하는 사람으로 되었다……. 밤까지 세 번 또는 네 번 나는 이 주제에 대한 생각에서 벗어날 수 있도록 자위하러 가기 위해 일자리를 벗어났다……." 다른 사람들은 자신들이 하마터면 자살할 뻔했다고 썼다.

현재 사회에서 자신의 취향을 승화시키든 고독한 실천으로 포기하든 취향을 지배하거나 우회할 수 없는 동성애자는 다소 나머지 사람들로부터 분리된 채, 반-비밀적인 입문지도를 받는 일종의 벽돌쌓기 속에 자신의 의례, 자신의 전문용어, 자신의 통과언어를 지닌 채 살도록 운명지워져 있다. 그리고 자신의 취향보다도 훨씬 더 이 분리차별은 이른바 '정상적인' 사람과 동성애자를 분리하는 것으로 그리고 종종 스스로 동성애자들에게 우화적이고 우스꽝스러운 특징들을 부여하는 것으로 끝난다.

한 통신원은 나에게 이 비밀스러움이 동성애자들에게 부과되고 사회가 동성애자들을 비난한다는 것을 잘 관찰하게 해주었다.

그러나 가장 비극적인 것은 동성애자의 분리차별이 동성애자에게는 부득이한 수단일 뿐이며 동성애자는 그것에 전혀 만족하지 않는다는 것이다. 왜나하면 거의 항상 동성애자의 욕망은 프루스트가 말하듯이 자신에게 금지되어 있는 '정상적인' 젊은이들, '진짜 남자들'에게로 향하기 때문이다. 만약 자신의 위험과 위협에 그들과 대결할 경솔함[무모함]을 가지고 있지 않다면, 다시 프루스트가 말하듯이 돈이 그들에게 위험과 위협을 살아가게 하는 경우를 제외하면.

나는 이 주제에 대해서 막연하게 이해할 수 있다. 동성애자의 일상생활의 틀이며 파리와 같은 수도에서 보다는 약간 덜 중요한 도시밀집지역에서, 지방에서 훨씬 더 상이한 종류의 고통·내부투쟁·모멸·부당함·거절·모욕·박해·협박·위협에 대한 완벽한 그림[일람표]을 그리기 위해서는 하나의 온전한 책이 필요할 것이다.

그리고 결국 늙어가는 동성애자의 추악한 고독에 대해 초점 없이, 우리[가정] 없이, 닻줄 없이, 후손 없이, 그리고 방어 없이 무엇을 말할까? 모두가 지속[안정]적인 (경우에 따라서 피난처가 될 수도 감옥이 될 수도 있는) 연계 안에서 피난처를 찾을 수 있거나 찾으려고 하지는 않기 때문이다. 모두가 하나의 가족 안에서 닻을 내리는 데, 그리고 자신들의 자식을 만드는 가족의 작은 할아버지가 되는 데 성공하지는 못하기 때문이다.

동성애자들에게 살맛을 되찾게 하자[1)]

나는 항상 인간의 신체는 자연스럽게 모든 종류의 성자극을 수용한다고 생각했었다. 양성적인 것뿐만 아니라 다성적인 것까지. 푸리에 자신은 『사랑의 신세계』에서 남성과 여성에게 제시하는 집합생활 속에서 사회적 조화를 창조하기 위해서 동성애뿐만 아니라 다른 사랑 형식들도 사용해야 한다고 제안하는 데 주저하지 않았다. 마찬가지로 슈티르너 이후에 개인주의적 성격의 모든 아나키스트 운동은 성관계의 다른 형식들과 마찬가지로 동성-관능적 표현의 권리도 옹호해 왔다. 그것은—우리가 잘 이해하듯이—특수한 선호에 기인한 것은 아니다. 그 운동들이 바라는 것은 (사회적 · 정치적 · 성적) 차원 총체 속에 존재 자체의 모든 가능성을 부여하는 것이다.

러시아 혁명의 초기 몇 년 동안 그 당시 계획되던 사회는, 집합적 열정 속에서 남성들과 여성들이 자신들의 성에서 억압되지 않고 사회주의 건설의 엄청난 과제에 참여하는 자유로운(libertaire) 모델 유형에 훨씬 더 근거하였다. 이 공동체(communion)는 감성적이거나 관능적인 거래들에 뿐만 아니라 이데올로기적인 거래에 근거해 있었다. 즉 동성애는 통합되어 있었다(라이히의 논문 「소련에서 동성애에 반대하는 법률의 재도입」을 보라).

또는 역설적으로 이 사회주의 사회는 계속 독재적인 면모를, 그들

---

1) 피에르 안(Pierre Hahn)이 잡지 <플렉서스>(*Plexus*)를 위해 게랭과 한 대담에서 발췌.

이 "사회주의"라고 부르는 것을 계속 건설하면서 조금씩 쁘띠 부르주아적인 가치들(제도화된 커플 구조들, 가족의 삶, 동성애 금지 그리고 심지어 돈후앙주의와 같은 이성애적 행위들에 관한 관용결여)을 재정립한 독재형식을 띠었다.

그럼에도 불구하고 내 눈에는 자유로운 성격의 집합주의적 사회만이 되찾은 우정 속에서 동성애자들에게 자신의 공간을 줄 수 있다. 집합적인 노동과 삶은 개인의 권리, 개인적 가치를 배제하지 않는다. 근본적으로 집합적 천재는 그것을 구성하는 사람들 각자의 에너지의 합일 뿐이다. 만약 인간 안에서 개인이 죽는다면 더 나은 미래를 건설할 수 있을까? 최근의 예로 68년 5월은 학생들이 동성애에 시민권을 부여하는데 주저하지 않은 진정으로 자유로운 영감의 혁명이었다.

나로서는 동성애자는 자신을 충분히 실현하기 위해서 [대문자]혁명에 참여해야 한다. 자유로운 맑스주의적 유형의 진정한 사회혁명만이 동성애자에게 존재권리를 보장할 수 있다. 더욱이 동성애자는 남성성을 좋아하며 아무것도 혁명보다 더 남성적이지는 않지만, 반면 파시즘은 허위의 남성성을 고무하고 거짓 과잉남성들로 넘쳐난다.

이것은 현재에조차 자본주의에 다시 복종하는 사회들 속에서 무지몽매함에 대한 부분적인 승리들을 저평가해서는 안 된다는 것을 말한다. 어림도 없다! 나는 봉급·감옥체제나 시민권체제의 개선(예를 들어 여성해방)과 동성애자들의 억압에 관한 투쟁, 즉 지금부터 참여해야 하는 투쟁 사이의 어떤 차이도 만들지 않았다.

과학적 구도에 대해서 지드는 자신의 책 『꼬리동』(사람들이 믿으려고 하는 것 보다 오히려 그리 탁월하지 않은 책)에서, 아르망(E. Armand)[2]은 자신의 수많은 회의, 논문, 소책자에서, 기용은 자신의 주목할 만한 (아주 덜 알려진) 저서 『성윤리 연구』에서 그리고 특히 킨제이는 내 생각에 자신의 '넘어가야 할 단계'이론에 발목이 잡혀 있는 프로이트보다 훨씬 더 동성애와 관련하여 사회의 태도를 수정하는 데 도움을 주었다. 나는 더욱이 '킨제이와 성'이란 나의 연구에서 킨제이가 정신분석가들보다 동성애 문제를 과학적이고 합리적인 방식으로 훨씬 더 잘 제기했다는 것을 증명했음을 상기하고 싶다. 킨제이에게 성은 그 어떤 '궁극목적'(생식)에 종속되지 않고, 각자 모두에게 유익한 것은 성적 고통완화의 모든 가능성에 호소하는 것이다. 요약하자면 자연은 어떤 실천도 어떤 목적도 배제하지 않는 성 환락에 따라 살도록 제공되었다. 한 어른이 특별히 한 젊은이의 성을 만족시킬 수 있는 한—킨제이에게 인간의 관능적 힘은 17살, 19살경에 절정에 이른다—, 관능적 힘은 우리의 저자에 따르면 그 젊은이에게 유익할 수 있을 뿐이다.

동성애자는 '정상적'인가? **배타적** 동성애자가 문제라면, 그는 아마 양성과, 아주 상이한 성대상과 성관계를 가질 수 있는 다른 사람들보다 덜 '정상적'이다. 그러나 배타적 동성애자의 경우에 '비정상적'인 것을 고려하기는 어렵다. 동성애자의 삶에서 정신이상의 주요한 요소는 사회적 치욕의 감성 탓으로 돌려야 한다고 나는 생각한다. 그것은 그를 염탐하는 이웃들, 그가 지나가는 것을 비웃는 문지기 등이다. 사람들이 경우에 따라서 어떤 동성애자들의 행동에서 발견할 수 있는

---

2) Émile Armand(1872~1963). Ernest-Lucien Juin Armand의 가명. 20세기 초 프랑스의 영향력 있는 개인주의적 아나키스트로 자유연애/복수적 사랑, 의도적 공동체, 평화주의-반군사주의 등을 주장하였다.—옮긴이 주

정신이상은 다른 기원을 갖지 않는다. 이것은 인간존재는 모순적이며 다기한 내부동기들—아마 유전?—에 종속된다는 것을 말하며, 유전자의 전달은 신비한 법칙에 따른다……. 이 점에서 과학은 자신의 출발점에 있을 뿐이다.

일상적 실천에서 나는 동성애자들의 우연한 사랑 연계들이 유일한 사람과 추구하는 관계 보다 동성애자들에게 상대적으로 더 안정감을 준다는 역설을 내놓겠다. 동성애자 '커플'은 너무 자주 다른 커플의 결점들 때문에 고생한다. 항상 둘이 사는 것은 너무 어렵다……. 왜 소년 커플이 있는가? 그것은 대부분 고독에 대한 공포와 그리고 사회가 젊은이들을 추격하는 속에서 동성애자들에 대해서 행사하는 적극적 억압과 관련된다.

동성애가 '퇴폐'요소를 가지고 있어서 동성애 억압은 정당화된다고 사람들은 종종 다시 반복한다. 그리고 사람들은 너무 자주 로마제국을 언급한다. 나는 아주 최근에 이 사회를 연구하게 되었다. 사람들은 무엇을 찾는가? 엄청난 재정수단과 그 아래에 어마어마한 부의 라티푼디움들을 독점하고 있는 거대 소유지를 지닌 황제. 그것들은 모든 인간적 가치를 인간의 살[육욕]을 상업적으로 소모하도록 함으로써 우롱할 수 있다. 그러나 고대—특히 로마제국—에 대해서 말할 때, 한편으로 성적인 방종 자체와 다른 한편으로 화폐적 기호 덕택에 사람들이 성에 대해 할 수 있었던 용법을 구분하는 것이 좋을 것이다. 애초에 청교도적인 기독교적 반응은 설명되고 이주 잘 정당화된다. 즉 기독교인이 된 로마의 노예들은 세스테르티우스 은화로 자신들의 아들들이나 딸들을 제공받은 귀족들의 성 탐욕에 반대하여 폭력

적으로 반란을 일으킬 수는 없었다. 이 주제에 대해서는 유베날리스를 읽어보라.[3)]

거대한 소득불평등이 지배하는 모든 현대사회에서, 동성애는 퇴폐의 한 원천을 이룰 수 있다(바티스타Batista[4)] 시절의 쿠바를 보라. 동성애자들을 탄압하는 현 쿠바정부의 폭력적인 반응—변명하지 않는다면—을 설명할 수 있는 것).

결론? 나는 오늘날 점점 더 양성간의 차이를 줄이는 전반적인 경향이 있다고 생각한다—그리고 나는 그것을 기뻐한다. 길에서는 소년과 소녀를 더 이상 구분할 수 없게 된다. 동성애자들과 관련해서는 나는 무엇보다도 자기 자신을 충만하게 표현하는 행동으로 자신들의 성을 만족시키려고 했다고 해서 '관습법'으로 투옥되어 있는 사람들에 대해서 생각한다.

또한 자신이 그 대상이 되고 자살을 생각하게 하는 비난을 간신히 떠맡고 견뎌내는 이 모든 동성애자에 대해서도 생각한다. 나는 이 주제와 관련하여 신랄한 편지들을 받았다. 가장 긴급한 것은 동성애자들에게 살 맛을 되찾게 하는 것이다.

---

3) 유베날리스가 쓴 16편의 풍자시는 로마 시의 사회적 타락을, 그리고 인류의 어리석음과 잔인함을 공격한다.—옮긴이 주

4) Fulgencio Batista(본명 Batistay Zaldívar)(1901~1973). 쿠바의 독재자, 대통령(1940~1944, 1952~1959)으로 쿠바혁명에 의해 쫓겨났다.—옮긴이 주

동성애와 혁명[1)]

1. 정의 문제

용어 문제를 가지고 시작해 보자. 동성애라는 말은 무엇을 의미하는가? 우리는 혁명이라는 말에 무슨 의미를 부여해야 하는가?

이 용어들 가운데 첫 번째 것(동성애)은 성가시고 추하다. 그 용어는 독일 성학자에 의해 19세기 후반에 만들어졌다. 그것은 한 인간(남성 혹은 여성)이 같은 성의 사람에게 지닌 관심을 의미한다. (나는 남성동성애만을 다룰 것이다. 여성 동성애를 잘 모르기 때문에).

그래도 우리는 아직 모호하다. 이 경향[취향]은 온갖 방식으로, 즉 탈육체화된, 승화된, 또는 격렬하게 신체적인 방식으로 드러날 수 있기 때문이다. 남성들 사이에서 동성애 취향은 10대들에게, 어른들에게, 그리고 심지어 어린이들에게, 운동선수들에게처럼 얼간이들에게, 날씬한 양성구유자들 혹은 헤라클레스 같은 사람들에게 적용될 수 있다. 종종 그것은 사디즘이나 사도매저키즘으로 향하고, 이러저러한 페티쉬를 시도하며 가죽이나 고무를 좋아하고, 능동적이거나 수동적이고 또는 서로 번갈아[2)] 하며, 수염 없는 사람들이나 콧수염난 사람들

1) 이 번역의 텍스트는 Daniel Guérin, *Homosexualité et Révolution*, Vent du ch'min, 1983의 1부('객관적' 접근), 6~25쪽이다.—옮긴이 주

2) 주네(Genêt)와 관련하여 수동적 동성애의 형이상학 속에서 길을 잘못 든 사르트르의 실수를 피해가자. 그 관심은 나에게는 이 소도미[남성동성애]는 나중에 지나가버릴 것이라고 확신하게 하였다. 감옥에서 비역[동성애]에 빠신 채 이 예측할 수 없는 사람은 한번 자유롭고 책임을 지게 되면 비역쟁이가 될 것이다.

혹은 턱수염 난 사람들을 좋아하기도 하고, 상대의 나이 한계는 높기도 하고 낮기도 하고, 성기의 크기나 근육의 단단함을 더 좋아하기도 하고, 누드를 좋아하거나 옷차림새를 더 좋아하고, 옷차림새의 경우 시민적인 맵시를 좋아하거나 제복을 좋아하고, 커플에 충실하거나 처음 만난 사람을 첫눈에 좋아하며 그 두 가지를 동시에 하기도 한다.

그러나 이러한 미묘한 차이들은 상대적으로 하찮은 것들이다. 훨씬 중요한 것은 배타적인 동성애자와 양성애자 사이의 차이이다. 양성애자가 배타적인 동성애자 보다 우세한 것 같다. 양성애가 자연스럽든, 신체적 매혹이 결과적으로 불러일으키는 매력이 하나의 성과 또 다른 성의 젊은이들의 특권이든, 사회에 의해 조건화된 이성애자들은 그들의 양성애 성향을 인식하지 못하거나 스스로 느끼지 못하며, 단순히 자신들의 성행위에서 이성애 부분만을 보여주도록 허용하고 전위적인 배타적 동성애자들의 전투적 투쟁에 참여하지 않는 경향이 있다.

그러면 동성애라는 말은 인생의 기회나 파블로프적인 반복 혹은 거세콤플렉스가 여성들로부터 멀어지게끔 하는데 적응하게 된 소수의 개인들에게만 관련되는가? 의심의 여지없이 부르주아적이고 기독교적인 도덕의 판결이 이러한 사랑하는 방식에 광의적인 경멸적 성격을 부여한다.[3] 그 말은 동성애혐오적인 법률들, 그 사안에 대한 편견들,

---

3) 과학적으로, 돈 후앙(Don Juan)의 무수한 변덕과 트리스탄(Tristan)의 열정 사이에 어떤 차이도 없다. 그 두 변수는 정자의 동일한 생산 및 정체(停滯)에 의해서 동기화된다. (<트리스탄과 이졸데>는 부르타뉴[현재 프랑스 서부 지역]의 전설에서 유래하는 것으로, 구전을 통해 12세기 이전에 이미 프랑스, 영국, 에스파냐, 덴마크, 노르웨이, 슬라브 지방, 중부 그리스 등 전 유럽에서 다양한 버전으로 수용되었다. 다양한 욕망과 감정이 투영된, 고통이 함께 수반되는 인간적인 사랑을 주제로 한다. 그래서 트리스탄과 이졸데는 이루어질 수 없는 남녀의 치명적이고 운명적인 사랑의 대명사로 통용된다.—옮긴이 주)

그리고 결국 자신의 성직자들 만큼이나 이러한 경향에 반대하여 비난하는 데 집착하며 그래서 자신을 방어하는데 빠지는 교회의 벼락같은 분노들이 사라짐과 동시에 사용되지 않을 것이다. 그러나 가족에 근거하고 있는 부르주아사회는 자신의 마지막 성채 가운데 하나를 그렇게 쉽게 포기하지 않는다는 것을 우리는 나중에 알게 될 것이다.

이제 혁명이라는 말의 무게를 재보자. 그 용어는 과잉되게 사용되었다. 파시즘조차 '혁명적'인 척하였다. 저개발 국가의 모든 독재자는 '혁명평의회'를 자랑하는 뻔뻔스러움을 지녔다. 무자비한 프롤레타리아독재를 지녔고 자신들의 국가자본주의를 '사회주의'라고 부르는 사기를 저지른 동유럽 블록에 관한 한, 전체주의적 제국의 노예적 수단으로 기능하는 '공산주의자들'에 관한 한, 그들은 혁명가들로 통해서는 안 될 것이다.

그러나 혁명이라는 말은 마찬가지로 금지되어서는 안 된다. 그것은 분명하고 거부할 수 없는 역사적 의미를 지녔다. 그것은 억압받고 착취받는 세속적인 노동대중의 등장과 그들의 자기해방을 가리키며, 동시에 각 개인이 소외에서 벗어나는 것을 가리킨다. 그러므로 동성애와 혁명이라는 말 사이에 변증법적 관계를 세워야 한다. 이 노트는 그것을 하려고 한다.

2. 성과 동성애

우리가 지금 토의하고 있는 주제에 대해 분명하고 정확하게 이해하기 위해서, 동성애는 별도의 어떤 것, 특수화된 어떤 것이 아니라

동물적이고 인간적인 본성의 무한한 속성 가운데 하나의 형태, 즉 성(sexualité)일 뿐이라는 것을 염두에 두어야 한다. 그러므로 성기능에 관한 포괄적인 연구를 함으로써 그것을 이해하고 묘사할 수 있다. 혁명과의 관계에서, 동성애보다는 프로이트가 리비도라는 용어로 의미하는 것, 간단히 말해 성이 더 중요하다. 우리가 마주하고 있는 문제는 성충동의 자유로운 실행과 혁명투쟁의 우발사건·요구들이 양립할 수 있는가이다. 키스하는 것, 많이 키스하는 것은 혁명행동에 해를 끼칠까 아니면 반대로 혁명행동을 고무할까?

그러므로 우리는 혁명전사들 사이의 낡은 논쟁의 핵심에 던져져 있다. 로베스피에르처럼, 프루동처럼, 레닌처럼, 어떤 사람들은 혁명 효과를 '미덕'에, 절제에 근거하고 있고, 정자를 너무 자주 방출하는 것은 쇠약하게 한다고 하면서 부르주아 질서에 대항하는 항의자들의 투쟁성을 거세하였다. 만약 선긋기를 원한다면, 우리는 좋은 품성의 이러한 야성적인 보호자들의 가소로운 인용들을 늘릴 수 있다. 그들은 성적으로 재능이 별로 없거나 일탈적인 방식으로 자신들의 관능적인 욕망을 억압할 것이라고 점칠 수조차 있다.

그들과는 반대로 다른 혁명가들은 쾌락의 매력은 혁명적 투쟁가의 에너지를 결코 없애지 않고 반대로 오르가즘은 전투적 열광과 어깨를 나란히 한다고 주장한다. 이것이 1968년 5월의 호화로운 젊음에 의해 소르본느 대학의 벽에 공개적으로 게시된 관점이었다.

물론 개인적인 사례들에서는 어느 정도 하나의 존재에서 다른 존재로, 영에서 무한으로 변하는 성적 잠재력이 중요하고, 어떤 성자극은 다른 것들보다 빨리 소진된다. 모든 것은 또한 비율과 척도의 문제이다. 무제한으로 방탕한 카푸아(Capoue)[4]의 즐거움 속에 나약해지는 것은 분명히 혁명적 대결을 위한 가장 좋은 준비는 아니다. 반대로 신체적 관계를 너무 오랫동안 하지 않는 것은 신경증적인 긴장의 상태를 창출하여 다소 무기력하게 만들고 그래서 전투적인 대담성에 별로 유리하지 않을 것이다. 여기서 혁명과 스포츠는 공통적인 점을 나타낸다. 긴 사랑의 밤을 지내고 난 뒤에는 복서, 운동선수는 정확한 어퍼컷이나 시간측정기록에 결코 적응하지 못한다. 반대로 순결을 지키며 지나치게 운동하는 것은 챔피언을 무기력한 사람으로 만들 수 있다. 관리자들은 그것을 아주 잘 안다. 사회투쟁의 관리자들은 그것으로부터 영감을 얻으려고 한다.

동성애는 동일한 도식들을 재생산한다. 계급투쟁을 한다는 일부 위선가들이 무엇을 말하든지 간에, 동성애는 결코 혁명적인 공격성을 약화시키지 않았다. 물론 지나침과 난잡함에 빠지지 않는다는 조건에서. 만약 동성애가 프롤레타리아트의 어떤 자기선언적인 '안내자' 쪽에서 어떤 망설임의 대상이라면, 그것은 또 다른 온갖 이유 때문이다. 프롤레타리아들은 성적 이단을 드러내 놓는다면 동성애혐오적인 눈들에게 자신들의 투사들의 신용을 떨어뜨리게 할 것이라고 두려워한다. 더욱이 동성애자들을 협박하고 다른 모욕을 가할 수 있게 할 것이라고 두려워한다. 그러나 여기서 우리는 이룩한 진보에도 불구하고 오늘날 여전히 동성애자 전체를 해치는 또 다른 영역에, 편견과 금기의 영역에 발을 들여 놓는다.

---

4) 이탈리아의 도시로 스파르타쿠스가 검투사로서 싸웠던 로마시대의 원형극장, 목욕탕, 극장 및 미트라신을 모신 신선이 있다.—옮긴이 주

3. 특수한 경우

나는 동성애와 혁명 사이에 정립할 수 있는 관계들에 대한 '객관적인' 탐구에서 나의 개인적인 경험을 드러내는 것을 억제하였다. 사회투쟁에 들어갔을 때, 난 내 자신이 동성애적인 동시에 혁명적이라는 것을 알았다. 그러나 지적 능력(독서와 성찰)의 부분과 감각적인 것(노동자계급에 대한 육체적 끌림, 반란, 나의 이전의 부르주아적 배경에 대한 거부)의 부분의 어느 쪽인지 깔끔하게 구분할 수 없었다.

오랜 연도들 동안 항상 난 내가 둘로 나뉘어진 것처럼 느꼈다. 활동가로서 나의 새로운 신념을 크게 말하면서 동시에 강제로 나의 내밀한 취향을 숨겨야만 한다고 느꼈다. 이 노트의 2부에서 볼 수 있는 다양한 [다른 글에서의] 발췌들은 내가 믿기에는 이러한 잔인한 이분법과 아주 정확히 관련이 있다. 잔인하다는 것은, 내가 본성적으로 솔직하고 외향적인 사람이었기 때문이다. 나는 어렵게 비밀을 감췄다. 나는 매우 말이 많다. 나를 침묵시키고 폐쇄하는 것이 고통스럽다. 내가 친구로 삼고 믿는 동지들과 나는 아주 종종 성에 관한 토론에 끼어들지 않으려고 비정통적인 사랑판본을 나와 관계가 없는 것처럼 하는 방식으로조차 방어하지 않으려고 입술을 깨물었다.

내가 60살이 넘어 1968년 5월이 되어서야, 나는 이 무겁고 일상적인 숨김으로부터 해방되었다. 그리고 아주 늦게서야 나는 운동에서 나의 초기의 혁명투쟁의 그러한 동료가 소년들과, 자신이 가르쳤던 자신의 학생들과, 잡지 <아르카디>(*Arcadie*)의 주말 란에서 우리와 함께 관능적으로 다리를 흔들던 활달한 '십대'들과 즐겼다는 것을 우연히 발견하였다.

더욱이 나의 혁명적 사유에의 입문은 다소 나의 동성애의 산물이었다. 나의 동성애는 나를 매우 일찍 자유인, 비사회적인 사람, 반란가로 만들었다. 나는 자전적인 에세이들에서, 나의 신념들은 내가 소화했던 엄청난 양의 혁명적인 책들과 잡지들로부터 오기보다는 오히려 신체적 접촉, 옷차림새, 우정의 접촉에서, 프롤레타리아계급의 삶의 틀과의 만남에서 왔다고 이야기하였다. 나는 자전거 상점에서, 건달들 손님과 함께 메닐몽탕[파리 20구에 있는 거리로 카페들이 많다] 구역의 복싱과 레슬링 룸에서 더 많은 것을 배우고 발견하였다. 나는 내가 계속 참여하도록 되어 있던 몇몇 오랜 동급생들의 재미있는 아파트에서보다, 단련된 독신자들이 살고 있는 몇몇 작은 노동자 '휴게소'의 담배연기 나는 뒷방에서 더 많은 자유롭고 풍부한 제안들을 교환하였다.

나는 막스 슈티르너(Max Stirner)의 반란의 외침 속에서, 훨씬 뒤에 내가 그의 주저인 『일자와 그 소유』[5]에 빠졌을 때, 나의 것에 가까운 동성애적 환상들을 발견했다.

나의 일생동안의 경력에서 아무것도 빠뜨리지 않기 위해서는, 어떤 순간 어떤 방식으로든 나의 동성애적 모험의 강렬도, 복수성, 열광이 세상을 바꾸려는 관점에서 나의 강렬하고 전투적인 활동성보다 우세하지 않았으며, 나의 결정, 나의 혁명적 고집을 가리지 않았다는 것을 지적해 두어야겠다. 나는 자랑하기 위해서가 아니라 엄연한 진실이기 때문에 이것을 말한다. 더욱이 나에게 본질적이었던 것에 대한

5) Max Stirner, *L'Unique et sa propriété*.

이러한 집중이 물론 내가 다른 자원들을 게걸스럽게 흡수하는 것을 막지 않았으며, 정신으로 하여금 전투적인 투쟁을 추구하는 데 더 적합하고 더 잘 대처하게 하는 경향이 있는 음악, 시, 조형예술, 경관, 여행, 유익한 기분전환에 취하는 것을 막지 않았다.

마지막으로 나의 혁명적 진지함을 의심하는 사악한 사람들에게 잘못을 깨닫게 하기 위해서 나는—젊은 노동자들의 옷치장이 나를 매혹시킨다는 단순한 사실에서—적지 않게 매력을 주는 다른 젊은 남자들이 나의 사회적 지향에 어떤 영향도 끼치지 못했다는 것을 덧붙여야겠다. 젊은 병사들의 매력은 나를 군국주의자로 만든 것이 아니라 정반대로 반-군국주의자로 만들었다. 마찬가지로 분명 내가 느끼지 않을 수 없는 사나이다움, 젊은 나치들의 거추장스런 옷차림, 이것들은 나를 파시스트로 만든 것이 아니라 오히려 완고한 반파시스트로 만들었다.

젊은 노동자들이 나에게 미친 효과는 단순히 내가 그들을 욕망했다는 것만이 아니라, 그들이 나에게 계급투쟁의 제한 없는 전망을 열어주었다는 점이다.

그것은 나를 반역자로 만든 노동하는 젊은이와의 접촉만이 아니었다. 동성애자로서 나는 비하와 지울 수 없는 모욕의 대상이었다. 몇 가지 예. 엑상-프로방스(Aix-en-Provence) 형사법정의 교정재판은 유명한 철학교수이자 천재적인 양성애자인 위대한 나의 친구 제라르 필립(Gérard Philipe)[6]을 호출하였다. 모욕을 느껴 나는 진짜 죄인들

6) Gérard Philipe(1922~1959). 프랑스의 배우. 영화 『육체의 악마』로 주목을 끌었고 이후 TNP(국립민중극장)의 주연배우로 활약하였다. 『홈부르크의 공자』 등 고전·현대물의 신선한 역에 뛰어났으며 『파르므의 수도원』, 『꽃피는 기사도』,

은 성을 억압하는 법률을 제정한 사람들이라고 공화국의 검사에게 썼다. 그 피의자는 2년의 감옥형을 선고받았다. 거기서 그는 나의 편지가 청중들에게 읽혀져서 가중처벌하게 했다고 나에게 슬프게 썼다.

나는 우연히 경찰이 항의자들을 박해하는 것을 직접 목격하고 있었을 때, 라 시오타(La Ciotat) 선착장의 상티에르(Chantier) 입구에서 멀지 않은 곳에 있었다. 그들은 조합 활동을 하고 있었던 그곳으로부터 해고되어서 항의하기 위해 아이들을 데리고 왔다. 차도를 치우도록 명령을 받은 경찰에 나는 거기서 떠밀렸다. 나는 경찰들을 '짭새'라고 하였다. 그 말 때문에 나는 마르세이유 교정법정 앞에 서게 되었는데, 라 시오타 경찰청장이 급히 서둘러 경찰 가운데 한 사람이 내가 '어린애'를 데려갔다고 고소[비난]한 종이쪽지를 행정판사에게 넘겼다. 그것은 전혀 악의 없이 한 것이었다. 이 '범죄'로 나는 엄청난 벌금을 물었다.

또 다른 때에 나는 나의 비서와 함께 라 시오타 시장집에 소환되었다. 사람들은 내가 속해 있던 농업노조의 노조원들에게 나로 하여금 상담하도록 바랐다. 나는 농부들에게 물을 공급하는 것에 관한 약속을 깬 것에 대해서 불만을 토로하기 위해서 대표로 시청을 방문했다. 시장은 다음과 같이 말하면서 나의 협력자 앞에서 소리쳤다. "게렝씨 당신은 선원, 낙하산병, 외인부대병사와 사랑합니다. 좋습니다. 시는 상관하지 않습니다. 그러나 당신은 물 이야기로 우리를 짜증나게 합니다. 그건 안 됩니다!" 그들이 말한 대로 나의 불쌍한 비서는 곤경에 빠져 있었다. 나로서는 분노의 주먹을 불끈 쥐었다.[7]

『저괴 흑』 등의 영화에 출연하였다.—옮긴이 주

내가 우정 어린 동감의 편지를 보낸 물 관련 젊은 상대의 엄마는 나의 협력자에게 "게렝씨에게 우리는 이런 건 싫어한다고 말해줘요"라고 전화를 해야 했다.

동성애 혐오자들의 우둔함은 경계가 없다. 그래, 그것은 반란을 만들어 낸다.

반란은 혁명의 초등학교이다.

4. 주제의 핵심에서

나는 항상 도착자, 냉소자, 성적인 문제에서의 도발자에 대해 신성한 공포를 가지고 있다. 사드는 시대에 훨씬 앞서서 용기를 가지고 있음에도 불구하고, 사드를 읽는 것은 나에게 혐오스러웠다. 인간을 저열하게 하고 욕보이고 작게 만드는 경향이 있으며 그래서 성을 동성애라고 더럽히는 한 파솔리니가 집착한 영화[살로, 소돔 120일]를 나는 지지할 수 없었으며, 영화관에서 뛰쳐나와야 했다. 마찬가지로 나는 사르트르의 작품[8]을 상영할 때에도 나왔다. 그 영화에서는 세 난파선이 상상의 지옥 속에서 지상의 생활에서 범한 추잡한 것들을 상기시켰다.

반대로, 난 자애로운 푸리에가 모든 성행동은 그가 말한 '모호한' 성행위를 포함하여 정당화되고 인정되어야 한다고 주장했을 때 그와 의

7) 경찰서장은 고인이 된 시장 장 그레이예(Jean Graille)를 스타인메츠(Steinmetz)[석공]라고 불렀다.

8) 사르트르는 영화대본도 썼는데, <톱니바퀴 속에서>(1948)와 <악마와 신>(1951)이 있다.—옮긴이 주

견을 같이 한다. 왜냐하면 그에 따르면 그 행위들은 조화세계에서 협력의 필수적인 부분이기 때문이다. 그리고 동시에 나는 펜을 든 젊은 야심가가 쓴 최근의 책을 비난했다. 그 책은 『사랑의 신세계』의 저자(푸리에)를 천박한 방탕으로 치부하려고 하면서 비난하는 경향이 있다.

나는 이제 나의 주제의 핵심에 이르렀다. 나의 눈에는 숨겨진 측면들에서 동성애혐오적인 편견은 내가 '개량적'이라고 한 수단에 의해서, 설득에 의해서, 적대적인 이성애자에게 양보함으로서 반격을 받을 뿐만 아니라, 분명히 인종적 편견처럼 반권위적인 사회혁명에 의해서만 양심으로부터 분명히 근절될 수 있다. 사실 부르주아지는 자신이 입은 자유주의적인 가면에도 불구하고 지배를 지속시키기 위해서 사회질서의 초석인 가족과 같은 가정적 가치들을 상당히 필요로 하며, 스스로 결혼찬미와 출산숭배가 가져다주는 혜택을 끊을 수 없다. 또한 부르주아지는 자유로운 성과 동성애를 완강하게 반대하는 교회들(마찬가지로 교황과 몇몇 주교들의 욕설)이 제공하는 지원을 거부할 수 없다. 전체로서 부르주아지는 성일탈에 대한 금지를 결코 없애지 않는다.[9] 인간 일반(양성을 포함하는 일반적인 용어)과 특별하게는 동성애자를 완전히 해방시키기 위해서는 전체 건물을 쓸어버려야만 한다.

---

9) 『프랑스에서 동성애운동』(*Mouvement homosexuel en France*)이란 책의 저자이며 나의 친구인 자크 지라르(Jacques Girard)는 이 구절이 더 미묘해야 할 거라고 평가하였다. 그에 따르면 어쨌든 부르주아계급이 동성애의 해방자들인 오스카 와일드, 마르셀 프루스트, 앙드레 지드, 로저 페이레피트를 만들어 냈다. 그것에 어떻게 동의하는가? 그러나 그들이 자신들의 동성애를 지녔다는 사실만으로 그들은 이 특별한 지점에서 그들 계급의 대변인으로서 보다는 탈주자로서 행동했다. 바로 사회해방을 위해서 맑스, 바쿠닌, 크로포트킨이 그러했던 것처럼.

사회혁명에 대해 기대하는 또 다른 호의는 사회혁명이 혐오스러운 성분업의 쇠퇴를 내다보며 기대하게 할 것이라는 점이다.10) 부르주아사회는 남성과 여성을 과도하게 분화시키는 데 책임이 있다. 자본주의는 여성을 인형, 섹시녀, 성대상물, 핀업걸 수준으로 격하시키는 반면, 남성을 그 반대의 특성인 마초, 자만, 상스러움, 전제적인 것으로 강조함으로써 행복해 하였다.

우리 시대에 진행중인 풍습의 심각한 변화, 아주 다행스럽게도 여성운동과 동성애운동의 도약은 양성 간의 차이를 이미 줄이고 있으며, 여성을 남성화하고 남성을 여성화하고 그래서 그들로 하여금 옷 입는 방식에서 그리고 행동에서 비슷해지게 만든다. 그럼에도 이러한 진보는 일정한 사회계층과 일정한 지리적 공간에 한정된 채 머물고 있다. 그러나 우리는 아직 서로 다른 생명체들이 공생하도록 하기 위해서는 먼 길을 가야한다. 현 문화추세의 평등화와 조화로운 경향에도 불구하고 오직 사회혁명만이 공생을 달성할 수 있게 할 것이다.

비극은 진정한 사회주의의 몰락, 사회민주주의적인 일탈과 탈스탈린주의적인 일탈의 일시적인 번성, 사회적 전복시도의 반복된 실패가 '위대한 저녁'[혁명의 그날]의 전망에 대한 신뢰의 상당부분을 뺏어버

10) 성분업은 많은 과거의 위대한 정신을 괴롭히고 훼손하였다. 양성구유에 대한 열망은 세상만큼이나 오래되었다. 우리는 그것을 플라톤에서 발견하였다. 신플라톤주의는 그 열망을 기독교 저자들에게 전달하였다. 에리젠(Erigéne)이 말하듯이 11세기에 살았던 장 스콧(Jean Scot)은 "다른 비참함들 가운데에서 성구분을 만들어낸 원죄에 의해서 깨진 통일성을 복원하는 것을 인간의 최고 목표"라고 생각하였다. 오늘날 이상한 책의 저자인 비엔나 사람 오토 바이닝거(Otto Weininger, 1880~1903 ; 오스트리아의 철학자. 저서 『성과 성격』(1903)에서 모든 생물은 남성적 요소와 여성적 요소를 다양한 비율로 겸비하고 있다고 주장하였다. 이 책을 출판한 직후인 23살에 자살하였다.—옮긴이 주)는 이러한 분업을 거부할 수 없어서 자살하였다.

렸다는 것이다.

더욱이 최근의 [미성년자에 대한] 친권해제, 동성애의 상업화, 쾌락을 위한 쾌락의 피상적인 추구는 아름다운 젊은 게이세대 전체를 만들어냈다. 이들은 근본적으로 비정치적이며 자극적이고 즐겁고 일관되지 않고 어떠한 깊은 생각에도 적응하지 못하고 교양 없고 매일매일의 '변장'에 전적으로 좋은 그리고 특정화된 언론과 많은 만남의 장소, 작은 리비도적인 광고에 의해서 한마디로 계급투쟁의 수백 개 장소에 박혀 있다. 마치 그들의 돈주머니가 없어진 것처럼. 이러한 종류의 언론인들 사이에 최근의 온갖 엉뚱한 짓에서 동성애의 이러한 자본주의적 회수에 의해 오염이 가장 덜 된 것은 그 적대자들에 의해 모욕적으로 '좌파'라고 대우받았다.

모든 혁명적 선택과 관련하여 젊은이들의 혐오의 또 다른 원인은 동구와 쿠바의 가짜 혁명적인 나라에서 동성애자들이 자본주의 나라에서보다 더 심하게 박해당하고 처벌된다는 것이다. 그 이유는 동성애자는, 비록 그 자신이 이를 알고 있든 아니든 혹은 원하든 아니든, 잠재적으로 반사회적이고 아웃사이더이며, 따라서 사실상 체제 전복적이기 때문이다. 그리고 이러한 전체주의 체제들은 전통적인 가족가치와 결합함으로써 자신들의 생명을 유지하기 때문이다. 따라서 소년을 사랑하는 남자는 사회에 대한 위험으로 간주된다. 루마니아와 쿠바에 잠깐 여행하는 동안 나는 진지한 젊은이들이 그 속에서 썩어 가고 있으며 금지된 과일을 맛보는 것을 요구할 뿐인 그러한 종류의 호모포피아적 테러를 직접 확인할 수 있었다.

이른바 사회주의 나라들에서 동성애자 박해는 동성애와 혁명 사이의 양립불가능성에 대한 증거가 아니다. 왜냐하면 정확하게는 어디에서나 경찰 테러에 기초한 일종의 국가자본주의가 있는 그러한 나라들은 허위의 망측한 에티켓으로서만 사회주의이기 때문이다. 진정한 자유주의자들은 다른 모든 자유형식처럼 동성애자들의 자유를 존중한다. 왜냐하면 그렇지 않으면 그들은 자체 모순되기 때문이다. 그 자체 어느 정도는 프롤레타리아트의 발산이었을 때의 러시아 혁명 초기 몇 년 동안 동성애자는 시민권을 지녔다.

시간적으로 훨씬 빠른 1793년에 인민전위의 표현이었던 파리코뮨의 총 집행자인 쇼메트(Chaumette)[11]는 소년을 사랑하기를 주저하지 않았으며 어떤 쌍퀼로트[12]도 그의 사생활에 간섭하지 않았다. 생-쥐스트(Saint-Just)[13], 카미유 데물랭(Camille Desmoulins)[14]은 이성애자들이 아니었고, 생-쥐스트가 로베스삐에르에게 그와 함께 단두대에서 처형되는 것을 받아들이기까지 할 정도로 보여준 충성심은 승화된 동성애형식이었던 것 같다.

---

11) Pierre Gaspard Chaumette(1763~1794). 프랑스 혁명기의 정치인으로 1972년에 파리코뮨을 이끌었다.—옮긴이 주

12) sansculotte. 프랑스 혁명 때 혁명군 중에서 남루한 옷차림새에 장비도 허술했던 의용군으로, 나중에는 급진민주파를 뜻하게 되었다. 대부분 빈민층이거나 하층민의 지도자들이었으나, 공포정치 기간에는 공무원들과 고등교육을 받은 사람들이 자신들을 '상퀼로트 시민들'(citoyens sans-culotte)이라고 불렀다.—옮긴이 주

13) Saint-Just(1767~1794). 프랑스 혁명기 국민공회 의원으로서 로베스피에르의 오른팔로 활약한 젊은 혁명가. 미모와 냉혹한 성격으로 죽음의 대천사로 불렸다고 한다.—옮긴이 주

14) Camille Desmoulins(1762~1794). 프랑스혁명기의 산악파 언론인·정치가. 1789년 7월 12일 바스티유감옥 공격 직전 선동연설로 민중을 자극하여 일약 유명해졌으며 국민공회 의원이 되었다. 자코뱅파에 속하여 대립하던 지롱드파 공격의 선봉에 섰다.—옮긴이 주

젊은 시절에 나는 개인주의적인 아나키스트인 아르망(E. Armand)[15]의 기관지인 <아웃사이드(*l'En-dehors*)>라는 잡지에서 병역을 치렀고, 거기에서 동성애는 자유로운 사랑의 적법한 형식으로 간주되었다.

몇 년 지나 전위적인 신문은 망설이지 않고 자신의 칼럼을 남성동성애자와 여성동성애자에게 열었다. 더욱이 그 간헐적인 환대는 완전히 무심하지는 않았다. 왜냐하면 그 환대는 성적인 이단자의 대열에 충원되는 방식을 표시했기 때문이다.

물론 동성애 취향이 혁명적이라고 보는 것은 필연적이지 않으며, 마찬가지로 사람들은 혁명가가 동시에 동성애자이기를 기대하지 않는다.

5. 동성애와 반혁명

이것은 독자에게 동전의 뒷면을 숨긴다는 것을 알려준다. 특권적인 계급 출신의 많은 동성애자들은 반혁명적인 견해를 고백한다. 그럼으로써 그들은 자신들의 관능적인 도주를 위해서 관용을, 더 나아가서는 권력의 보호를 요구한다. 그들은 자신들의 사회적 지위나 문화적 평판에 의해서 동성애혐오[호모포비아] 박해로부터 벗어나려고 한다. 그들의 부는 그들로 하여금 위험이나 고통 없이 신선한 살을 공급하도록 허용한다. 게다가 우리는 나이나 신체적 위약함이 그들로 하여

---

15) Émile Armand은 아나키스트 잡지 *L'Ère nouvelle*(1901~1911), *L'Anarchie*와 *L'En Dehors*(1922~1939), 그리고 *L'Unique*(1945~1953)을 편집하였다. —옮긴이 주

금 남성적인 정복을 금지시킨다고 그들을 단정해서는 안 된다.

그러나 그러한 톱 디자이너들, 그러한 발레 전문가들, 그러한 영화 감독들, 그러한 사치품거래자들, 그러한 비행(飛行) 베테랑들, 우익정당에 선거자금을 제공하면서 일련의 소년들에게 둘러싸인 채 밤생활을 하는 그러한 파리의 꽃들의 행동이 얼마나 불쾌한가. 너무 자주 그들은 밤의 즐거움을 지닌 아름다운 아이들을 가축처럼 여기는—더욱이 사라져가게 하는—경향이 있다. 만약 우연히 그들 가운데 한 사람이 비행(卑行)에 빠져서 그들의 하찮은 가치와 경합하는 경향이 있어도 그들은 곤경에서 빠져나올 최소한의 제스처도 취하지 않을 것이며, 사람들은 그들이 자신들의 사회적 표준을 위해 너무 타협적인 관계를 가졌다고 투덜거리는 것을 들을 것이다.

고백하고 숨기고 억압받으면서, 로베르 드 몽테스퀴에-페장삭[16] (Robert de Montesquiou-Fezensac), 피에르 로티[17](Pierre Loti), 아벨 에르망[18](Abel Hermant), 자크 드 라크르텔[19](Jacques de

16) Robert de Montesquiou-Fézensac(1855~1921). 상장 시인이자 예술품수집가. 많은 시집과 수필집을 남겼다. 프루스트의 소설 『잃어버린 시간을 찾아서』에 나오는 샤를뤼스 남작의 모델로 알려져 있다.—옮긴이 주

17) Pierre Loti(1850~1923). 본명은 Louis-Marie-Julien Viaud. 프랑스의 소설가. 이국 취향으로 당대에 상당한 인기를 얻었다. 해군 장교로서 중동과 극동 지역에서 복무했고, 『아지야데(*Aziyadé*)』(1879), 『아이슬란드의 어부(*Pêcheur d'Islande*)』(1886), 『국화 부인(*Madame Chrysanthème*)』(1887) 등을 발표하면서 1891년에 아카데미 프랑세즈에 순조롭게 들어갈 수 있었다. 그후 그의 열정적 기질을 충실하게 반영한 작품들로, 『라문초(*Ramuntcho*)』(1897), 『어느 어린이의 이야기(*Le Roman d'un enfant*)』(1890), 『환멸을 느낀 여인들(*Les Désenchantées*)』(1906), 『유년 시절(*Prime Jeunesse*)』(1919), 『가난한 청년 장교(*Un Jeune officier pauvre*)』(1923) 등을 발표하기도 했다. 이후 덧없이 지나가는 감각적인 생활에 대한 깊은 절망을 드러내는 작품들로, 『연민과 죽음의 책(*Le Livre de la pitié et de la mort*)』(1890), 『어두운 길 위의 그림자(*Reflets sur la sombre route*)』(1889)가 있다.—옮긴이 주

Lacretelle), 마르셀 주앙도[20](Marcel Jouhandeau), 앙리 드 몽테를랑[21](Henri de Montherlant), 쥘리앵 그린[22](Julien Green), 로저 페이레피트[23](Roger Peyrefitte)와 같은 시인들, 아벨 보나르(Abel Bonnard)[24], 루이 자귀노[25](Louis Jacquinot), 로저 프레[26](Roger

---

18) Abel Hermant(1861~1950). 소설가이자 극작가. Le Cavalier Miserey(1887)에서 군대 안의 동성애자 문제를 다루었다. 많은 작품을 썼지만 비시정권에 협력하면서 1945년에 80살이 넘어서 종신형을 선고받았다.—옮긴이 주

19) Jacques de Lacretelle(1888~1985). 소설로는 자전적 사춘기 소설인 처녀작 『장 에르믈랭의 불안한 삶(*La Vie inquiète de Jean Hermelin*)』(1914년에 씌어졌고 1920년에 출판), 『실베르망(*Silbermann*)』(1922, 드레퓌스 사건 당시 한 유대인 소년이 박해받는 이야기), 『라 보니파스(La Bonifas)』(1925, 시골생활을 상세히 묘사), 『결혼생활(Amour Nuptiale)』(1929), 그리고 4권의 연작소설 『높은 다리(Les Hauts-Ponts)』(1930~35, 19세기 방데 지방을 무대로 한 가족 대하소설)가 있다. 전쟁 뒤에 쓴 작품으로는 자전적 소설 『찬성과 반대(*Le Pour et le contre*)』(1946), 회고록 『비밀 서랍(Le Tiroir Secret)』(1959), 누보 로망 계열의 『산 자들과 그들의 그림자(Les Vivants et leur ombre)』(1977)가 있다.—옮긴이 주

20) Marcel Jouhandeau(1888~1979). 신비적인 신낭만주의라는 평을 받았던 프랑스 소설가로, 저서가 100권이 넘는 다작가이다. 신앙을 바탕으로 하고 예리한 관찰에 의하여 인간의 영혼을 속속들이 파헤친 작품이 많다. 주요 저서로 『친근한 고도씨(*Monsieur Godeau intime*)』(1926), 『결혼한 고도씨(*Monsieur Godeau marié*)』(1933), 『샤미나두르(*Chaminadour*)』(1934-1941) 등이 있다.—옮긴이 주

21) Henry Marie Joseph Frédéric Expedite Millon de Montherlant(1895~1972). 프랑스의 수필가이자 소설가이며 희곡도 썼다. 작품에서 동성애 주제를 다루었다.—옮긴이 주

22) Julien Green(1900~1998). 20세기 프랑스 가톨릭 문학을 대표하는 작가이다. 김종우 옮김, 『잔해』, 문학동네, 2011.—옮긴이 주

23) Roger Peyrefitte(1907~2000). 프랑스의 외교관이자 작가로, 동성애를 찬양하는 자서전적인 소설 『특별한 우정(*Les amitiés particulières*)』(1943)을 썼다.—옮긴이 주

24) Abel Bonnard(1883~1968). 프랑스의 시인이자 소설가이자 정치인. 비시정권에 협력하였으며 파시즘에 경도되었다. 스페인의 프랑코 정권에 피신해 있다가 1960년 프랑스로 돌아왔다가 다시 스페인으로 가서 여생을 살았다. 많은 저서를 남겼다.—옮긴이 주

25) Louis Jacquinot(1898~1993). 법률가이자 정치인. 드골과 가까운 인물로 1940년대 이래 여러 장관직을 지냈다. 드골이 집권한 뒤 국무장관까지 지냈으

Frey) 등 전직 장관들 같은 정치인들, 리오테[27](Lyautey) 그리고 라트르 드 타시니[28](Lattre de Tassigny)같은 원수[장군]들, 가브리엘 마르셀[29](Gabriel Marcel)같은 철학자들, 삐에르 가소테[30](Pierre Gaxotte) 그리고 필립 에르랑제[31](Philippe Erlanger) 같은 역사가들은 우익 동성애자들이었거나 그러하다.

비록 좀 더 정치적으로 공개적인 마르셀 프루스트, 장 콕토, 프랑수아 모리악이 있다.

며 우파정치인으로 활약하였다. 1972년 의회를 떠났다.—옮긴이 주

26) Roger Frey(1913~1997). 드골파 정치가. 개혁성향을 지닌 뛰어난 행정가로 여겨진다. 그는 드골파 세력을 규합하여 '신공화국 연합'(Union pour la Nouvelle République/UNR)으로 통합했다. 1958년부터 UNR의 사무총장으로 활동하다가 1959년 드골이 권력을 장악하자 드골과 그의 후임자 조르주 퐁피두 내각에서 정보장관(1959)·내무장관(1961~67)·국무장관(1967~72) 등 거의 모든 각료직을 역임했다. 1962년 이후 계속해서 하원의원에 당선되었고, 1974년 하원을 떠나 헌법위원회 위원장이 되어 1983년까지 재직했다.—옮긴이 주

27) Louis-Hubert-Gonzalve Lyautey(1854~1934). 프랑스의 정치가·육군원수. 모로코 총독을 지냈으며 1912년 이후 아카데미 프랑세즈의 회원이, 1921년 육군원수가 되었다.—옮긴이 주

28) Jean(-Marie-Gabriel) de Lattre de Tassigny(1889~1952). 프랑스 장군. 제2차 세계대전중 드골 장군 휘하군에서 지도적인 역할을 수행한 인물로, 제1차 인도차이나 전쟁(1946~54)에서 공을 세운 사령관이다.—옮긴이 주

29) Gabriel Marcel(1889~1973). 프랑스의 철학자·극작가·비평가. 1925년에 발표한『실존과 객체성(客體性)』은 20세기 최초의 실존주의 문헌이라고 할 수 있다. 제1차 세계대전 중에는 구호원으로 종군하여 인간존재의 비극을 몸소 체험하고 추상적인 철학에 만족하지 못하여 1929년 가톨릭에 귀의했다. 그의 철학은 구체자(具體者)의 철학이라고 할 수 있는데, 데카르트에서 시작되는 근대적 자기의식의 추상(抽象)을 배척하고 신체 속에 수육(受肉)되어 타자와 함께 있는 구체적 생활을, 통상의 대상화하는 반성과는 다른 '제2의 반성'에 의해 자각하면서 영원히 마르지 않는 샘과 같은 존재에 참여하려는 것이었다.—옮긴이 주

30) Pierre Gaxotte(1895~1982). 프랑스의 언론인이자 역사가. 전전에 여러 역사책을 썼으며, 1933년부터 1939년까지 언론인으로 활약하였다. 전후에는 프랑스 아카데미의 토대를 구축하는데 기여하였다.—옮긴이 주

31) Philippe Erlanger(1903~1987). 프랑스의 관리이자 역사가로 칸영화제에도 관여하였다.—옮긴이 주

더욱이 저주스러운 것은 아도니스[청년사냥꾼, 아프로디테의 연인]들이 동성애 실천에 빠져들도록 강요하기 위해 힘을 사용한 것이다. 라틴 역사가들은 황제 엘리가발레스[32](Héliogabale)에 대해서 주석을 달아 왔다. 그는 자신의 부관들에 의해서 가장 훌륭한 '구비된' 남성 황제로 재추천되지만, 항상 기대한 발기를 하지 못한 채 스스로 만족해 하며 호화로운 선물들의 징발과 살인을 명령하였다.

추악하게 포박하고 남용하는 것이 사드의 좌절한 두뇌에 속박된 채 상상되었고, 비난받는 원작에 충실한 피에르-파올로 파졸리니(Pier-Paolo Pasolini)의 마지막 영화[살로, 소돔 120일]에서 이미지화되고 있다.

바바리아의 왕 루이 2세 '루드비히'[33]에 관해서 보자면, 그가 그의 앞에서 벌거벗은 채 춤춘 젊고 멋진 신랑들에게 절대정치를 실행했는지, 또는 그가 그들에 대해서 부성적인 느낌을 느끼고, 마찬가지로 계급장벽을 넘어섰는지는 불분명하다. 그의 가장 최근의 전기작가인 장 드 카르[34](Jean des Cars)에게는 널리 퍼진 루머는 모순적이었을 것이다. 어떤 사람들에 따르면 주권자[왕]는 항상 자신의 부하들

---

32) Héliogabale ou Élagabal(Varius Avitus Bassianus)(v. 203~222). Marcus Aurelius Antoninus의 이름 아래 218~222년 사이의 로마 황제.

33) Louis II de Bavaière, 'Ludwig'(1845~1886). 프러시아 재상 비스마르크가 주도권을 쥐고 독일을 통합하기 전까지 뮌헨을 수도로 한 남부의 Bavaria왕국은 독일에서도 가장 풍요롭고 귀족적인 사회였다. 그 바바리아 왕국 1845-86 기간 마지막 왕이었던 루드비히 2세는 리처드 바그너(Richard Wagner)의 음악에 심취하여 그의 작품을 후원하고 연극을 좋아하여 연극인들의 후원자 역할을 하기도 했었다. 또한 루드비히 왕은 경치가 좋은 곳에 성을 짓는 것이라면 개인 재산이건 국고건 아낌없이 낭비했다.—옮긴이 주

34) Jean de Pérusse des Cars(Jean des Cars, 1943~). 역사가이자 언론인. 유럽의 왕가들에 대한 연구자이다.—옮긴이 주

의 건강을 걱정하며, 그 관능적인 극한점에 참여하는 농부들, 나무꾼들, 산사람들의 사생활 속에서 '커다란 행복'을 느꼈다. 다른 사람들에 따르면 그는 바바리아 수상에 의해 스파이로 고용된 하인을 채찍질하고 뜨거운 인두로 지졌다. 그는 당나귀를 타고 처벌된 하인들을 산책시켰으며, 그 사람들을 고문하기 위해서 작은 바스티유를 만들었다. 가장 유리한 가정을 하더라도, 이 독재자는 동성애와 혁명을 결합시키지 않았다.

편협하고 공격적인 많은 동성애 혐오자들은 고통스럽게 자신들의 자연스런 성향을 억압하며, 자신들의 욕망이 이끄는 대로 살기를 선택한 사람들을 은밀히 질투하는 동성애자일 뿐이다. 우리는 초현실주의의 아버지인 앙드레 브르통[35](André Breton)과 맑스주의 정신분석가인 빌헬름 라이히가 그들이 금지하는 동성애를 제외하고는 모든 성자유를 촉진시켰다는 것을 그들 자신의 배우자의 증언으로부터 안다.

마지막으로 나이가 들어서 병들고 안락하게 결혼하고 학술적이고 정치적인 명예를 가진 채 자신들의 광기어린 젊은 시절의 장난을 잊으려고 노력하는 동성애자들이 있다(모두 교활하게 소년들에 대한 수렵을 추구하면서). 그들 중에 한 사람은 내가 나의 기억에 대해서 썼다는 것을 알고는, 육각형의 다른 면에 순간적으로 접착하여 그것이 나의 관능적인 추억의 갤러리에서는 나타나지 않도록 확인한다. 훨씬 뒤에

35) André Breton(1896~1966). 초현실주의 운동의 주동자이자 창시자의 한 사람이다. 1924년에 브르통은 『초현실주의 선언(Manifeste du surréalisme)』에서 초현실주의를 '마음의 순수한 자동 현상'으로 정의하고, "초현실주의는 이 자동현상을 통해 사고의 참된 움직임을 표현하고자 한다. 초현실주의는 이성에 의한 어떤 감독도 받지 않고 심미적이거나 윤리적인 편견이 전혀 없는 자유로운 생각을 받아쓰는 것이다"라고 말했다. 초현실주의는 꿈과 현실, 이성과 광기, 객관성과 주관성 등의 구별을 없애는 것을 목표로 삼았다.—옮긴이 주

그는 그 자신의 것은 없앤 채 복잡한 감정을 가지고 나의 아버지의 사랑스러운 기호[편애]를 불러일으키도록 나에게 훈계하였다.

소년에 대한 선망—자신을 신성한 공포로 떨게 하는—을 뒤에 감추고 있는 서툰 배우[익살광대]는 로리타[36](Lolita)와 함께 그리고 또다시 로리타와 함께 자태를 보인다.

자신의 교활한 제스처 때문에 레옹 블룸(Léon Blum)[37]은 최근에 무자비한 세네프(Sennep)[38]에 의해서 희화화되었다. 그러나 고등사범학교에서 그는 동성애 경범죄 때문에 곤경에 처하였고 훨씬 나중에는 금으로 덮힌 보라색 파자마를 입고 신참내기에게 다정하게 인사를 했다는 것을 회상하고 싶을까?[39] 결국 SFIO[40]의 귀중한 사기꾼[레옹 블룸]은 혁명을 일으킬 생각도 동성애자로 하여금 해방되도록 도울 생각도 없었다.

위대한 남자인 블룸과 모리악[41](Mauriac)의 삶을 자신의 방식으로 이야기할 때 장 라쿠티르[42](Jean Lacouture)는 충만한 인간들의 이

---

36) 나이 든 남성과 열애에 빠진 소녀, 사회적으로 금지된 사랑을 의미하기도 한다. 나보코프의 동명소설.—옮긴이 주

37) Léon Blum(1872~1950). 프랑스의 정치가. 에콜노르말쉬페리외르(고등사범학교)를 졸업하였으며, 문학·사회비평가로도 유명하다. 국회의원, 사회당(SFIO) 하원 지도자, 사회당 당수, 반(反)파시즘 인민전선내각의 수반, 총리 겸 외무장관 등을 지냈다.—옮긴이 주

38) Jean Sennep(ou Jehan Sennep, 1894~1982). 본명은 Jean-Jacques Pennès, 신문데생화가이자 커리커쳐 화가. 1930년대에 그린 레온 블룸의 커리커쳐가 특히 알려져 있다.—옮긴이 주

39) 나의 책, *Front populaire révolution manquéé, réédition*, 1971, p. 14를 참조.

40) Section française de l'Internationale ouvrière, 국제 노동자 동맹 프랑스 지부, 제2인터내셔널의 지부형태로 1905년에 창당됨.—옮긴이 주

41) François Mauriac(1885~1970). 프랑스의 소설가로 1952년 노벨 문학상을 받았다. 심리소설의 전통을 이었지만, 복잡성, 혼돈의 세계를 혼돈 그대로 라신적 수법으로 받아들였다. 작품의 무게가 문체에 있다. 작품으로는 『파리새 어자』, 『어린 양』, 평론 『소설론』 등이 있다.—옮긴이 주

사랑의 혼혈아로부터 나오는 것을 조심스럽게 지웠다. 위선은 동성애의 부끄러움을 지속시키는 안개로 덮혀 있다.

그러나 이 겁쟁이들 때문에 우리가 관대한 사람들과 무관심한 사람들에 반대한다면 우리는 아주 부당하고 냉혹하지 않은가? 우리가 만나는 사람들은 환경, 나이, 사회적 배경, 직업, 동료와 아버지의 요구,[43] 우리를 짓누르고 있는 천년의 금기의 무게를 내세울 수 없었을까? 그들은 이목을 끌지 않는 양성애의 범위에 어느 정도의 관용을 베풀 수 있을까? 이성애 관계는 너무 종종 소년애의 공공성과 양립할 수 없는 것 아닌가? 이 편견과 거짓말로 현 부르주아 사회가 바로 대중을 겁쟁이로 만들지 않는가? 분명히.

그럼에도 불구하고 겁 많은 침묵 속에 빠짐으로서 그들이 자신들을 거세하고 위축시키고 소외시키는 한에서 그들 또한 그 희생자였던 이 금기를 튼튼하게 하고 증식시킨다는 것을 스스로 인정해야 하지 않을까?[44] 저주받은 사람들의 행복에 정당하게 접근하기 위해서 우리가 오히려 깨야 하는 금기. 그것은 우리 박해받는 형제들, 동성애자들 전체에게 즐거움, 존재의 자존심을 줄까? 우리는 '사람들이 말하는 것'에 의해서 여전히 겁먹는 자기중심적인 사람들, 무의식들에게 단단하게 아주 단단하게 보여야 하지 않을까?

---

42) Jean Lacouture(1921~). 언론이이자 역사가이자 저자. 전기작품으로 유명하다. 호치민, 낫세르, 레옹 블룸, 드골, 프랑수아 모리악, 미테랑 등에 대한 전기를 썼다. 호치민 전기의 한글번역본은 『베트남의 별』(소나무, 1988)이 있다.—옮긴이 주

43) 이성애 관계 속에서 이 요구를 만족시킬 수 없어서 자신의 소중한 것을 거부한 동성애자들이 적지 않다.

44) 사람들은 더 나아가, 금기의 이익을 알면서 그 희생을 상당히 지녔던 동성애자 아라공(Aragon)의 긴 좌절을 알 것이다.

6. 이룩한 진보

현대 유명인들—그들이 지붕 위에서 자신들의 내밀한 취향을 외치지 않든 그 취향을 공식적으로 맡든—에 대해 [그들이 동성애자라는 것을] 더 많이 식별하는 것은 오늘날 익명적인 동성애자들을 활성화시켜왔다. 왜냐하면 그렇게 많은 유명인사들이 공유하고 있는 기호(嗜好)들은 가장 잘 나가도록 보호해 줬기 때문이다. 그러한 것은 마르셀 프루스트, 앙드레 지드, 로제 마르탱 뒤가르[45](Roger Martin du Gard), 앙리 드 몽테를랑, 마르셀 주앙도, 르네 끄레벨[46](René Crevel), 아라공[47](Aragon), 프랑수아 모리악의 경우이며, 정중한 교황 요한 23세[48], 미셸 푸코와 롤랑 바르트[49](Roland Barthes), 그

45) Roger Martin du Gard(1881년~1958). 프랑스의 소설가·극작가. 1920년 대작 『티보가(家)의 사람들』 창작에 착수하여 전8부 11권을 발표, 1937년에 제7부로 노벨 문학상을 받았다. 1941년부터 또다시 제2의 장편 『모모르 대령의 회상』(미발표)을 썼으나 미완으로 그쳤다.—옮긴이 주

46) René Crevel(1900~1935). 초현실주의운동에 1921년에 개입했지만 그의 동성애 때문에 1923년 축출되었다. 『나의 육체와 나(Mon corps et moi)』(1925) 같은 소설을 쓰기도 하고 공산주의자들과 초현실주의자들을 결합시키려고 노력하였다. 1935년에 자살하였다.—옮긴이 주

47) Louis Aragon(1897~1982). 프랑스의 초현실주의를 주도한 시인·소설가·평론가. 공산주의를 대변한 정치행동가이기도 하다. 초현실주의 시인 앙드레 브르통의 소개로 다다이즘 운동에 합류하기도 했지만 1930년에 소련을 방문했고, 1933년에는 그의 정치참여 때문에 초현실주의자들과 결별했다. 전통적인 사회적 사실주의를 고수하였고, 71세의 나이에 1968년 파리 시내에서 벌어진 학생들의 거리시위에 동참했다.—옮긴이 주

48) Pape Jean XXIII(Beato Papa Giovanni XXIII)는 제261대 로마 교황(재위: 1958~1963)이다. 세속명은 안젤로 주세페 론칼리(Angelo Giuseppe Roncalli)이다. 온화하고 탈권위적이었던 그는 재위기간 중에 가톨릭교회에 대변혁을 불러일으키게 되는 제2차 바티칸 공의회(1962-1965)를 소집하였으며, 1963년 4월 11일 최초로 가톨릭 신자에게만이 아니라 선의(善義)의 모든 사람에게 보낸

리고 더욱 최근에는 장-루이 보리[50](Jean-Louis Bory), 이브 나바르(Yves Navarre), 도미니크 페르낭데스[51](Domonique Fernandez) 같은 철학자들이다. (마르셀 까르네**Marcel Carné**[52]와 장 마레**Jean Marais**[53]를 제외하지 않고).

여전히 더욱 효과적인 것은 과거의 문화유산이다. 소크라테스, 플라톤, 플루타르크, 베길리우스에 의해서, 그리고 자신의 불멸의 동성애적

회칙 『지상의 평화(Pacem in Terris)』를 반포하였다. 세계 평화, 빈부격차 문제, 노동 문제 등 현대 인류 사회의 여러 가지 현안 문제의 해결에 기여하려고 노력하였다. 특히 그는 당시 미국과 소련 사이에 고조되었던 핵전쟁의 기운을 차단하고 분쟁을 조절하였다.

49) Pape Jean XXIII(Beato Papa Giovanni XXIII)는 제261대 로마 교황(재위: 1958~1963)이다. 세속명은 안젤로 주세페 론칼리(Angelo Giuseppe Roncalli)이다. 온화하고 탈권위적이었던 그는 재위기간 중에 가톨릭교회에 대변혁을 불러일으키게 되는 제2차 바티칸 공의회(1962-1965)를 소집하였으며, 1963년 4월 11일 최초로 가톨릭 신자에게만이 아니라 선의(善義)의 모든 사람에게 보낸 회칙 『지상의 평화(Pacem in Terris)』를 반포하였다. 세계 평화, 빈부격차 문제, 노동 문제 등 현대 인류 사회의 여러 가지 현안 문제의 해결에 기여하려고 노력하였다. 특히 그는 당시 미국과 소련 사이에 고조되었던 핵전쟁의 기운을 차단하고 분쟁을 조절하였다.—옮긴이 주J

50) ean-Louis Bory(1919~1979). 작가이자 언론이이자 영화비평가. 1970년대에는 동성애자 해방운동에 개입하였다. 소설로 『발(Le Pied)』, Belfond, 1976이 있다.—옮긴이 주

51) Dominique Fernandez(1929~). 소설, 에세이, 여행도서 작가이다. 그의 글쓰기의 많은 부분은 동성애 경험와 창조성을 탐색한다. 파졸리니에 관한 소설을 썼다.—옮긴이 주

52) Marcel Carné(1906~1996). 영화감독. 시적 사실주의운동의 핵심인물이다. 잘 알려진 영화로는 <*Port of Shadows*>(1938), <*Le Jour Se Lève*>(1939), <*Children of Paradise*>(1945) 등이 있다.—옮긴이 주

53) Jean Marais(1913~1998). 배우. 본명은 Jean-Alfred Villain-Marais. 작가이자 영화감독인 장 콕토의 후원을 받았고, 1940~50년대에 프랑스에서 가장 인기 있는 주연배우였다. 출연한 70편 이상의 영화들 가운데에는 <미녀와 야수(*La Belle et la Bête*)>(1946), <쌍두 독수리(*L'Aigle à deux têtes*)>(1948), <무서운 부모들(*Les Parents terribles*)>(1948), <마옐링의 비밀(*Le Secret de Mayerling*)>(1949), <오르페(*Orphée*)>(1950), <엘레나와 남자들(*Elena et les hommes*)>(1956) 등이 있다.—옮긴이 주

소네트들과 자신의 엄청난 연극적 수확물을 표기하기 위해서 작은 배우 윌리엄 셰익스피어의 이름을 산 익명의 신사에 의해서, 미켈란젤로와 레오나르도 다빈치같은 천재적인 조각가에 의해서, 차이코프스키, 모리스 라벨[54](Maurice Ravel), 프란시스 풀랑크[55](Francis Poulenc) 같은 작곡가들에 의해서, 화가 제리코[56](Géricault)에 의해서, 폴 베를렌느(Paul Verlaine)와 아르튀르 랭보[57](Arthur Rambaud)에 의해서, 미국의 유명한 시인 월트 휘트먼(Walt Whiteman)에 의해서, 그리고 말이 나온 김에 자신의 특이성이라고 믿었던 것에 대해 겸손한 애호가 소년들을 재보증함으로써 과시된 사랑의 방식.

68년 5월 혁명은 동성애에 시민권을 부여하고 소르본느의 담벼락에서 까지 확인하였다. 이러한 역사적 변화의 연장은 오늘날까지 나타나고 있다. '동성애혁명행동전선'[58](FHAR)과 더욱 최근에는 '정치적 일상적 동성애해방집단'[59](GLHPQ)이 동성애와 혁명 사이의 화해를 확인해 왔다.

그러나 우리는 너무 크게 그리고 너무 빨리 승리를 노래하는 것을

---

54) Maurice Ravel(1875~1937). 프랑스의 서양 고전음악 작곡가. 관현악곡인 <볼레로>(1928)가 있고, <전람회의 그림>의 관현악 편곡으로도 널리 알려져 있다. 그의 오케스트레이션은 다채로운 음색과 악기의 사용으로 유명하다. 라벨은 결혼한 적이 없지만, 오랜 관계를 맺은 상대는 있었다. 또한 파리의 사창가를 자주 드나들었다고 한다.—옮긴이 주

55) Francis Poulenc(1899~1963). 프랑스의 작곡가. 거침없는 풍자와 해학은 그의 음악의 특질로 남아 있다.—옮긴이 주

56) Theodore Géricault(1791~1824). 19세기 프랑스의 대표적인 화가로 낭만주의 회화의 창시자이다.—옮긴이 주

57) Paul Verlaine et Arthur Rambaud. 프랑스 혁명기 유명한 문학가들. 랭보는 어린 나이에 시를 썼으며 '견자'로 불린다. 둘의 동성애 사랑으로도 잘 알려져 있다.—옮긴이 주

58) le Front homosexel d'action révolutionnaire. 1971년 조직됨.

59) Group de libération homosexuelle politique et quotidien.

조심해야 한다. 다른 위험들이 동성애 움직임을 감시한다. 동성애의 과도한 상업화, 공적인 장소에서의 과도한 분출, 종종 심지어 불필요한 도발, 일부 구역에서 커다란 게토의 형성. 이것들은 사회적 개방과 양성애적 보편성과는 반대방향으로 가고 있다.

의학적 구도에서 반-동성애 편견은 새로운 전염병인 에이즈(후천성면역결핍증)의 확산에 의해서 되살아나고 있다. 에이즈는 일차적으로 동성애자들을 그리고 일부의 경성마약중독자들을 타격했다. 전염은 여러 상대와의 성행위나 헤로인 주사기 사용의 결과라고 한다. (왜 이 여러 동성애 상대들인가? 무엇보다도 그것은 동성애관계에 달려있는 금기와 이성애 관계에 붙어 있는 허용에도 불구하고 소녀보다도 소년을 '제거'하는 것이 훨씬 유리하기 때문이다.) 두 경우에서 한 경우[동성애 관계에서 생긴 에이즈]에 병은 치명적인 것 같고 다소 길게 연장된다. 바이러스 때문이라고 추정되는 병은 다시 나쁘게 인식된다.

의학에 의해서 그리고 악의적인 매체에 의해서 전력을 다해 이루어지는 동성애혐오적인 속셈[저의]을 보존하는 데 기여하는 자리가 아닐지라도, 그 속셈은 방해하는 효과, 동성애 젊은이들이 요구하고 정복하는 사랑의 완전한 자유를 음해하는 효과를 지닐 수 있다는 사실은 남는다.

오늘날 미국에서 보이는 것처럼 현실적 수동성에 뒤이어 불꽃의 잔인한 회귀가 이루어질 수 있다. 그리고 훨씬 더 쉽게 이 퇴행은 극우파의 강력한 회귀에 의해서 정치적 구도에서 나타날 것이다.

프랑스에서, 동성애를 '사회적 재앙'으로 인정하려 하는 가증스런 미르구에(Mirguet) 수정안[60]은 의회의 서류함에서—누가 말하는가?

—다시 나타날 수 있다.

끊임없이 경계하라.

7. 결론에 대신하여

요약하면서 결론내려 보자. 동성애와 혁명은 결코 양립할 수 없는 것이 아니라면 완전히 다른 전제들로부터 온다. 동성애는 자연스럽지만 특수한, 소수적이지만 수적으로는 무시할 수 없는, 범위에 따라서 다양하고 사례에 따라서는 배타적이거나 부분적이고 영구적이거나 일시적인 것이다. 혁명은 보편적인 사회적 불의의, 인간에 의한 인간의 억압의 산물이다. 혁명은 모든 종류의 특권을, 기존질서 전체를 위협하고 의문시한다. 결과적으로 혁명은 부유한 사람들의 격렬한 저항에 직면하고 어느 정도 폭력의 사용에 의지하지 않고는 목표에 이를 수 없다. 사실상 반(反)폭력일 뿐인 그리고 증명된다면 어떤 경우에는 필연적인 그런 폭력은 모든 폭력의 폐지를 전망할 것이다.

동성애 희생자들이 동성애혐오에 대해 승리한 것은 어쨌든 제한되고 깨지지 쉽다. 반대로 계급독재의 제거는 동성애자 해방을 포함한 인간의 총체적 해방의 길을 열 것이다.

그러므로 동성애와 혁명이 서로 가장 크게 수렴할 수 있도록 하는 것이 중요하다. 혁명적 프롤레타리아트는 동성애자 해방을 직접적으로 함의하지 않을지라도 무엇보다도 여성 해방과 유색인 해방에 마찬

60) 동성애를 '사회적 재앙' 범주에 넣어서 공공장소에서 동성애 행위를 처벌하려고 하는 법안.—옮긴이 주

가지로 관심을 가진다는 것을 확신시키고 확신해야 된다. 동성애자 해방이 사회혁명의 틀 속에서 이루어진다면, 한 마디로 인류가 풍습을 해방할 뿐만 아니라 훨씬 더 삶을 변화시킨다면, 총체적이고 불가역적일 것임을 동성애자는 알아야 한다.

이러한 수렴이 믿을 수 있고 효과적이기 위해서는 사회혁명 관념 자체의 근본적 수정이 필요하다. 동방 나라들의 국가자본주의는 서방의 사적자본주의 만큼이나 거부해야 한다. 자유주의적, 반(反)권위주의적 그리고 반(反)국가주의적인 진정한 공산주의만이 자본주의에 의해 착취당하고 소외당한 개인과 동성애자를 최종적으로 그리고 동시에 해방시킬 것이다.

◐ 해설 ◑

Daniel Guérin, *Essai sur la révolution sexuelle après Reich et Kinsey* (Belfond, 1969)

머리말

인간의 자유를 향해 나아가는 길은 억압사회와 대립한다고 게랭은 명시한다. 그 자유 가운데 성자유를 다양한 성에 대한 긍정을 통해 추구해 가려고 한다.

라이히와 성혁명

초기의 혁명적 프로이트를 계승하여 오르가즘론을 주장한 라이히의 성혁명에 관한 기여를 잘 정리해 주고 있다. 특히 정신분석과 맑스주의를 결합하려 한 라이히의 노력을 강조한다.

68혁명을 계기로 라이히가 다시 젊은 층에 의해 주목받게 되었고 그의 논의가 성자유를 논하는데 기반이 되었다. 게랭은 '오늘날[1968년]의 라이히'에서 새로운 세대의 젊은이들은 성억압을 벗어나 있다고 강조한다. 그러나 라이히는 소수적인 성에 대해서 열리지 못하고 있다고 지적한다.

킨제이와 성

먼저 작은 단행본으로 나왔던 '킨제이와 성'은 미국인의 성에 대해 조사연구한 킨제이의 두 권의 보고서에 관한 비평이다. 이 글의 구성은 1. 입문, 2. 성 이론 초안, 3. 남성과 여성은 다른 방식으로 반응하는가?, 4. 사회계층에 따른 성, 5. 청교도주의에 대한 소송, 6. 킨제이의 한계, 그리고 부록 등으로 이루어져 있다.

'입문'에서는 성과 관련한 기존의 다양한 논의와 연구자들의 성과를 이어받아 킨제이가 양적 방법에 근거하여 성과 관련한 연구의 지평을 넓혔다고 강조한다.

2절 '성이론 초안'에서는 킨제이보고서에 나타난 자료들을 논리적으로 조립해 주고 있다. 성의 조숙함, 성의 힘, 다양성에 대한 요구, 영에서 무한까지, 성은 다형적이다, 동성애의 빈도, 기계적인 이론의 결함 등의 항목으로 나누어, 킨제이의 자칫 지루한 서술과 통계들을 한눈에 알아볼 수 있게 정리해 주고 있다.

3절 '남성과 여성은 다른 방식으로 반응하는가?'에서는 킨제이가 조사연구한 남성의 성과 여성의 성을 대조해 가면서 그 차이를 보여준다. 여성과 남성은 오르가즘을 이루려는 점에서는 동일하다. 그런데 여성의 성반응 속도가 늦다고 한다. 그리고 여성은 남성보다 덜 조숙하지만 여성의 성은 아주 오래 지속된다. 남성은 여성보다 성상대를 바꾸는데 집착한다. 그리고 남성은 여성보다 상상력에 더 의존한다. 남성은 여성보다 생식기관에 집중하는 경향이 있다. 동성애에서도 남녀 차이를 확인할 수 있다. 그러면 왜 이렇게 남성과 여성의 성이 다른가? 게랭은 킨제이에 비해서 남녀의 성 차이는 가부장제가 가져온 성억압의 효과임을 강조하고 생물학적인 기원의 문제라기보다는 사회문화적인 기원의 문제임을 강조한다.

4절 '사회계층에 따른 성'에서는 교육수준에 따른 성의 차이를 킨제이 보고서에 따라 요약해 주고 있다. 교육을 덜 받은 계층일수록 자연스런 성에 접근하고 있다고 한다. 게랭의 결론은 성혁명과 사회혁명이 같이 가야 한다는 것이다.

5절 '청교도주의에 대한 소송'에서 게랭은 킨제이의 청교도주의 비판을 '금기와 싸우는 성'으로 시작한다. 모든 성형식은 자연스럽다는 르네 기용의 견해를 받아들이면서 성억압에 처해 있는 사회구성원들에 대해 점검한다. 청춘기, 불감증여성, 애정과 욕망의 분열, 노인, 불구자, 동성애, 억압과 죄책감 등의 비극을 검토하면서, 성자유가 진보해 나가고 있음을 강조한다.

6절 '킨제이의 한계'에서 게랭은 킨제이가 그러한 내용들을 지니고 청교도주의를 비판하지만, 성금기의 기원, 여성의 남성에의 종속, 가부장제, 모권제, 체위, 가족, 결혼 등에 관한 생각에서 소심하고 반동적인 이론들을 차용하기까지 한다고 그 한계를 지적하고 있다.

이어 '킨제이 사후'에서 게랭은 킨제이가 한 작업은 성을 드러내고 여성의 성을 강조하며 동성애의 존재를 확인하고 성이 지닌 놀라운 자연적 힘을 확인해 주었다고 한다.

문학가와 성

게랭은 '셰익스피어의 『소네트』에서 진정한 주제'에서 『소네트』에서 동성에 대한 사랑을 노래하고 있다는 것을 긍정하면서 『소네트』에 대한 그간의 해석들을 재평가하고 있다. 동성애를 셰익스피어의 다양한 측면 가운데 하나로서 인정하지 못함으로써 『소네트』의 해석에 혼란을 가져왔으며, 다양한 왜곡이 이루어져 왔다고 본다. 게랭은 남녀양성성의 시대로 접어들고 있다고 예측한다.

'안나 드 노아유에게서 육체적 사랑'에서는 시인 노아유의 육체적 성에 대한 긍정적인 태도와 그에 기반한 시의 흐름에 주목한다. 노아유가 성혁명의 선구자들 속에 자리해야 할 것이라고 한다.

'왜곡된 앙드레 지드'에서는 지드의 동성애를 가져온 다양한 억제들에 대해서 다루는 논의를 비판하면서 동성애를 자연스러운 사랑으로서 규정하고자 한다.

사회주의자와 성

게랭은 성 문제를 프루동과 푸리에라는 두 사회주의자를 통해 살펴보고 있다. 프루동은 동성애 문제에 막혀 점차 주춤거리다가 반동적인 성억압의 길로 나아간다. 그에 반해 동성애를 긍정하는 푸리에는 다양한 성 형식을 긍정하는 방향으로 열리고 있음을 확인한다. 푸리에는 소수적 성을 긍정함으로써 성의 다형성을 긍정하는 성혁명의 방향으로 나아갈 수 있었다고 한다.

동성애 정치

'반-동성애 차별'에서 게랭은 동성애자에게 가해지는 유무언의 다양한 차별에 대해서 언급한다. '동성애자들에게 살맛을 되찾게 하자'에서는 동성애자들에게 사회의 자유화나 여성해방을 위한 혁명에 참여할 것을 촉구한다. 물론 자신의 공간과 시민권을 위해서 싸워 나갈 것도 주문한다.

게랭은 결국 '동성애와 혁명'의 문제를 제기한다. 역사상 반혁명적인 태도를 취한 동성애자들이 있어왔지만 혁명적 태도를 취한 동성애자들 또한 있었다. 동성애억압을 가져온 동유럽과 쿠바의 혁명을 가짜혁명이라고 비판하면서 게랭은 동성애자해방을 비롯한 유색인해방 등 소수자해방을 동반하는 사회혁명을 주장한다.

◆ 색 인 ◆

잡지, 영화, 오페라

인 명

도 서

용 어

철학사전(개정증보판)**과 철학사**(전5권)

『철학사전』은 『철학사』(전5권)를 읽는 독자들을 위해 만들어졌다. 본 사전에는 아직도 각종 모순이 중첩되어 있는 이 땅에서 자연과 사회 및 인간 사유의 일반적 발전 법칙을 탐구하여, 올바른 세계관을 수립하고 각종 모순을 인식하고 해결하는 데 초석이 되도록 편찬되었다. 따라서 이 사전은 진보적 철학의 비중을 대폭 높였으며 특히 한국철학에 있어서 새로운 민중적 시각을 통해 재정리하고자 했다. 또한 이 사전은 철학의 근본문제를 비롯하여 여러 문제, 사회관, 인생관, 가치관, 역사관 등의 문제와 기타 철학의 발전과 긴밀히 연결된 사회과학과 자연과학의 논점도 동일한 입장에서 다루었다. 때문에 이 사전과 동일한 입장에서 일관성 있게 집필된 본사 발행 『철학사』(전5권)와 함께 유용한 지침서가 될 것이다.

철학사전편찬위원회 지음/4×6배판 칼라인쇄/고급 서적지 및 고급 양장케이스/정가 350,000원

『철학사』(전5권)는 국내판을 출간하는데 30여년에 걸쳐 기획되고 수정된 책으로 연 40여명의 편집인이 동원되었다. 본서는 1987년 7월 처음 출간되어 1998년 2월에 재편집되었으며 2009년 5월에 3차 증보판에 이어서 이번이 제4차 개정 증보판이다. 대본으로 사용한 책은 「러시아과학아카데미연구소」(Akademiya Nauk SSSR)에서 출간한 『*History of Philosophy*』(전5권)를 다시 국내에서 우리나라 실정에 맞게 재편집하고 현대적 용어와 술어로 바꾸어 번역한 것으로, 국내판은 고대 노예제 철학의 발생으로부터 자본주의의 독점 시대까지의 철학을 재편집하였다.

크라운판 고급인쇄/고급 서적지 및 고급 양장케이스/전5권 세트 정가 650,000원

중원문화 아카데미 新書

1 한국근대 사회와 사상
• 일본 교토대학교 연구소 엮음

2 걸어다니는 철학
• 황세연 저

3 반듀링론
• F. 엥겔스/김민석 역

4 헤겔 법철학 입문
• 꼬우즈미 따다시 지음

5 이성과 혁명
• H. 마르쿠제/김현일 외 역

6 정치경제학 교과서 I-1
• 짜골로프 외/윤소영 엮음

7 정치경제학 교과서 I-2
• 짜골로프 외/윤소영 엮음

8 정치경제학 교과서 I-3
• 짜골로프 외/윤소영 엮음

9 이탈리아 맑스주의
• K. 프리스터/윤수종 옮김

10 걸어다니는 경제사
• 황세연 편저

11 자본론에 관한 서한집
• K. 마르크스와 F. 엥겔스 저

12 지배와 사보타지
• 안토니오 네그리/윤수종 옮김

13 과학기술사
• 석동호 편저

14 저개발과 의약품
• M. 뷜러/우연재 옮김

15 맑스주의의 세 갈래길
• W. 레온하르트/하기락 옮김

16 역사적 맑스주의
• R. 알뛰세르/서관모 옮김

17 경제학의 선구자들
• 일본경제신문사/김종호 옮김

18 근현대 사회사상가 101
• 이마무라 히도시/안효상 옮김

19 맑스를 넘어선 맑스
• 안토니오 네그리/윤수종 옮김

20 교육과 의식화
• P. 프레이리/채광석 역

21 정치경제학 교과서 II-1
• 짜골로프 외/윤소영 엮음

22 정치경제학 교과서 II-2
• 짜골로프 외/윤소영 엮음

23 청년 마르크스의 휴머니즘
• H. 포피츠/황태연 역

24 사회를 어떻게 볼 것인가?
• 황세연 편저

25 헤겔연구②
• 임석진 외저 (절판)

26 칸트 철학입문
• W.O. 되에링/김용정 역

27 노동조합 입문
• 양원직 편저

28 마르크스에서 쏘비에트 이데올로기로
• I. 페처/황태연 역

29 소유의 위기
• E.K. 헌트/최완규 역

30 변증법의 현대적 전개①
• W. 뢰트/임재진 역

31 변증법의 현대적 전개②
• W. 뢰르/임재진 역

32 모순의 변증법
• G. 슈틸러/김재용 역

33 헤겔연구③
• 임석진 외저 (절판)

34 국제무역론
• 久保新一/김선기 역

35 칸 트
• 코플스톤/임재진 역

36 자연과학과 철학
• H. 라이헨바하/김회빈 옮김

37 철학 입문
• 황세연 편역

38 맑스주의의 역사 ①
• P. 브르니츠기/이성백 옮김

39 맑스주의의 역사 ②
• P. 브르니츠기/이성백 옮김

40 한국사회와 자본론
• 황태연 저

41 정치경제학 비판을 위하여
• K. 마르크스/김호균 역

42 과학기술 혁명시대의 자본주의와 사회주의
• 황태연 저/허상수 엮음

43 혁명운동의 문제들
• S. P. 노보셀로프/이창휘 옮김

44 마키아벨리의 고독
• 루이 알뛰세르/김민석 역

45 들뢰즈와 가타리
• 로널드 보그/이정우 옮김

46 과학적 사회주의
• G. 그로서/송주명 옮김

47 맑스-레닌주의 철학의 본질
• F. V. 콘스탄티노프/김창선 역

48 철학의 기초(1)
• A. 라키토프/김신현 옮김

중원문화 아카데미 新書

49 철학의 기초(2)
• A. 라키토프/김신현 옮김

50 소수자 운동의 새로운 전개
• 윤수종 외 지음

51 한눈에 들어오는 서양철학사
• 타케다 세이지/홍성태 옮김

52 마르크스즘과 유로코뮤니즘
• 산티아고 까리요/김유향 옮김

53 맑스주의와 프랑스인식론
• P. 토미니크 르쿠르/박기순 옮김

54 논리의 오류
• 에드워드 데이머/김회빈 역

55 프랑스 문화와 예술
• 마르크 블랑팽 · 장 폴 쿠슈/송재영 옮김

56 개발과 파괴의 사회학
• 홍성태 지음

57 인민의 벗이란 무엇인가
• V. 레닌/김우현 역

58 예술 · 정보 · 기호
• 가와노 히로시/진중권 역

59 담론의 질서
• 미셸 푸코 지음/이정우 해설

60 사회학의 명저 20
• 김진균 외 지음

61 철학사(1)
• Akademiya Nauk SSSR 편

62 철학사(2)
• Akademiya Nauk SSSR 편

63 철학사(3)
• Akademiya Nauk SSSR 편

64 철학사(4)
• Akademiya Nauk SSSR 편

65 철학사(5)
• Akademiya Nauk SSSR 편

66 인격의 철학, 철학의 인격
• 김종엽 저

67 담론의 질서
• 푸코 지음/이정우 옮김

68 교육자의 길
• 이오덕 외 저

69 정치경제학
• 짜골로프 저

70 박정희 시대-5.16은 쿠데타다
• 이상우 저

71 박정희 시대-민주화운동과 정치주역들
• 이상우 저

72 박정희 시대-5.16과 한미관계
• 이상우 저

73 박정희와 유신체제 반대운동
• 이상우 저

74 세계사 (제국주의 시대)
• 김택현 편

75 세계사 (제1차세계대전)
• 김택현 편

76 세계사 (제2차세계대전과 파시즘)
• 김강민 역

77 세계사 (현대)
• 조진원 편/이춘란 감수

78 근현대 형성과정의 재인식①
• 안종철 외 저

79 근현대 형성과정의 재인식②
• 정근식 외 저

80 시몬느 베이유 철학교실
• 앙느레느/황세연 역

81 소크라테스에서 미셸 푸코까지
• 기다 캔/김석민 역

82 상식 밖의 세계사
• 가바야마 고아치/박윤명 역

83 들뢰즈와 카타리
• 로널드 보그 저/이정우 옮김

84 새로운 예술을 찾아서
• 브레이트 저/김창주 역

85 역사 유물론의 궤적
• 페리 앤더슨/김필호 외 옮김

86 철학적 맑스주의
• 루이 알뛰세르/서관모 역

87 생산의 발전과 노동의 변화
• 마이클 피오르 외/강석재 외 역

88 항일과 혁명의 한길에서
• 김운선 지음

89 지배와 사보타지
• 안토니오 네그리/윤수종 역

90 헤겔철학 서설
• 오토 푀겔러/황태연 역

91 과학적 공산주의란 무엇인가
• 빅토르 아파나시예프/최경환 역

92 페레스트로이카 논쟁(서독)
• 에케르트 외/송주명 역

93 페레스트로이카 논쟁(동독)
• 모르겐슈테른 외/신현준 역

94 페레스트로이카 논쟁(프랑스)
• 프랑시스 코엥/신현준 역

95 페레스트로이카 논쟁(소련)
• 야코블레프 외/신현준 역

96 마르크스주의와 개인
• 아담 샤프/김영숙 역